21世纪高校创新人才培养系列教材

大学生创新创业实践教程

主编 易 兵 刘洞波 / 副主编 方正军 胡 慧

清華大学出版社
北 京

内容简介

在“大众创业、万众创新”的新时代，创新创业教育成为推动中国高等教育人才培养模式深刻变革的重要手段。《大学生创新创业实践教程》以“大众创业、万众创新”的国家战略为指导，立足新发展阶段，贯彻新发展理念，以提升大学生创新创业能力为核心，系统地介绍了创新创业思维和进行创新创业实践必备的技能方法，如科技论文和项目计划书的撰写、专利申请、成果转化、项目路演和创办企业等。本书内容全面，结构合理，条理清晰，具有较强的科学性、理论性、知识性及实用性，符合新时代创新创业人才培养的需要。

《大学生创新创业实践教程》的主要内容包括创新创业导论、创新思维与创新方法、科技创新论文写作、成果转化与产品开发、创业团队建设与管理、创业计划书、项目路演和创办企业，旨在提升大学生的创新创业能力和创业的成功率。本书可作为高等院校本、专科创新创业教育的通用教材，同时也可以作为培训及自学的参考教材。

图书在版编目（CIP）数据

大学生创新创业实践教程 / 易兵，刘洞波主编.—北京：清华大学出版社，2023.8（2025.10 重印）
21世纪高校创新人才培养系列教材
ISBN 978-7-302-62456-1

Ⅰ.①大… Ⅱ.①易… ②刘… Ⅲ.①大学生—创业—高等学校—教材 Ⅳ.①G647.38

中国国家版本馆CIP数据核字（2023）第016967号

责任编辑： 冯　昕　苗庆波
封面设计： 傅瑞学
责任校对： 王淑云
责任印制： 杨　艳

出版发行： 清华大学出版社
网　　址： https://www.tup.com.cn，https://www.wqxuetang.com
地　　址： 北京清华大学学研大厦A座　　**邮　　编：** 100084
社 总 机： 010-83470000　　**邮　　购：** 010-62786544
投稿与读者服务： 010-62776969, c-service@tup.tsinghua.edu.cn
质量反馈： 010-62772015, zhiliang@tup.tsinghua.edu.cn
印 装 者： 小森印刷（天津）有限公司
经　　销： 全国新华书店
开　　本： 185mm × 260mm　　**印　　张：** 13　　**字　　数：** 256千字
版　　次： 2023年8月第1版　　**印　　次：** 2025年10月第4次印刷
定　　价： 42.00元

产品编号：099565-01

序

《国务院办公厅关于深化高等学校创新创业教育改革的实施意见》（国办发〔2015〕36号）明确指出：深化高等学校创新创业教育改革，是国家实施创新驱动发展战略、促进经济提质增效升级的迫切需要，是推进高等教育综合改革、促进高校毕业生更高质量创业就业的重要举措。《国务院办公厅关于进一步支持大学生创新创业的指导意见》（国办发〔2021〕35号）明确指出：纵深推进大众创业万众创新是深入实施创新驱动发展战略的重要支撑，大学生是大众创业万众创新的生力军，支持大学生创新创业具有重要意义。

湖南工程学院全面贯彻党的教育方针，落实立德树人根本任务，立足新发展阶段、贯彻新发展理念、构建新发展格局，坚持创新引领创业、创业带动就业，认真贯彻落实国办发〔2015〕36号、国办发〔2021〕35号等文件精神，结合学校工程应用型人才培养目标，统一思想，汇聚力量，积极探索地方应用型本科院校大学生创新创业培育新路径，建设了“一体两翼”的创新创业实践平台，打造了“专创融合”的创新创业教育体系，完善了“校企协同”的创新创业体制机制。为更好地实现高水平工程应用型人才培养目标，充分发挥教师团队的行业专业特长，结合学生创新创业实际需求，学校实施21世纪高校创新人才培养系列教材建设工程，系列教材分为通识教材、案例教材两大类。

21世纪高校创新人才培养系列教材在编写过程中，参阅、借鉴和引用了国内外众多专家学者的研究成果，在此对各位专家学者表示衷心的感谢。特别感谢高等教育出版社和清华大学出版社为本系列教材的撰写给予大力支持、精心指导和专业审核。

尽管编者在本系列教材的编写过程中，以科学、严谨的态度力求精益求精，但由于编者水平和经验都有限，书中难免存在不足与疏漏之处，敬请各位谅解！同时，也真诚地希望专家学者和读者对书中谬误批评指正，并为我们提出宝贵意见！

李珍辉
2023年1月

前 言

创新创业教育以“人才培养质量显著提升，学生的创新精神、创业意识和创新创业能力明显增强，投身创业实践的学生显著增加”为目标，通过创新创业教育教学，使学生掌握创新创业的基础知识，熟悉创业的基本流程和方法，了解创业的法律法规和相关政策，激发学生的创新意识、创业精神，促进创业就业。我国高等学校的创新创业项目数量多而质量较差，大学生创业成功率低、收益低，在一定程度上反映了高校创新创业教育重理论、轻实践，与专业教育结合不紧密等不足。我国有待健全将课堂教学、自主学习、结合实践、指导帮扶、文化引领融为一体的高校创新创业教育体系，打造一批创新创业教育特色示范课程。鉴于此，我们结合大学生应用实际，编写了这样一部教材，主要介绍创新思维与创新方法、科技创新论文写作、成果转化与产品开发、创业团队建设与管理、创业计划书、项目路演、创办企业等方面的内容。希望本书对提升大学生创新创业能力、实践能力和素质拓展有所助益。

本书由湖南工程学院易兵、刘洞波任主编，方正军、胡慧任副主编，参加编写的人员有何宏、余博、覃波、曾赛峰、李延平、朱于珂和陈墨兮等。

本书在编写过程中，参阅了大量的文献资料，借鉴了一些专家教授的理论和观点，引用了一些同行的案例，在此，向他们表示衷心的感谢。

本书的出版得到了湖南省普通高等学校教学改革项目（湖南工程学院招标项目）“‘新工科’视域下地方应用型高校创新创业人才培养体系研究”（项目编号：湘教通〔2019〕291号），湖南省新工科研究与实践项目“‘六维交融、四链合一’智能与智造产业学院人才培养模式与机制的探索和实践”（项目编号：湘教通〔2020〕90号），湖南省普通高等学校教学改革项目“发展型资助模式下贫困大学生创新创业能力培养路径探析”（项目编号：湘教通〔2020〕232号），湖南省研究生教学平台项目“湖南省研究生优质课程‘计算机图形图像处理’”（项目编号：湘教通〔2019〕370号），湖南省教育科学“十三五”规划2020年度立项课题“基于‘四链合一’的人工智能产业学院产教融合人才培养模式研究”（项目编号：ND208674）的资助，在此，特致以诚挚的谢意。

在本书编写过程中，尽管我们尽了最大努力，但由于水平有限，时间仓促，书中的错误和不足之处在所难免，恳请广大读者批评指正。

编者

2022年12月

目　录

第 1 章

导 论

1.1 创新创业教育的背景和意义

深化高校创新创业教育改革，是国家实施创新驱动发展战略、促进经济提质增效升级的迫切需要，也是推进高等教育综合改革、促进高校毕业生更高质量地创业就业的重要举措。近年来，高校创新创业教育不断加强，取得了积极进展，对提高高等教育质量、促进学生全面发展、推动毕业生创业就业、服务国家现代化建设发挥了重要作用。

1.1.1 创新创业教育的背景

当今世界正经历百年未有之大变局，新一轮科技革命和产业变革深入发展，新材料、新能源、电子信息等先进制造业高速发展，大数据产业、工业互联网等先进制造业新业态不断呈现，软件和信息技术服务迎来了新的发展机遇。同时，我国发展不平衡、不充分的问题仍然突出，重点领域、关键环节改革任务仍然艰巨，创新能力不适应高质量发展的要求，创新创业人才培养质量仍有待加强。在党的十九大报告中，习近平总书记再次重申了人才的重要性，要求培养造就一大批具有国际水平的战略科技人才、科技领军人才、青年科技人才和高水平创新团队。

2015 年，在全国人民代表大会上，李克强总理在政府工作报告中将“大众创业、万众创新”列为我国经济增长的“双引擎”之一。2015 年 3 月 11 日，国务院办公厅印发《关于发展众创空间推进大众创新创业的指导意见》，特别鼓励科技人员和大学生创业。2015 年 5 月 4 日，国务院办公厅印发《关于深化高等学校创新创业教育改革的实施意见》，指出要全面深化高等学校创新创业教育改革；2017 年 7 月 21 日，国务院印发《关于强化实施创新驱动发展战略进一步推进大众创业万众创新深入发展的意见》，提出进一步系统性优化创新创业生态环境，办好全国“双创”活动周，高质量办好创新创业赛事，推动创新创业理念更加深入人心；搭建创新创业资源对接平台，推介一批创新创业典型人物和案例，推动创新精神、企业家精神和工匠精神融合，进一步引导和推动各类科技人员投身创新创业的大潮。2018 年 9 月 18 日，国务院印发《关于推动创新创业高质量发展 打造“双创”升级版的意见》，提出打造“双创”升级版，推动创新创业高质量发展，进一步增强创业带动就业能力，提升科技创新和产业发展活力。2021 年 9 月 22 日，国务院办公厅印发《关于进一步支持大学生创新创业的指导意见》，提出纵深推进“大众创业、万众创新”，并作出明确部署，要全面贯彻党的教育方针，落实立德树人的根本任务，立足新发展阶段、贯彻新发展理念、构建新发展格局，坚持创新引领创业、创业带动就业，支持在校大学生提升创新创业能力，支持高校毕业生创业就业，提升人力资源素质，促进大学生全面发展，实现大学生更加充分、更高质量就业。

国家“十四五”规划强调，坚持创新在我国现代化建设全局中的核心地位，把科技自立自强作为国家发展的战略支撑，面向世界科技前沿、面向经济主战场、面向国家重大需求、面向人民生命健康，深入实施科教兴国战略、人才强国战略、创新驱动发展战略，完善国家创新体系，加快建设科技强国。在“十四五”时期，将强化国家战略科技力量，提升企业技术创新能力，激发人才创新活力，完善科技创新体制机制。《中华人民共和国国民经济和社会发展第十四个五年规划和2035年远景目标纲要》（以下简称《纲要》）指出，要加强原创性引领性科技攻关，瞄准人工智能、量子信息、集成电路、生命健康、脑科学、生物育种、空天科技、深地深海等前沿领域，实施一批具有前瞻性、战略性的国家重大科技项目。从国家的急迫需要和长远需求出发，集中优势资源攻关新发突发传染病和生物安全风险防控，医药和医疗设备，关键元器件、零部件和基础材料，油气勘探开发等领域的关键核心技术。到2035年，关键核心技术实现重大突破，进入创新型国家前列。

《纲要》还指出，要优化创新创业创造生态，大力弘扬新时代科学家精神，强化科研诚信建设，健全科技伦理体系。推进创新创业创造向纵深发展，优化双创示范基地建设布局。倡导敬业、精益、专注、宽容失败的创新创业文化，完善试错、容错、纠错机制。弘扬科学精神和工匠精神，广泛开展科学普及活动，加强对青少年科学兴趣的引导和培养，形成热爱科学、崇尚创新的社会氛围，提高全民科学素质。

近年来，随着“大众创业、万众创新”的蓬勃发展，创新创业环境持续改善，创新创业主体日益多元化，各类支撑平台不断丰富，创新创业社会氛围更加浓厚，创新创业理念日益深入人心，越来越多的大学生投身创新创业实践，但同时，还存在创新创业生态不够完善，科技成果转化机制尚不健全，大学生创新创业财税扶持、金融政策落实不到位，大学生仍面临融资难、经验少、服务不到位等问题。大学生的创新创业能力仍有待提升，创新创业环境、服务平台建设仍需优化，创新创业成果转化和信息服务仍需持续加强。必须统筹中华民族伟大复兴战略全局和世界百年未有之大变局，深化高校创新创业教育改革，健全课堂教学、自主学习、结合实践、指导帮扶、文化引领融为一体的高校创新创业教育体系，建立以创新创业为导向的新型人才培养模式，将创新创业教育贯穿人才培养的全过程。大力宣传加强高校创新创业教育、促进大学生创新创业的必要性和重要性，对于促进高等教育的健康发展，深入推进供给侧结构性改革，全面深入实施创新驱动发展战略，实现新旧动能接续转换，促进新技术、新业态、新模式加快发展和产业结构优化升级具有重大的现实意义。

1.1.2 创新创业教育的意义

开展创新创业教育是为了培养大学生创新创业的意识、素质、精神和能力，是为了培养大学生未来发展的核心素质；而不只是为少数选择自主创业的学生提供教育、平台和服务，也不是单纯地鼓励大学生一毕业就去创业，或者休学创业。

1. 创新创业教育是时代、经济和社会发展的需要

知识经济时代的国际竞争日趋激烈，一个国家的创新创业能力体现出国家的核心竞争能力。美国作为开展创新创业教育最成功的国家之一，其经济腾飞和国家进步离不开创新创业教育的影响，诸多全球知名跨国公司，如惠普、雅虎、思科等最新的高科技产业都源自美国大学校园。管理学界著名大师彼得·德鲁克曾指出：创业企业的发展已成为美国经济增长的主要动力之一，也成为解决国家就业问题的重要组成部分。全球创业观察（GEM）多年的研究结果也验证了创业活动对于经济增长的促进作用。当前和今后一个时期，我国发展仍然处于重要战略机遇期，面对国际环境日趋复杂，不稳定性、不确定性明显增加，经济全球化遭遇逆流，全球能源供需版图深刻变革，国际经济政治格局复杂多变等情况，中华民族伟大复兴对人才渴望和需求的紧迫性前所未有，国家发展对人才的依赖度前所未有，人才在新时代国家创新驱动发展中的价值意义前所未有，建设人才强国的迫切性前所未有，这就要求高校将加快创新创业人才培养置于更加突出的地位。大学生是接受高等教育的知识群体，理应利用自身的学科专业优势，把所学的科学知识转化为科技成果，释放创新创业活力，在国家振兴和经济发展中担当重任，为实现中华民族伟大复兴的中国梦而奋进。

2. 创新创业教育是高等学校人才培养改革的重要突破口

由于高校教育模式偏重于通识教育，学科专业特点弱，导致大学生就业竞争力不强。创建创新型国家需要高校培养具有创新精神、敢闯会创、善于人际交往、善于突破常规和突破自我的创新型人才。创新创业教育旨在培养学生的思维灵活性、敏捷性和创造性，培养出具有独创能力，能够提出问题、解决问题，有开拓精神的人才。创新创业教育能够促进高校实施毕业生就业和重点产业人才供需年度报告制度，完善学科专业预警、退出管理办法，探索建立需求导向的学科专业结构和创业就业导向的人才培养类型结构调整新机制；能够促进实施系列“卓越计划”、科教结合协同育人行动计划，多形式举办创新创业教育实验班，探索建立校校、校企、校地、校所及国际合作的协同育人新机制；能够促使打通一级学科或专业类下相近学科专业的基础课程，开设跨学科专业的交叉课程，探索建

立跨院系、跨学科、跨专业交叉培养创新创业人才的新机制。因此，创新创业教育是高等学校实现人才培养模式改革的突破口，是高等教育发展的内在要求。

3. 创新创业教育推动高等教育人才培养模式的深刻变革

把创新创业教育融入素质教育各环节、人才培养全过程，推动人才培养模式实现了两个新变化：一是实现了从就业从业教育模式到创新创业教育模式的转变，以创新引领创业、以创业带动就业，形成了高校毕业生更高质量创业就业的新局面；二是实现了人才培养机制的新变化，通过创新创业教育，打破了学科专业之间的壁垒、产业与学校之间的壁垒，产生了令人欣喜的“破壁效应”，实现了多学科交叉融合、跨学科学习、校内外协同。中国的创新创业教育培养了大学生“敢闯会创”的可贵素质，一定程度上实现了新时期大学生素质教育的新突破，为当代大学生绽放自我、展现风采、服务国家提供了新平台，为世界创新创业教育提供了中国经验和中国方案。

1.2 创新创业教育的内涵

1.2.1 创新与创新教育

1. 创新

1912年，美籍经济学家熊彼特（Joseph Alois Schumpeter）在其著作《经济发展概论》中指出：“创新是把一种新的生产要素和生产条件的‘新结合’引入生产关系。”这一创新理论包含五种情况：一是开发新产品，二是用新的生产方法，三是发现新的市场，四是发现新的供应来源并获得新的原材料或半成品，五是创建新的工业、产业组织。

20世纪90年代，“创新”的概念被引入我国科学技术等相关领域，以“知识文化与科学技术创新”“自主创新”等相关说法呈现，创新的说法无处不在，并迅速融入经济社会的不同范畴。有学者将“创新”从日常生活内涵和经济学视角进行解读，简单地说创新是“创造和发现新东西”。

创新可从广义和狭义两个方面来解释。广义的创新是观念上和行为上出现的新“东西”，或者依托科技或教育等出现的重新组合。比如，在思想、技术、知识、科学与教育等层面提出的思想创新、艺术创新、技术创新等。狭义的创新是在理论、措施或技能等方面的发掘、创造、更正或者重新聚合，关键在于把经济发展与技术能力联系在一起。相对而言，广义的创新更多是思维层面的推陈出新和勇于开拓的一种创造，同时还包括非科技类的创新，比如社会创新、管理创新、制度创新等，并产生巨大的效益。

由此可见，创新是创业的本质和灵魂，绝不是单纯从发明创造、技术创新的角度来认识和把握的，而是从“创业动机”“创业者的创新认知”“市场对创新的接受度”等角度来分析。创业者有很多种创业类型可选择，如安定型、冒险型、复制型和模仿型，并非单纯地鼓励创业者进行高科技创业。管理学大师彼得·德鲁克以“分期付款”为实例，认为“创新并非一定与技术有关联，有时完全可以不需要具体实物”。

2. 创新教育

教育的最根本使命在于创造和创新，教育必须以培养人作为改造世界主体的能力为支点。人作为改造世界的主体，在思考和信仰中创新并创造着，不断认识自身与其达到预期的可能性之间的距离。创新教育具有人格心灵的唤醒使命。创新教育是为了更好地培养受教育者的创新意识、创新思想、创新技能和创新素质，并使其成为创新人才为最终目标的一种教育活动。创新教育相比传统的守成教育，是一种新的教育思想和教育理念，是一种与时俱进、开拓创新的教育活动。关于创新教育的定义，国际上大致分为广义和狭义两大类。广义的创新教育定义为：以培养受教育者的创新素养、提升受教育者的创新潜能为最终宗旨，使受教育者能够进行创新而开展的一种新型教育活动。狭义的创新教育定义为：以培养具备创新精神、理念、素养、人格和创造能力的创新人才为培养目标的一种教育活动。

实际上，对创新教育的定义，既要考虑创新教育发展的历程及已有的特点，还应探究创新教育已有的升华和未来的拓展及演化趋势。对于高校来说，创新教育是培养受教育者再次觉察的探求和摸索能力、重组已有知识的综合能力、运用现有知识解决问题的实践能力等一系列相关的教育活动。凡是以培养受教育者的创新素质、提升受教育者的创新技能为关键目标的教育皆可统称为创新教育。高校作为培育具有学习能力、创新精神的创新人才的摇篮，必须使受教育者勇于思考、善于思考、勤于思考，要重视提升个人的思维开拓能力，使其避免被动接纳前人的思维与思想结论。创新教育不仅能够使受教育者的意识、精神、理念和实践能力等有机结合，还可以使受教育者的创造才智和创造人格有机融合。

1.2.2 创业与创业教育

1. 创业

“创业”一词由来已久，对它的内涵有很多不同看法，总体上分为广义和狭义两种。广义的创业泛指开创事业或包含创新的行为，几乎无所不包，小到生产线上的一项具体改进，大到航天计划的实施。狭义的创业专指创办企业，在创业实践中，可以基于模仿进行创业，模仿创业远远多于创新创业，因为市场中的任何竞争都是在少数先动者的示范下，大量后动者模仿加入形成的。

有研究者把创业定义为：创业是在政治、经济、文化等领域内行为上的一种创新，创业者通过拓展开发空间，并对此时机予以充分摸索和探求的行为。还有部分研究者认为：创业是一种创新活动，通过拓展、探索和机会捕捉，使某些未知的产品和服务被创造出来并迅速成长的一种思维和行为活动。在杰弗里 · 蒂蒙斯看来，创业的内涵已经“超越企业创建”，创业既是“一种思考、推理和行动的方法”，也是“创造、提高和实现价值，或使价值再生”的过程；创业既是一种生活方式，也是一门人生哲学。杰弗里·蒂蒙斯所称的“创业遗传代码”其实就是创新创业精神，这彻底超越了对创业的功利追求，为重新定位与之相匹配的创业教育开辟了道路。

经典创业理论认为，创业是实现其潜在价值的过程，是机会发现的过程。机会是创业的关键与核心问题，其中知识和决策在创业过程中扮演着极其重要的角色。首先，创业是一项带有主体性的活动，其主体可以是一个人也可以是一个组织。其次，创业是一个过程，不是一蹴而就的事情，创业是时间和精力付出的过程，也是一个创新的过程。再次，创业是建立在一定的财力、物力及智力基础之上的，是需要资金和技术等诸多因素参与和支持的。同时，创业是寻求机会和创造更多工作机会的活动过程。创业行为的本质是识别机会并将有用的创意付于一个完整的创业过程，是一个通过创办新组织、开展新业务的创新过程。

创业的内涵较为丰富，本书将创业定义为：承担风险的创业者通过寻找和把握创业机会，在社会经济、文化、政治领域内，创造性地整合现有资源，创建新组织、新事业、新企业、新岗位，开展新业务，从而将实现新商品或新服务的机会确认和创造出来，为社会产出新价值的全过程。可见，创业更强调行动层面的创造，创业是指所有具有开拓性和创新性特征，能够增进经济价值或社会价值的活动。大学生创业对我国经济社会的发展起着至关重要的作用。大学生创业不仅是教育体制改革和高新技术发展的动力源泉，还是加速我国经济发展的动力源泉。大学生创业不仅可以解决就业问题，还能为更多的人提供就业机会，同时也是建设创新型国家战略的需求。

2. 创业教育

1989 年，联合国召开的“面向 21 世纪教育”国际研讨会提出了“事业心和开拓技能教育”的概念，后被译成“创业教育”，也称“第三本教育护照”。每个人都应该掌握三本“教育护照”：一是能从事学术研究的学术性护照；二是具备创业能力的创业性护照；三是能胜任具体职业岗位的职业性护照。创业教育可分为广义和狭义的创业教育两大类。

广义的创业教育是指培养具有开创性的个性人才的教育活动。这一群体不仅要具备首创思维、创业能力、冒险精神和事业进取心等相关素质，还要有独立工作能力、相关技术、社会交往和相应的管理技能。广义的创业教育在于为受教育者灵活、持续和终身学习打下基础。

狭义的创业教育是指培养创业者从单纯的求职者转变为岗位创造者的教育活动，主要培养创业者创业所需的意识、知识、能力和精神。狭义的创业教育主要包含两方面内容：一是“求职”，二是“创造新的就业岗位”。狭义的创业教育与增收培训紧密结合在一起，为目标人口提供急需的技能、技巧和资源，使他们能够自食其力。

在高等教育领域，创业教育是将素质教育与创业素质教育相融合，培养学生的心理意识、个性品质、专业知识和创业技能的系统性教育活动。从本质上说，创业教育是通过对受教育者创业理念、思维、精神、素养和创业行为等方面的培养，使受教育者形成初期的创业管理水平和技能的教育活动。

综上所述，创业教育是实施素质教育的重要内容，是素质教育的“具体化”。高校进行创业教育是我国现阶段高等教育的基本目标之一，创业教育是提高学生自身能力、了解创业过程中的需求、掌握自我创业方法的途径，是拓宽学生就业渠道、适应经济社会发展和构建国家创新体系的长远大计。

1.3 创新创业实践的主要途径

目前我国正处于实现中华民族伟大复兴的关键时期，经济已由高速增长阶段转向高质量发展阶段，并且正处在转变发展方式、优化经济结构、转换增长动力的攻关期，开展创新创业教育、培养学生的创新创业精神和创新创业能力，是实现国家发展战略的重要途径，是实施素质教育的重点。

要提升大学生创新创业实践的实际效果，就必须针对存在的具体问题作针对性分析，找出解决的途径，并对具体的实践活动进行评价，从而促进大学生创新创业实践的有效进行。具体可从以下几个方面着手。

1.3.1 加强大学生创新创业实践平台建设

为了激励大学生积极参与创新创业实践，强化大学生创新创业实践的有效开展，各高校应该注重加强创新创业实践教学资源建设，完善创新创业实践设施配备，强化大学生创新创业实践平台的建设。

1. 建强创新创业实践平台

充分发挥专业类大学生创新创业教育中心、实践基地、大学生众创空间、校企合作基地、大学生创新创业孵化基地等校内创新创业实践平台的作用，面向在校大学生免费开放，开展专业化孵化服务。强化创新创业教育实践平台的作用，鼓励大学生结合学校学科专业特色优势，积极参加各级各类学科竞赛。坚持以赛促教、以赛促学、以赛促创，丰富竞赛形式和内容。建立健全中国国际“互联网 +”大学生创新创业大赛、“挑战杯”大学生创业计划竞赛、大学生课外学术作品竞赛与各级各类学科竞赛、创新创业比赛联动机制，推进大赛国际化进程，搭建全球性创新创业竞赛平台，深化创新创业教育国际交流合作。

2. 提升创新创业示范基地的带动作用

完善创新创业示范基地建设，在校内为学生提供“全真”的创业环境，让学生真正体验到创业的感受，让学生在创业中找到创新的灵感，从而激发大学生参加创新创业实践的积极性，激发大学生创新的激情。深入实施创业就业“校企行”专项行动，推动企业示范基地和高校示范基地结对共建，建立稳定的合作关系，发挥示范基地的示范引领和带动作用，设立大学生创新创业成果转化服务机构，建立相关成果与行业产业对接长效机制，促进大学生创新创业成果在有关行业企业推广应用，打造“城校共生”的创新创业生态。汇集政府、企业、高校及社会资源，加强对创新创业大学生和项目的跟踪、服务，畅通供需对接渠道，支持各地积极举办大学生创新创业项目需求与投融资对接会。

此外，加大创新创业教育专项资金支持力度，帮助大学生创业项目申请财税扶持、金融支持和服务，吸引社会资本支持大学生创新创业，形成支持大学生创新创业的良好氛围。

1.3.2 提升教师创新创业教育教学能力

师资队伍是提高大学生创新创业实践水平的关键因素。一方面，强化高校教师创新创业教育教学能力和素养培训，改革教学方法和考核方式，推动教师把国际前沿学术发展、最新研究成果和实践经验融入课堂教学。另一方面，实施高校“双创”校外导师专项人才计划，探索实施驻校企业家制度，吸引更多各行各业优秀人才担任“双创”导师。“双创”导师在给学生讲授创业实际经验的同时，亲自指导学生进行创新实践和社会实践，增强大学生自主创业的信心和决心。同时，鼓励高校“双创”指导教师到行业企业挂职锻炼，深入企业的实际岗位工作，提高教师的业务素质和教学能力。

1.3.3 完善高校创新创业教育评价体系

创新创业教育质量评价能够科学有效地反映我国创新创业教育的实施状态，提升创新创业教育质量，最终促进创新创业教育的深化改革与发展。目前，创新创业教育评价研究较为薄弱，尚未形成科学合理的评价指标体系及具有代表性的研究成果，研究样本覆盖范围较小、区域差异性研究针对性不强、研究结论缺乏说服力，且大多以定性研究为主，缺乏基于大样本数据分析的实证研究，研究缺乏理论深度，缺乏对创新创业教育评价体系的内涵、理论模型和指标体系等关键性问题的深入研究，因此，完善高校创新创业教育质量发展现状评价、实施实践过程评价和质量最终结果评价等，建立科学合理的评价体系尤为重要。

在高校的创新创业教育实践过程中，质量评价形式主要是项目申报和项目结题两个环节。项目申报通过后的实践过程一般由大学生以文字形式记录，材料上交学校相关部门审核。所以学校对指导教师的指导情况和学生的实践成果，并未结合具体实践过程及实践效果进行质量评价。针对这种情况，高校要规范大学生创新创业实践的质量评价制度，从项目申报、项目过程和项目结题三个环节着手制定规范，细化质量评价标准，这样才能不断发现创新创业实践过程中存在的问题并及时加以改进，从而避免创业实践流于形式。

创新能力培养是创业能力培养的内在要求和支柱；创业能力培养是创新能力的准确呈现和尝试。进行创新和创业教育，提高自主创新能力，是高校创业教育理念由“技能型”到“素质型”的转型升级过程，标志着创新与创业素质培养已经逐步融入人才培养的理念中，从而进一步落实了我国创新型国家建设的战略。

第 2 章

创新思维与创新方法

2.1 创新思维

【引导案例】

可以吃的塑料袋，你信吗?

塑料袋是可以吃的，而且是可以干吃的。若是不想干吃，可以将其溶在水中。是不是觉得这很神奇？的确很神奇。在印度，有人研发出能吃的塑料袋，这种袋子是用12种可食用原料做成的，比如马铃薯、玉米、植物油等。就连袋子上的油墨也能吃，是无害物质。塑料袋被称为“20世纪人类最糟糕的发明”，每个塑料袋的降解时间需要400年。而这种可以吃的塑料袋，如果不想吃，埋在土里，45天就能降解；置于常温的水中，1天就可以溶解；置于沸水中，15秒就可以消失。

（资料来源：吴兴华. 创新思维方法与训练［M］. 广州：中山大学出版社，2019.）

2.1.1 创新思维的概念

1. 思维

思维科学认为，思维是人接收信息、存储信息、加工信息及输出信息的全过程，而且是概括地反映客观现实的过程。心理学认为，思维是人脑对客观事物间接的、概括的反映，是人的认识能力的核心。思维的过程包括对相关事物的分析、综合、比较、分类、抽象、概括、具体化、系统化。

脑科学的研究表明，大脑中有150亿个神经元，每个神经元随时与附近其他的神经元发生联系，形成许多神经接触点。这些神经接触点之间能够形成数量极其巨大的神经回路，由此作为人类思维得以产生的物质基础，使人的思维创新具有极大的潜力。

半个多世纪以来，有关人脑的科学研究取得了重大进展。研究发现，人的左、右脑在功能上存在巨大区别，又共同协调指挥着人的一切活动。左脑以“条理记忆”为特征，可称为“知性脑”；右脑以“瞬间记忆”为特征，可称为“艺术脑”。左脑主要支配着人的逻辑、抽象思维能力；而形象思维、情感思维则主要由右脑控制。人的大脑两半球虽有分工，各有侧重，但是相互协作、相辅相成，左脑的理性思维也会促进右脑非理性思维的发展，所以在学术上有所成就的人，在艺术上也常有所创新。创新潜力的开发为什么容易受到忽视？这是因为创新潜力是一种心理潜能，心理潜能比生理潜能弱很多，更容易被忽视。比如，饥饿反应是一种较强的生理潜能。身体活动要消耗能量，就要吃东西，这是人的一种生理本能。但是，创新力的心理潜能很微弱，右脑神经细胞缺乏必要的刺激，外部几乎没有反应，你可能全然不知自己的右脑机能正在衰退。现在需要做的是，首先意识到自己的创新潜力，其次唤醒沉睡的创新潜能，投身创新实践活动中。

【案例 2.1】

高尔基巧装蛋糕

苏联作家、政论家高尔基早年曾在一家食品店当童工。有一天商店接到一张订单，上面写着："定做蛋糕 9 块，要装在 4 个盒子里，且每个盒子装的蛋糕不得少于 3 块。"蛋糕很快就做好了，可怎么包装呢？真把人给难住了。老板一会儿这样摆，一会儿那样摆，就是无法符合客户的要求，全店的人为此伤透了脑筋。

这时，干杂活的高尔基好奇地拿过单子一看，笑着说："这有何难……"老板就让他试试。他先将 9 块蛋糕分装在 3 个盒子里，每盒装 3 块，然后再将这 3 个盒子一起装在 1 个大盒子里。

（资料来源：陈卓国．创新思维与方法［M］．武汉：华中科技大学出版社，2019.）

2. 创新思维

创新思维是指不受常规思路的约束，以新颖、独创的方法解决问题的思维。通过创新思维能突破常规思路的界限，以超常规甚至反常规的方法、视角去思考问题，提出与众不同的解决方案，从而产生新颖的、独到的、有社会意义的思维成果。我们常说"思路决定出路，格局决定结局"，创新思维是实现创新的重要前提。

创新思维是在客观需要的推动下，以新获得的信息和已存储的知识为基础，综合运用各种思维形态或思维方式，克服思维定式，经过对各种信息、知识的匹配和组合，或从中选出解决问题的最优方案，或系统地加以综合，或借助类比、直觉、灵感等创造出新方法、新概念、新形象、新观点，从而使认识或实践取得突破性进展的思维活动。

创新思维能力是创新力的核心，它的产生是左脑和右脑同时作用和默契配合的结果。创新思维和创新一样，是一个外延极广、内涵丰富的概念。无论是从思维方式、思维结果、思维类型方面，还是从思维特征方面所作的定义都不能囊括它的全部含义。创新思维是头脑瞬间的闪光，是对某种现象本质的深入追求，是已知向未知的拓展。但是，不论人们对创新思维作出怎样的定义，创新思维的本质都在于创新，在于意想不到，在于破除形式逻辑的限制，因而非逻辑思维形式更能突出创新思维的本质特征。

创新思维是人类思维的最高表现形式。在思维的类别中，与常规性思维相对，创新思维是指以新颖独创的方法解决问题的思维。这种思维不仅能揭示客观事物的本质及规律，在创新思维的驱动下，人类的物质文明和精神文明也将得到大幅提升。不过，只有在正确认识自己的前提下才能建立起创新思维理念，进而产生创新行为。

【案例 2.2】

鬼谷子与创新思维

相传中国古代著名军事家孙膑的老师鬼谷子在教学中特别善于培养学生的创新思维，其方法别具一格。有一天，鬼谷子给孙膑和庞涓每人一把斧头，让他俩上山砍柴，要求“木柴无烟，百担有余”，并限期10天完成。庞涓未加思索，每天砍柴不止。孙膑则经过认真考虑后，选择一些榆木放进窑洞里，烧成木炭，然后用一根柏树枝做成的扁担将榆木烧成的木炭担回鬼谷洞，意为“百（柏）担有余（榆）”。10天后，鬼谷子先在洞中点燃庞涓的木柴，火势虽旺，但浓烟滚滚。接着鬼谷子又点燃孙膑的木炭，火旺且无烟。这正是鬼谷子所期望的。

（资料来源：陈卓国. 创新思维与方法［M］. 武汉：华中科技大学出版社，2019.）

2.1.2 创新思维的特征

1. 开放性

发散性思维就是一种开放性的思维，其过程是从某一点出发，任意发散，既无固定的方向，也无一定的范围。它主张打开大门，张开思维之网，冲破一切禁锢，尽力接收更多的信息，可以海阔天空地想，甚至可以想入非非。人的行动自由可能会受到各种条件的限制，但人的思维活动有无限广阔的天地，是任何外界因素都难以限制的。

开放性思维是创新思维的核心。开放性思维能够产生众多可供选择的方案、办法及建议，能提出一些别出心裁、出乎意料的见解，使一些似乎无法解决的问题迎刃而解。

2. 联想性

联想是将表面看来互不相干的事物联系起来，从而实现创新。联想性思维可以利用已有的经验创新，如我们常说的由此及彼、举一反三、触类旁通，也可以利用别人的发明或创造进行创新。联想是创新者在创新思考时经常使用的方法，也比较容易见到成效。

能否主动地、有效地运用联想，与一个人的联想能力有关，然而在创新思考中若能有意识地运用这种方式则是有效利用联想的重要前提。任何事物之间都存在一定的联系，这是人们能够采用联想的客观基础，因此联想的最主要方法是积极寻找事物之间的联系。

3. 求异性

创新思维在创新活动中，尤其是在创新初期阶段，求异性特别明显。它要求关注客观事物的不同性与特殊性，关注现象与本质、形式与内容的不一致性。

一般来说，人们对司空见惯的现象和已有的权威结论怀有盲从和迷信的心理，这种心理使人很难有所发现、有所创新。而求异性思维则不拘泥于常规，不轻信权威，以怀疑和批判的态度对待一切事物和现象。

4. 逆向性

逆向性思维就是有意识地从常规思维的反方向去思考问题的思维方法。如果把传统观念、常规经验、权威言论当作金科玉律，则常常会阻碍我们创新思维活动的展开。因此，面对新的问题或长期解决不了的问题，不要习惯于沿着前辈或自己长期形成的、固有的思路去思考，而应从相反的方向寻找解决问题的办法。

【案例 2.3】

丑的就是美的

有一次，美国艾士隆公司董事长布希耐正为公司陷入困境而束手无策，心烦意乱之时，他驾车到郊外散步，看到几个孩子在玩一只肮脏而且非常丑陋的昆虫，简直到了爱不释手的地步。布希耐意识到，某些丑陋的玩物在部分儿童的心里占有一定的位置。于是他机敏的头脑产生了一种感悟，促使他部署自己的公司研制一套“丑陋玩具”并迅速推向市场。结果一炮打响，并且引发美国掀起了“丑陋玩具”的热潮。

从此，艾士隆公司开发的这类新品种极尽丑陋之能事，如“疯球”“粗鲁陋夫”，臭得令人作呕的“臭死人”“狗味”“呕吐人”，其售价也超过正常玩具的水准。但出乎人们意料的是：这些玩具问世以后一直畅销不衰，其中仅“疯球”一种已销售近千万个。“丑陋玩具”给艾士隆公司带来了丰厚的利润。

（资料来源：王玉. “丑陋”招财的故事 [J]. 企业管理，2015（12）：38.）

5. 综合性

综合性思维是把对事物各个侧面、部分和属性的认识统一为一个整体，从而把握事物的本质和规律的一种思维方法。综合性思维不是把事物各个部分、侧面和属性的认识随意地、主观地拼凑在一起，也不是机械地相加，而是按它们内在的、必然的、本质的联系把整个事物在思维中再现出来的思维方法。

【案例 2.4】

记者发明坦克

第一次世界大战时，有一名叫斯文顿的英国记者随军去前线采访，他亲眼看到英法联军向德国的阵地发动攻击时，牢牢守着阵地的德国士兵用密集的排枪将进攻的英法联军成片地扫倒，斯文顿非常痛心。他清楚地意识到，肉体是挡不住子弹的。冥思苦想之后，他向指挥官建议用铁皮将福斯特公司生产的履带式拖拉机包装起来，留出适当的枪眼让士兵射击，然后让士兵们乘坐它冲向敌军。他的建议很快被当时的海军司令丘吉尔采纳。履带式拖拉机穿上“盔甲”之后径直冲向敌军，英法士兵的伤亡也因此大大减少。德军“望车披靡”，兵败如山倒。履带式拖拉机即后来的坦克为英法联军战胜德军立下了汗马功劳，成为第一次世界大战中影响深远的发明。显然，坦克就是履带式拖拉机与装甲的组合。

（资料来源：马金林. 记者的三大发明［J］. 军事记者，2012（1）：64.）

2.1.3 创新思维的形式

1. 发散思维与收敛思维

思想家托马斯·库恩认为，科学革命时期发散思维占据优势，常规科学时期收敛思维占据优势，一名优秀的探索者要在发散思维和收敛思维之间保持必要的张力。

1）发散思维

发散思维是由美国心理学家 J.P. 吉尔福特在《人类智力的本质》中作为与创造性有密切关系的思考方法提出的。发散思维（divergent thinking）又称辐射思维、放射思维、扩散思维或求异思维，是指从一个目标出发，沿着各种不同的途径去思考、探求多种答案的思维。发散思维是大脑在思考时呈现的一种扩散状态的思维模式，它表现为思维视野广阔，思维呈现出多维发散状，如“一题多解”“一事多写”“一物多用”等方式。培养发散思维能力，应从问题的要求出发，沿不同的方向去探求多种答案。当问题存在多种答案时，才能发生发散思维。它不墨守成规，不拘泥于传统的做法，有更多的创造性。心理学家认为，发散思维是创造性思维最主要的特点，是测定创造力的主要标志之一。

发散思维具有流畅性、灵活性、独特性和多感官性的特点。

流畅性是思想的自由发挥，指在尽可能短的时间内生成并表达出尽可能多的思维观念及较快地适应、消化新的思想观念，是发散思维量的指标。例如，在思考“取暖”有哪些方法时，可以从取暖方法的各个方向发散，有晒太阳，烤火，开空调、电暖气、电热毯，剧烈运动，多穿衣等，这些都是同一方向上数量的扩大，方向较为单一。

灵活性是指克服人们头脑中僵化的思维框架，按照某一新的方向来思索问题的特点。灵活性常常通过借助横向类比、跨域转化、触类旁通等方法，使发散思维沿着不同的方面和方向扩散，以呈现多样性和多面性。灵活性是较高层次的发散思维，使得发散思维的数量多、跨度大。

独特性表现为发散的“新异”“奇特”和“独到”，即从前所未有的新角度认识事物，提出超乎寻常的新想法，使人们获得创造性成果。独特性是发散思维的最高目标。

发散思维不仅运用视觉思维和听觉思维，还可以充分利用其他感官接收信息并进行加工。发散思维还与情感有密切关系。如果思维者能够想办法激发兴趣，产生激情，把信息感官化，赋予信息以感情色彩，就会提高发散思维的速度与效果。

【发散思维的应用】

“孔”结构在工程实例中应用广泛，利用发散思维，可用“孔”结构解决很多问题，例如：

（1）整版邮票用直线“齿孔”把一枚一枚邮票分隔开来，零售时就方便多了，另外，带齿孔的邮票比无齿孔的邮票美观。

（2）钢笔尖上有一条导墨水的缝，缝的一端是笔尖，另一端是一个小孔，最早生产的笔尖是没有这个小孔的，既不利于存储墨水，也不利于在生产过程中开缝隙。

（3）钢笔、圆珠笔之类的商品常常是成打（12 支）平放在纸盒里的，批发时不便一盒一盒拆封点数和查看笔杆的颜色，有人想出在每盒盒底对应每一支笔的下面开一个较大的孔，查验时只要翻过来一看，就可以知道够不够数、是什么颜色，既省时又省力。

（4）有一种高帮球鞋，两边也开有通风孔，有利于运动时散热。

（5）弹子锁最怕钥匙断在里面或被人塞纸屑、火柴梗进去，因为很难钩取出来。如果在制造锁时，在钥匙口对面预留一个小孔，再出现上述情况时，用细铁丝一捅，里面的堵塞物就出来了。

（6）电动机、缝纫机的机头上留有小孔，便于添加润滑油。

（7）防盗门上有小孔，装上“猫眼”可以观察门外来人。

2）收敛思维

收敛思维（convergent thinking）又称聚合思维、求同思维、辐集思维、集中思维，也是创新思维的一种形式。收敛思维是将各种信息从不同的角度和层面聚集在一起，尽可能利用已有的知识和经验，将各种信息重新进行组织、整合，实现从开放的自由状态向封闭的点进行思考，从不同的角度和层面，把众多的信息和解题的可能性逐步引导到条理化的逻辑序列中，以产生新的想法，寻求相同的目标和结果的思维方法。

在收敛思维的过程中，要想准确地找到最佳的方法或方案，必须综合考察各种发散思维成果，并对其进行归纳、分析和比较。收敛式综合并不是简单的排列组合，而是具有创新性的整合，即以目标为核心，从内容到结构上对原有的知识进行有目的的评价、选择和重组。

发散思维所产生的众多设想或方案，一般来说多数是不成熟或者不切实际的。因而必须借助收敛思维筛选发散思维的结果，这需要按照实用、可行的标准评判众多设想或方案，才能得出最终合理可行的方案或结果。

【案例 2.5】

洗衣机的发明

在探讨洗衣服的问题时，人们首先围绕"洗"这个关键词，列出了各种各样的洗涤方法：用洗衣板搓洗、用刷子刷洗、用棒槌敲打、在河中漂洗、用流水冲洗、用脚踩洗等。然后再进行思维收敛，对各种洗涤方法进行分析和综合，充分吸收各种方法的优点，结合现有的技术条件，制定出设计方案，然后不断改进，最终发明了洗衣机。洗衣机的发明，使烦琐的手工洗衣方式演变为自动化的机械洗衣方式，提高了人们的生活质量。

在洗衣机的发明过程中，人们利用收敛的思维方式，对发散思维的结果加以总结，最终发明了洗衣机。收敛思维能够从各种不同的方案和方法中选取解决问题的最佳方法或方案。

（资料来源：陈卓国. 创新思维与方法［M］. 武汉：华中科技大学出版社，2019.）

2. 横向思维和纵向思维

横向思维研究同一事物在不同环境中的发展状况，并通过同周围事物的相互联系和相互比较找出该事物在不同环境中的异同。纵向思维是从事物自身过去、现在和未来的分析对比中，发现事物在不同时期的特点及前后联系而把握事物本质的思维过程。横向思维与纵向思维综合应用能够对事物有更全面的了解和判断，是重要的创造性思维技巧之一。

1）横向思维

横向思维是由爱德华·德·波诺在其《水平思维的运用》一文中提出的。横向思维是指突破问题的结构范围，从其他领域的事物、事实中得到启示而产生新设想的思维方式。

由于改变了解决问题的一般思路，试图从其他方面、方向入手，其思维广度大大增加，有可能从其他领域得到解决问题的启示。因此，横向思维常常在创造活动中起到巨大的作用。

在横向思维过程中，首先把时间概念上的范围确定下来，然后在这个范围内研究各方面的相互关系，使横向比较和研究具有更强的针对性。横向思维对事物进行横向比较，即把研究的客体放到事物的相互联系中去考察，可以充分考虑事物各方面的相互关系，从而揭示出不易觉察的问题。

爱德华·德·波诺提出了一些促进横向思维的技巧，比如，对问题本身产生多种选择方案（类似于发散思维）；打破思维定式，提出富有挑战性的假设；对头脑中冒出的新主意不要急着做是非判断；反向思考，用与已建立的模式完全相反的方式思考，以产生新的思想；对他人的建议持开放态度，让一个人头脑中的主意刺激另一个人头脑里的东西，形成交叉刺激；扩大接触面，寻求随机信息刺激，以获得有益的联想和启发等。

2）纵向思维

所谓纵向思维，是指在一定结构范围内，按照有顺序的、可预测的、程式化的方向进行的思维形式，这是一种符合事物发展方向和人类认识习惯的思维方式，遵循由低到高、由浅到深、由始到终等线索，因而清晰明了、合乎逻辑。我们平常的生活、学习中大都采用这种思维方式，与横向思维相对应。

纵向思维是按照由过去到现在、由现在到将来的时间先后顺序来考察事物的。历时性揭示事物发展的过程，在考察事物的起源和发生时具有重要作用。历时性思维方法被现代众多学科所运用，如各类发生学理论，包括人类发生学、认识发生学、思维发生学等。对那些周期性重复的事物，历时性考察是重要的方法。

纵向思维是在事物的历史发展中考察事物，考察的事物必须是同一性的，具有自身的稳定性和可比性，如果违反纵向思维的同一性，思维的结果就会失真。

纵向思维对未来的推断具有预测性，其预测结果可能符合事物发展的趋势。在现实社会中，通过对事物现有规律的分析预测未知的情况相当普遍，纵向思维方法在气象预测、地质灾害预测等领域广泛应用，对于指导人们的行为、决策和规划起着较大的作用。

【案例 2.6】

测试你是横向思维还是纵向思维

某工厂的办公楼原是一片 2 层建筑，占地面积很大。为了有效利用地皮，工厂新建了一幢 12 层的办公大楼，并预备拆掉旧办公楼。

员工搬进了新办公大楼不久，便开始抱怨大楼的电梯不够快、不够多，尤其是在上下班高峰期，他们得花很长时间等电梯。

于是，大家想出了几个解决方案：

1. 上下班高峰期，让电梯分奇数楼层和偶数楼层停。
2. 安装几部室外电梯。
3. 把公司各部门的上下班时间错开，避免拥挤的情况。
4. 在所有电梯旁边的墙面上安装镜子。

5. 搬回旧办公楼。

面对上述方案，你会选择哪一个？

假如你选择的是：1、2、3、5，那么你用的是“纵向思维”，就是用传统思维的方式和角度去看待这个问题。

假如你选择了 4，你就是在用“横向思维”。你考虑问题时，能够跳出思维的惯性，从更广、更新的角度去进行思考。

这家工厂最终采用了第 4 种方案，并成功地解决了问题。

因为，当员工们忙着在镜子前审阅自己，或是偷偷观察别人时，他们的注意力便不再集中于等待电梯，焦虑的心情得到了放松。

大楼并不缺电梯，而是人们缺乏耐心。

（资料来源：爱德华·德·波诺. 横向思维 [M]. 北京：新华出版社，2002.）

3. 正向思维与逆向思维

正向思维是按常规思路，以时间发展的自然过程、事物的常见特征、一般趋势为标准的思维方式，是一种从已知到未知来揭示事物本质的思维方法。逆向思维在思维路线上与正向思维相反，它是在思考问题时，为了实现创造过程中设定的目标，跳出常规，改变思考对象的空间排列顺序，从反方向寻找解决办法的一种思维方法。正向思维与逆向思维相互补充、相互转化，在解决问题中共同使用，经常取得事半功倍的效果。

1）正向思维

正向思维法是依据事物发展过程建立的，是人们经常用到的思维方式，正向思维方法一次只对某一种或一类事物进行思考，它是在对事物的过去、现在充分分析的基础上推知事物的未知部分，提出解决方案。

正向思维具有如下特点：在时间维度上与时间的方向一致，随着时间的推进进行，符合事物的自然发展过程和人类认识的过程；认识具有统计规律的现象，能够发现和认识新事物及其本质；面对生产生活中的常规问题时，正向思维具有较高的处理效率，能够取得很好的效果。

2）逆向思维

逆向思维法利用了事物的可逆性，从反方向进行推断，寻找常规岔道，并沿着岔道继续思考，运用逻辑推理去寻找新的方法和方案。逆向思维的主要特点有普遍性、批判性、新颖性。

（1）普遍性。逆向思维在各种领域、各种活动中都有适用性，如性质上对立两极的转换：软与硬、高与低等；结构、位置上的互换、颠倒：上与下、左与右等；过程上的逆转：

气态变液态或液态变气态、电转换为磁或磁转换为电等。无论哪种方式，只要从一个方面想到与之对立的另一方面，都是逆向思维。

（2）批判性。逆向是与正常比较而言的，正向是指常规的、常识的、公认的或习惯的想法与做法。逆向思维则恰恰相反，是对传统、惯例、常识的反叛，是对常规的挑战。它能够克服思维定式，破除由经验和习惯造成的僵化的认识模式。

（3）新颖性。循规蹈矩的思维和按照传统方式解决问题虽然简单，但容易使思路僵化、刻板，摆脱不掉习惯的束缚，得到的往往是一些司空见惯的答案。其实，任何事物都具有多面性。由于受过去经验的影响，人们容易看到熟悉的一面，对另一面却视而不见。逆向思维能克服这一障碍，往往会出人意料，给人以耳目一新的感觉。

【案例 2.7】

孙膑智胜魏惠王

孙膑是战国时著名兵家，至魏国求职，魏惠王心胸狭窄，忌其才华，故意刁难，对孙膑说："听说你挺有才能，如果能使我从座位上走下来，就任用你为将军。"魏惠王心想：我就是不起来，你又能奈我何！孙膑想：魏惠王赖在座位上，我不能强行把他拉下来，况且把他拉下来也是死罪，怎么办呢？只有用逆向思维法，让他自己走下来。于是，孙膑对魏惠王说："我确实没有办法使大王从宝座上走下来，但是我有办法使您坐到宝座上。"魏惠王心想，这还不是一回事，我就是不坐下，你又能奈我何！便乐呵呵地从座位上走下来，孙膑马上说："我现在虽然没有办法使您坐回去，但我已经使您从座位上走下来了。"魏惠王方知上当，只好任用他为将军。

4. 求同思维与求异思维

英国心理学家、哲学家和经济学家约翰·穆勒（1806—1873 年）在《逻辑学体系》（1843 年）中提出了后来以他的姓氏著称的穆勒五法，即契合法、差异法、契合差异并用法、共变法、剩余法。

契合法就是考察出现某一被研究现象的几个不同场合，如果各个场合除一个条件相同外，其他条件都不同，那么这个相同条件就是某被研究现象的原因。这种方法是异中求同，又叫求同法。

差异法是就是比较某现象出现的场合和不出现的场合，如果这两个场合除一点不同外，其他情况都相同，那么这个不同点就是这个现象的原因。因这种方法是同中求异，又称为求异法。

1）求同思维

求同思维是指在创造活动中，把两个或两个以上的事物根据实际需要，联系在一起进行“求同”思考，寻求它们的结合点，然后从这些结合点中产生新创意的思维活动。求同思维是从已知的事实或者已知的命题出发，通过沿着单一的方向一步步推导来获得满意的答案，以获得客观事物的共同本质和规律，基本方法是归纳法，把归纳出的共同本质和规律进行推广的方法是演绎法。在这些过程中，肯定性的推断是正面求同，否定性的推断是反面求同。

求同思维追求秩序和思维缜密性；能够以严谨的逻辑性环环相扣，以实事求是的态度从客观实际出发，揭示事物内部存在的规律和联系，并且通过大量的实验或实践对结论进行验证和检验。只要能在事物间找出它们的结合点，就能产生意想不到的结果。组合后的事物所产生的功能和效益并不是几种事物的简单相加，而是整个事物出现了新的性质和功能。

【案例 2.8】

活版印刷机

在欧洲中世纪，古登堡（1397—1468 年）发明了活版印刷机。据说，古登堡首先研究了硬币打印机，它能在金币上压出印痕，可惜印出的面积太小，没办法用来印书。接着，古登堡又看到了葡萄压榨机，它由两块很大的平板组成，成串的葡萄放在两块平板之间，便能压出葡萄汁。古登堡仔细比较了两种机械，从“求同思维”出发，把二者的长处结合起来，经过多次试验，终于发明了欧洲第一台活版印刷机。它使长期被僧侣和贵族阶层垄断的文化知识迅速传播开来，为欧洲科学技术的繁荣和整个社会的进步作出了巨大贡献。

（资料来源：周苏，张效铭. 创新思维与创新方法[M]. 北京：中国铁道出版社,2019.）

2）求异思维

求异思维是指对某一现象或问题进行多起点、多方向、多角度、多原则、多层次、多结果的分析和思考，捕捉事物内部矛盾，揭示表象下的事物本质，从而选择富有创造性的观点、看法或思想的一种思维方法。

遇到重大难题时，采用求异思维常常能突破思维定式，打破传统规则，寻找到与原来不同的方法和途径。求异思维在经济、军事、创造发明、生产生活等领域被广泛应用。求异思维的客观依据是任何事物都有的特殊本质和规律，即特殊矛盾表现出的差异性。要进行求异思维，必须积极思考和调动长期积累的社会感受，给人们带来新颖的、独创的、具有社会价值的思维成果。

【案例 2.9】

松下无线电熨斗

在日本，松下电器的熨斗事业部很有权威性，因为它在 20 世纪 40 年代发明了日本第一台电熨斗。虽然该部门不断创新，但到了 80 年代，电熨斗还是进入滞销商品行列，如何开发新产品，使电熨斗再现生机，是当时令该部门很头痛的一件事情。

一天，被称为“熨斗博士”的事业部部长召集了几十名年龄不同的家庭主妇，请她们从使用者的角度来提要求。一位家庭主妇说：“熨斗要是没有电线就方便多了。”“妙，无线熨斗！”部长兴奋地叫起来，马上成立了攻关小组研究该项目。

攻关小组首先想到用蓄电池，但研制出来的熨斗很笨重，不方便使用，于是研发人员又观察、研究妇女的熨衣过程，发现妇女熨衣并非总拿着熨斗一直熨，整理衣物时，就把熨斗竖立一边。经过统计发现，一次熨烫最长时间为 23.7 秒，平均为 15 秒，竖立的时间为 8 秒。于是根据实际操作情况对蓄电熨斗进行了改进，设计了一个充电槽，每次熨后将熨斗放进充电槽充电，8 秒钟即可充足，这样使得熨斗重量大大减轻。新型无线电熨斗终于诞生了，成为当年最畅销的产品。这个简单的例子告诉我们，求异思维经常会产生意想不到的效果。

（资料来源：周苏，张效铭. 创新思维与创新方法 [M]. 北京：中国铁道出版社，2019.）

2.1.4　创新思维的意义和作用

爱迪生有一句名言：“天才是 1% 的灵感加上 99% 的汗水。”这句耳熟能详的话，让我们认为勤劳和汗水可以造就天才和成功。其实不然，因为在这句话的原文后面，还有这样一句关键的话：“但那 1% 的灵感是最重要的，甚至比那 99% 的汗水更重要。”爱迪生向我们传达出什么信号？成功不单单是汗水那么简单，那灵感究竟是什么？灵感，其实就是一种卓有成效的思考方法，引领人发现新途径的一种方式，一种崭新的思维方式，本质上就是一种创新思维的化身（影子）。

从古代四大发明，到近代工业制造，小至企业发展，大至社会行业兴衰，都离不开创新思维因子的渗透作用。20 世纪电子计算机的出现，令如今的世界网络普及、新行业不断诞生，人类工作方式、人际沟通途径等诸多方面发生了巨大变化，世界进入了前所未有的新时代。而新的行业，如创意产业和信息产业发展的基石就是创新思维，人类日常的经济生活没有像历史上任何一个时代，如此依赖创新思维的作用。

正所谓创新有法，思维无法，贵在创新，重在思维。只有创新思维的存在，才能有富有成效的新产品的诞生、一种有意义的方法的提出、一个成功契机的出现。正因为创造性发明和创新的出现，新行业得以诞生、企业得以发展、财富得以汇聚、社会得以进步，世界才有了今天这样的精彩。也就是说，创新思维是引导社会发展和进步的基石。

1. 创新思维的意义

在不同的行业和环境中，创新思维有多种多样的表现形式，但本质上是人的一种思维能力的体现。创新思维在日常生活中有着超乎寻常的作用，让今天各行各业的人必须予以重视。

首先，创新思维可以促使知识融会贯通、优化组合。

知识是多种多样的，一个人只能掌握一定范围内的知识，而由于知识产生的土壤绝不是贫瘠和单一的，这样就促使知识形成“上至天文，下至地理”多个领域，使知识的门类更广、体系化更强。因此，只有不断地思考和学习，才能使各种知识融会贯通、优化组合。

其次，创新思维可以促使企业自主创新，培养国际品牌。

中国民族品牌的树立，需要依靠自主创新，企业的产品没有创新就没有市场，企业的发展没有创新就难以维持，管理陈旧没有创新难免死气沉沉，企业肯定缺乏竞争力。因此创新思维对于企业而言尤为重要。纵观当前国际市场，民族品牌屈指可数，寥寥无几。究其原因，没有自主研发和创新的能力，亦步亦趋只能落后于人。

中国的强大离不开民族企业的发展，树立民族性国际品牌，是一个国家综合国力、经济实力的体现。而民族品牌的树立，企业文化创新、研发创新、管理模式创新等，都离不开创新思维的支持。

最后，创新思维能促进社会重视创意产业发展，督促管理制度的完善。

当今行业类别宽泛，很多行业需要创新思维，比如创意产业等行业，完全依靠想象力和创造力来获得发展。而是否具有创造力、创意能力，就是评判它们是否能够得到发展的标准。

如果社会各界重视创新，就会对这些原创作品更加推崇，进而促进人们尊重原创、反对剽窃的行业正气。如果个人团体及社会同时加强对原创作品、创意创新的保护意识，也能激发创意产业行业的蓬勃发展，促进管理制度进一步完善。

2. 创新思维的作用

首先，创新思维可以不断地增加人类知识的总量，不断地提高人类认识世界的水平。创新思维因其对象的潜在特征，表明它是向着未知领域进军，不断地扩大人们的认知范围，不断地把未被认识的东西变为可以认识和已经认识的东西，科学上的每一次发现和创造都会增加人类的知识总量，为人类由必然王国进入自由王国不断创造条件。

其次，创新思维可以不断地提高人类的认识能力。创新思维的特征已表明，创新思维是一种高超的艺术，其活动及过程中的内在的东西是无法模仿的。这些内在的东西即创新思维能力。这种能力的获得依赖于人类对历史和现状的深刻了解，依赖于敏锐的观察能力和分析能力，依赖于平时知识的积累和知识面的拓展。而每一次创新思维过程就是一次锻炼思维能力的过程，因为要想获得对未知世界的认识，人类就要不断地探索前人没有采用过的思维方法、思考角度进行思维活动，就要独创性地寻求没有先例的办法和途径去正确有效地观察问题、分析问题和解决问题，从而极大地提高人类认识未知事物的能力，所以，认识能力的提高离不开创新思维。

最后，创新思维可以为实践开辟新的局面。创新思维的独创性与风险性特征赋予了它敢于探索和创新的精神，在这种精神的支配下，人类不满足于现状，不满足于已有的知识和经验，总是力图探索客观世界中未被认识的本质和规律，并以此为指导，进行开拓性的实践，开辟出人类实践活动的新领域。在中国，正是邓小平的创新思维，提出了有中国特色的社会主义理论，才有了中国翻天覆地的变化，才有了今天轰轰烈烈的改革实践。相反，若没有创新思维，人类躺在已有的知识和经验上，坐享其成，那么，人类的实践活动只能停留在原有的水平上，实践活动的领域将非常狭小。

创新思维是将来人类的主要思维方式。历史上曾经发生过的工业革命没有完全把人类从体力劳动中解放出来，而目前世界范围内的新技术革命带来了生产变革和全面的自动化，可以把人从机械劳动和体力劳动中解放出来，去从事控制信息、编制程序的脑力劳动，而人工智能技术的推广和应用，使人类将一些简单的、具有一定逻辑规则的思维活动交由“人工智能”完成，从而又部分地把人类从简单的脑力劳动中解放出来。这样，人类将有充足的精力把自己的知识、智力用于创新思维活动，把人类文明推向一个新的高度。

2.2　创新方法

【引导案例】

“胜利女神”耐克鞋

菲尔·奈特于 1964 年创建了蓝带运动用品公司，这就是赫赫有名的耐克公司的前身。与奈特一起投资的是比尔·鲍尔曼，他是俄勒冈大学的一名田径教练，对跑鞋很有研究，喜欢改进跑鞋的设计。1972 年，为了扩大公司在美国的社会影响，公司业务逐渐从东海岸扩展到西海岸，用希腊神话中胜利女神的名字——“耐克”作为公司的商标名。从此，蓝带体育用品公司有了自己的正式注册商标。与此同时，美国俄亥俄州立大学的一名毕业生卡特林为公司设计了独特而标志性很强的耐克商标——swoosh（意为“嗖的一声”）。简单的标志像是一个精彩的钩儿，极为醒目、独特，每件耐克公司产品上都有这种标记。20 世纪 70 年代，耐克的销售量以年递增 2 ~ 3 倍的数额增长，从 1976 年的 1400 万美元到 1978 年的 7100 万美元，到 1980 年时达到 2.7 亿美元，1983 年时超过 9 亿美元。1979 年，耐克占据美国跑鞋市场销售量的一半，一年后它超过了长期主导美国运动鞋市场的阿迪达斯。

《华尔街日报》曾撰文分析认为，耐克成功的关键是模仿、跨领域、品牌经营和技术开道。前三项都是从阿迪达斯学到的，在与阿迪达斯竞争的过程中，耐克把生产过程承包给成本低廉的厂商去做，自己主要做鞋型设计和开发，同时把设计成果转移到其他鞋型领域。这一点后来被认为是耐克超越阿迪达斯的关键，即用产品的演化进入更多的市场，预先获得最有潜力的产品组合。

就跑鞋市场来说，长期以来的领先者阿迪达斯公司所实行的市场战略主要是生产型号多样的鞋，在重大体育竞赛中让运动员穿着带有公司标志的产品，不断使产品更新换代。耐克公司把这一操作方法拿来，就等于在企业成长中掌握了现成的经营方法，使公司获得了快速发展的机遇。另外，耐克早期的品牌创建工作也沿袭了阿迪达斯的模式，该模式主要是增强运动员对产品的偏好。最初几年由于耐克资金不足，无法吸引一流选手，所以较多关注运动场上的新星和奥运会的小项目。随着销量的增长，吸引的选手也在增多。当时的另一个做法是让耐克的商标标识出现在获胜者的圈子里和电视屏幕上，以此提高耐克运动鞋的知名度，创造情感性和自我表达性利益，深入挖掘体育运动所蕴含的情感。

但是，耐克的模仿不是简单地照搬，而是在模仿他人的同时，注重发展自己的个性，培育自主创新的能力，充分发展自己与众不同的特征，建立善于抓住各种新机会的组织机构和管理部门。可以说耐克公司成功的关键因素是卓有成效的仿效，它还创立了“只见品牌不见工厂”的市场策略，这些策略主要是：集中力量试验和开发更好的跑鞋；为吸引鞋市上各方面的消费者而扩大生产线；发明出印在全部产品上的、可被立刻辨认出来的明显标志；利用著名运动员和重大体育比赛展示产品的使用情况，甚至把大部分生产任务承包给劳动力廉价的亚洲工厂。后来的市场发展证明该策略对制造鞋业而言是极为有效的，这种只有品牌、本土没有工厂的虚拟经营战略，使企业降低了劳动力成本，从而获得了更强的市场竞争力。

（资料来源：李伟，等 . 创新创业教程［M］. 北京：清华大学出版社，2015.）

耐克把别人的成功经验和做法借鉴过来，并有选择地进行使用，不是一味模仿，而是在模仿中创新，最终成就了耐克的辉煌。

笛卡儿说过："最有价值的知识是关于方法的知识。"方法不但可以提高个人的学习和工作效率，达到事半功倍的效果，而且更重要的价值在于能够复制成功。

2.2.1　创新方法的概念

如果你会打乒乓球，请想想初学的体验，在没学发球方法和技巧之前，我们发出的球基本不具备任何攻击力。一旦学会了一些方法，我们并没有增加用力，却可以让它随意旋转或更具有攻击力，这就是方法的魔力，创新方法也是如此。

20 世纪有太多的发明，但最伟大的发明是什么？不是蒸汽机，也不是电脑，而是发明了创新方法！通过应用这些方法，就能诱发人们潜在的创造力，使长期以来被人们认为是神秘的、只有少数发明家或创新者所独有的创新设想为每一个普通人所掌握。

创新方法在各国有不同的称谓。创新方法在美国被称为"创造工程"，在日本叫作"创造工法"，在苏联则被称为"发明技法"。创新方法是指创新活动中带有普遍规律性的方法和技巧，是人们在创造发明、科学研究或创造性解决问题的实践活动中所采用的有效方法和程序的总称。其根本作用在于根据一定的科学规律，启发人们的创造性思维，提升人们的创新效率。它是通过研究一个个具体的创新过程，比如创新的题目是怎样确定的、创新的设想是怎样提出的、设想如何变成现实等，来揭示创新的一般规律和方法的。

2.2.2　国内外创新方法研究

1. 欧美国家的创新方法研究

美国是创新方法研究的发源地。1870 年，美国学者奥尔顿在其著作《遗传的天才》一书中，用案例的方法对数以千计杰出人物的家族谱系进行了分析，得出了人的创造能力源于遗传的观点。虽然对其观点仍有争议，但是他运用典型案例进行分析的方法一直被后人沿用至今。随后，美国专利审查人员 E. J. 普林德尔注意到一些发明家具有独特的"创意技巧"，并于 1906 年向美国电气工程师协会提交了论文《发明的艺术》，不仅用实例说明了创意的技巧，还建议对工程师进行这方面的训练。1931 年，美国内布拉斯加大学 R. P. 克劳福德教授发表了论文《创造思维的技术》，首创了"特性列举法"。以后这种方法被不断完善并作为一种创新方法在大学讲授。1936 年，A. R. 史蒂文森在美国通用电气公司率先开设了创造工程课程，规定职工只有经过创造工程教育训练才能安排工作，这是企业在创新能力开发方面的首次尝试。

直到 20 世纪 40 年代，创造学的奠基人——美国创新方法和创新过程之父亚历克斯·奥斯本在其1941年出版的著作《思考的方法》中提出了智力激励法，正式拉开了人们研究创新方法的序幕。智力激励法又称头脑风暴法，最初用于广告的创新构思方面，1941年经汇编后出版发行，是世界上最早传播的创新方法。智力激励法是全世界范围内应用最广泛、最基本的创新方法，经学者多年研究，现已形成一个创新方法群，如奥斯本智力激励法、默写式智力激励法（653法）、卡片式智力激励法等。

在欧洲，人们对于创新方法的研究主要从20世纪40年代开始。伴随着科学技术的突飞猛进，人们已经从过去无意识的创新中走出来，转而去系统地总结创新活动的规律。1942年，瑞士天文学家F. 茨维基在火箭研制过程中，利用排列组合原理提出了形态分析法；1944年，W. J. 戈登教授发明了提喻法，并用于鱼雷研制；1960年，英国著名心理学家、英国头脑基金会总裁托尼巴赞发明了思维导图法；1985年，英国学者爱德华·德·博诺（Edward de Bono）发明了六顶思考帽法等。这些方法自提出后就得到了非常广泛的应用，在提升人们创新效率方面发挥了重要作用。

2. 日本的创新方法研究

除美国之外，日本对创新方法的研究起步也较早。1944年，东京大学教授市川龟久弥就发表了论文《独创性研究的方法论》，其随后出版的《创造工程》是日本学者在创新方法研究方面较早的著作。1955年，美国创新方法研究的相关成果传到日本后，得到了很大的发展。自1959年开始，日本在大学设置创新能力训练课程，并于1979年成立了“日本创造学会”，同时各县建立了“星期日发明学校”，讲授创新方法和专利知识。这一时期，日本的创新学者开发了不少具有日本特色的创造技法。比较有代表性的有KJ法（卡片整理法）和NM法（中山正和法）。KJ法由东京工业大学教授、人文学家川喜田二郎于1965年提出，是其在多年的野外考察中总结出的一套方法，即把乍看上去根本不想收集的大量事实如实地捕捉下来，通过对这些事实进行有机地组合和归纳，发现问题的全貌，建立假说；NM法即中山正和法，是中山正和（Nakayama Masakazu）教授于1968年提出的，它强调先依据直觉判断目标问题可否解决，若可以解决，则设立基于直觉的解决方案的假说，然后进行调查、分析，找出假说和分析结果的矛盾，针对分析结果解决问题。经过不断发展，日本的创新方法研究已经形成了自己的理论体系，并被社会广泛接受，产生了巨大的经济推动作用。

3. 苏联的创新方法研究

随着社会的进一步发展，人们在创新活动开始之前，往往已经清楚地知道要用哪些方法达到最终目的。此时的创新方法更加复杂，更加科学化，并衍生出来一门全新的学科领域——创新学。这一阶段的创新方法以 TRIZ（发明问题解决理论）的出现为标志。TRIZ 是苏联在创新方法研究方面最具代表性和影响力的方法。苏联的创新方法研究始于 1946 年，海军专利局的专利调查员阿利赫舒列尔（G. S. Altshuller）通过对专利进行研究，提出了解决发明问题的理论——TRIZ。该方法通过分析 250 万份专利，概括出一批普遍性、有效性强的方法，然后制定了《发明课题程序大纲》《标准解法表》等，形成了具有自己特色的，迥异于美国、日本等的创新方法体系。TRIZ 在群众性的发明创造基础上，不断得到开发和完善。苏联把注重国民创造力的开发载入宪法，并在大学开设“科学研究原理”“技术创造原理”等课程，以提高学生的创新能力。从 20 世纪 60 年代末开始，苏联建立了各种形式的创造发明学校，成立了全国性和地方性的发明家组织。

目前，创新方法研究已经形成了以欧美、日本、苏联为主的三大流派，其理论与方法各有千秋。以美国为首的欧美派系注重思维的自由活动，视创新为联想、想象、直觉、灵感等的结果，如美国的智力激励法和类比启发法；日本的创新方法倾向于思维的实际操作，即源于信息的收集与处理，以川喜田二郎的 KJ 法和中山正和的 NM 法为代表；苏联的创新方法是建立在客观规律和有组织的思维活动基础上的，不是偶然所得，按照一定的程序达到必然结果，以 TRIZ 为代表，力求使创新成为一门严谨而精细的学科。

4. 国内创新方法研究进展

与国外相比，我国创新方法的研究起步较晚。1983 年 6 月，由中国科学技术大学、上海交通大学、广西大学和广西自然辩证法研究会联合发起的全国第一届创造学学术讨论会和全国第一期创造学研究班在广西南宁开幕，这是创造学正式引进中国的重要标志，也是我国创新方法发展的里程碑。1983 年，我国创造学者许国泰经过 8 年摸索与尝试，首创了信息交合法，又称“魔球”理论。1990 年 10 月，宋文奎在由中国发明协会召开的“开发创造力，促进发明活动”研讨会上发表了两种新的创新方法，即扩、缩笔记目录分类法（SON 方法）和可变多维形态属性列举法。1991 年，许立言、张福奎在对奥斯本检核表法进行深入研究的基础上，结合上海和田路小学创造教学的实际，与和田路小学一起提出了“和田十二法”。这些创新方法的提出，标志着我国正在逐渐形成具有自己特色的创新方法。国内在创新方法的分类研究方面已经有了不少成果，有的学者从创新思维层面对创新方法进行分类，有的学者从创新方法应用过程层面对创新方法进行分类，有的学者从问题解决步骤层面对创新方法进行分类。

2.2.3 主要创新方法

1. 头脑风暴法

头脑风暴法又称智力激励法或自由思考法，通常是指一群人开动脑筋，进行自由地、创造性地思考与联想，各抒己见，在短时间内提出解决问题的大量构想的一种方法。这种方法可以说是当今最具实用性的一种集体创造性地解决问题的方法，与会者在不受约束的情况下发表个人的想法，提出自己的创意。参与者甚至可以提出看起来异想天开的想法。

头脑风暴法适用于解决比较简单的问题，比如研究产品名称、产品口号、销售方法、产品的多样化等。主要适用于需要大量的构想、创意的行业，如广告业等。

在使用头脑风暴法解决问题时，为了减少群体内的社交抑制因素，激励新想法的产生，提高群体的创造力，必须遵守以下基本规则：

（1）暂缓评价。在头脑风暴会议上，主持人和参与者对各种意见、方案的正确与否不要当场作出评价，更不能当场提出批评或指责。对观点的批评不仅会占用宝贵的时间和脑力资源，还容易使与会者人人自危，发言谨慎保守，从而遏制新观点的诞生。因为所有的想法都有潜力成为好观点、好方法，或者能够启发他人产生新的想法。参与者着重于对想法进行丰富和拓展。这种将评论放在后面“评价阶段”进行的“延迟评判”策略，可以产生一种有利于畅所欲言的气氛。

（2）鼓励提出独特的想法。与会者在轻松的氛围下，各抒己见，避免人云亦云、随波逐流、思维僵化，有利于提出独到的见解，甚至是异想天开的、貌似荒唐的想法。这样便可能开辟新的思维方式，提供比常规想法更好的解决方案。

（3）追求数量。如果追求方案的质量，容易将时间和精力集中在对该方案的完善和补充上，从而影响其他方案的提出和思路的开拓，也不利于调动所有成员的积极性。如果头脑风暴会议结束时有大量的方案，那就极可能发现一个非常好的方案。因此，头脑风暴法强调所有活动应该以在给定的时间内获得尽可能多的方案为原则。

（4）重视对想法的组合和改进。可以对他人的好想法进行组合、取长补短，进行改进，以形成一个更好的想法，从而达到“$1+1>2$”的效果。与单纯提出新想法相比，对想法进行组合和改进可以产生更好、更完整的想法。所以，头脑风暴法能更好地体现集体智慧。

现代发明创新课题涉及的技术领域十分广泛，因而靠个别发明家单枪匹马式的冥思苦想来求得问题的解决方法收效甚微。相比之下，类似头脑风暴法这种群体式发明战术则显得效果更好。

2. 六顶思考帽法

六顶思考帽法是爱德华·德·博诺博士开发的一个全面思考问题的模型。六顶思考帽法是平行思维工具，是创新思维工具，也是人际沟通的操作框架，更是提高团队智商的有效方法。它使我们有效避免了将时间浪费在互相争执上，帮助我们的思维从以对错二分法为基础的辩论转换到对问题的探索，将混乱的思考变得更清晰，使个人变得富有创造性。

六顶思考帽法是指使用六种不同颜色的帽子代表六种不同的思维模式。任何人都有能力使用以下六种基本思维模式，具体见表 2-1。

表 2–1　六顶思考帽的含义、功能、特点及创新任务一览表

序号	帽子	含义、功能、特点	承担的创新工作任务
1	白色思考帽	白色代表中性与客观；戴上白色帽子，人们只关注事实和数据，不发表任何主观意见，不作评论	陈述问题的事实
2	红色思考帽	红色代表感性与直觉；红帽提供感情方面的看法，戴上红色帽子，人们可以表达自己的情绪，还可以表达直觉、感受、预感等方面的看法，是直觉思维	对方案进行直觉判断
3	黄色思考帽	黄色代表价值与肯定；戴上黄色思考帽，人们从肯定的方面看问题，更多关注的是事物的优点和好处	评估该方案的优点
4	黑色思考帽	黑色代表忧郁与否定；戴上黑色思考帽，人们可以运用否定、怀疑、谨慎、质疑的看法，合乎逻辑地进行批判，找出逻辑上的错误	列举该方案的缺点
5	绿色思考帽	绿色代表跳跃与创造，寓意创造力和想象力，具有创造性思考、头脑风暴、求异思维等功能；戴上绿色思考帽，人们不需要以逻辑性为基础，可以帮助人们寻求新方案和备选方案，作出多种假设，并为创造力的尝试提供时间和空间	提出如何解决问题的建议
6	蓝色思考帽	蓝色代表冷静与逻辑；蓝帽思维是对思考的思考，意味着对思考过程的控制、回顾、总结。戴上蓝色思考帽，人们可能集中和再次集中思考，指出不合适的意见等	总结陈述，作出决策

六顶思考帽法允许各种思维方式之间进行简单转换，并适当地分开它们，使它们互不干扰。在构思和创意形成阶段，六顶思考帽法就像许多其他思维技巧一样，不一定会导致一个最终答案。它允许大家萌发无限的创意，同时也允许大家进行发散思维。这种技巧的一个关键优势就是，它有助于引导我们的思维走向某一个方向。这是生成大量创意的重要工具，对于管理和协调小组会议也有着巨大的作用。

【案例 2.10】

中国香港表

想一想，从第一款手表开始，你已经戴过多少块手表了？

尽管钟表起源于欧洲，但现在世界上三大手表生产基地是瑞士、日本和中国香港。

中国香港一直以来被公认为国际金融、贸易和航运中心。其早先的表业不但大大落后于瑞士和日本，而且在国际上也毫无名气，后来却异军突起，挤进前三甲，这其中的奥妙何在呢？

原来，香港地区的手表商仔细研究了手表市场后发现：中国香港表无论是从质量、技术还是工艺等方面都无法与瑞士的“劳力士”“雷达”，日本的“西铁城”“双狮”相比，但这些世界名表也存在着问题，那就是功能比较单一，中国香港表若想打入市场，与瑞士表、日本表分庭抗礼，只能独辟蹊径。

数据显示，发达国家每年每百人消费手表 23 块，甚至一些发展中国家每年每百人也有 12 块的消费量，这说明“天长地久”“可靠耐用”已不再是手表消费的金科玉律了。随着时代的发展，集计时、多功能、时尚、价值、身份于一体才是当今手表消费锐不可当的趋势。

中国香港表正是抓住了这一趋势，顺应了时代潮流。2006 年的巴塞尔世界钟表珠宝展览会将这种时尚潮流充分展现了出来。因为中国香港表价格低廉、种类繁多，让众多的买家感觉受惠多多。

让我们简单看一看中国香港表的万种“表”情吧，有时装表、运动表、笔表、链坠表、情侣表、儿童表、计算表、打火表、时差表、报警表（如带电报警）、里程表等。

另外，现代人越来越重视休闲与运动，具有运动象征意义的新潮又美观的廉价秒表和价值不菲的潜水手表特别受到崇尚自然、追求休闲的年轻人青睐，加上“超亮夜视灯”“倒计时”等功能，更加符合年轻人的消费心理需要，这类表与运动休闲服饰相配，极具时代感。

卡通表也不再是小朋友的专利，越来越多的年轻人开始对卡通表情有独钟，形状除了传统的圆圈，还有椭圆形、方形、菱形及各种动物星座的图案，有的还可以模拟动物的叫声，甚至还有带温度测量和指南针功能，零售价多在 100 元以内。

“只在乎曾经拥有”演绎了中国香港表的万种风情。

作为一种简单实用的思维训练法和思维工具，六顶思考帽法已被美国、日本、英国、澳大利亚等 50 多个国家和地区在教育领域设为教学课程，现时也被世界许多著名商业组织所采用，作为创造组织合力和创造力的通用工具。这些商业组织包括微软、IBM、西门子、诺基亚、摩托罗拉、爱立信、波音公司、松下、杜邦及麦当劳等。德国西门子公司有 37

万人学习六顶思考帽课程，使其产品开发时间减少了 30%；美国的施乐公司反映，通过使用所学的技巧和工具，他们仅用不到一天的时间就完成了过去需一周才能完成的工作，麦当劳日本分公司让员工参加“六顶思考帽”的思维训练，取得了显著成效，员工更加富有激情，交流效果明显增强；郎讯科技（中国）公司人力资源部认为，学习了六顶思考帽法之后，以往复杂棘手的问题现在变得简单多了。

（资料来源：李伟，等. 创新创业教程［M］. 北京：清华大学出版社，2015.）

3.“5W2H”分析法

“5W2H”分析法又叫七问分析法，可以广泛用于改进工作、改善管理、技术开发、价值分析等方面。它用五个以“W”开头的英语单词和两个以“H”开头的英语单词进行概括，帮助我们发现解决问题的线索，寻找发明思路，进行设计构思，从而创造新的发明项目。

“5W2H”分析法是从客体的本质（what），主体的本质（who），物质运动的基本形式——时间和空间（when，where），事情发生的原因（why）与程度（how，how much）这几个角度来提问，从而形成创新方案的方法。其基本内容如下：

“5W”包括：

what（做什么），即明确所要进行的活动内容和要求。

why（为什么做），即活动的原因和目的。

who（谁去做），即活动的具体执行者。

where（在什么地方做），即活动的执行地点。

when（在什么时间做），即活动的执行时间。

“2H”包括：

how（怎样做），即活动的执行手段和安排。

how much（成本），即花多少成本去做，要完成多少数量，利润多少。

“5W2H”分析法的操作步骤（见表 2-2）：

首先，要对一种现行的方法或现有的产品，从以上 7 个方面提出问题并检查合理性。

其次，对 7 个方面逐个提问审核，将发现的难点、疑问一一列出，为下一阶段的工作作准备。

最后，分析研究，寻找改进措施。这 7 个设问彼此联系、相辅相成，应根据原因综合考虑，抓住主要矛盾，提出新的发明方案。

经七方面审核后无懈可击，说明这一方法或产品可取。若其中有某些问题，表明还应加以改进。如果哪方面的答复有其独到之处，则扩大其效用。

表 2-2　校园小吃窗口生意冷清“5W2H”分析表

W/H	问题
why	为什么开小吃窗口？为什么食堂供应小吃的窗口生意冷清？
what	小吃窗口提供些什么？经营什么品种？还可以经营些什么？
who	谁来买小吃？是否还有潜在的顾客？
when	食堂供应小吃的窗口什么时间营业？
where	食堂供应小吃的窗口在哪儿？
how	食堂供应小吃的窗口是如何经营的？
how much	食堂供应小吃的窗口的经营成本、利润如何？

4. 和田十二法

和田十二法是我国学者许立言、张福奎和上海市和田路小学结合我国实际情况，在奥斯本检核表法的基础上提炼总结出来的思维创新方法，见表 2-3。这种方法表述简洁，有助于潜能开发和实际应用，共 12 句话 36 个字。该方法已得到日本创造学会和美国创造教育基金会认可，并译成日文、英文，在世界各国广为流传和使用。

表 2-3　和田十二法口诀

口诀	含义
加一加	加高、加厚、加多、组合等
减一减	减轻、减少、省略等
扩一扩	放大、扩大、提高功效等
变一变	改变其形状、颜色、气味、音响、次序等
改一改	改缺点、改不便、改不足之处等
缩一缩	压缩、缩小、微型化
联一联	原因和结果有何联系，把某些东西联系起来
学一学	模仿形状、结构、方法，学习先进
代一代	用其他材料代替，用其他方法代替
搬一搬	移作他用
反一反	能否颠倒次序
定一定	定个界限、标准，能提高工作效率

我们依据这十二句口诀进行核对和思考，就能从中得到启发，诱发人们的创造性设想。所以，和田十二法是一种打开人们的创造思路，获得创造性设想的“思路提示法”。

【和田十二法口诀的实际应用】

（1）加一加。

南京小学生丛小郁发现，上图画课时，既要带调色盘，又要带装水用的瓶子，很不方便。她想要将调色盘和水杯“加一加”，变成一样东西就好了。于是，她提出了将可伸缩的旅行水杯和调色盘结合在一起的设想，并将调色盘的中间与水杯底部刻上螺纹，这样，可涮笔的调色盘便产生了。

（2）减一减。

拖鞋就是在普通鞋子的基础上“减一减”，减成简单的方式，便于在房间里穿。

少年于实明见爸爸装门扣时要拧六颗螺丝钉，觉得麻烦，他想减少螺丝钉的数目，提出了这样的设想：将锁扣的两个边弯成卷朝下，只要在中间拧上一颗螺丝钉便可固定，这样的门扣只要两颗螺丝钉便可固定了。

（3）扩一扩。

将太阳帽“扩一扩”，可使其帽檐扩大到足够母子二人遮阳使用。

最初的台式风扇是放到桌子上的，如果没有桌子怎么扇呢？于是便出现了落地扇。

空调原来是装到窗户上的，接着“扩一扩”，变成分体式，再扩一下，变成了柜式机，再扩一下，变成了中央空调。

（4）变一变。

河南省的王岩同学看到漏斗灌水时常常憋住气泡，使得水流不畅。于是，他想到若将漏斗下端口由圆变方，那么往瓶里灌水时就能流得畅快，也用不着总要提起漏斗了。

（5）改一改。

眼镜片是用玻璃做成的，光学性能不佳，而且容易碎裂；眼镜架子是金属的，很沉。于是人们把眼镜架改为钛合金的，不变形而且很轻；把眼镜片改为树脂镜片，更轻、更安全。

（6）缩一缩。

随身听实际上就是收音机“缩一缩”的结果。

电热杯就是热水壶“缩一缩”的结果。

石家庄的王学青同学发现地球仪携带不方便，便想到，如果地球仪不用时能把它压缩、变小，携带就方便了。应用制作塑料球的办法制作地球仪就可以解决这个问题。用塑料薄膜制的地球仪，用的时候把气吹足，放在支架上，可以转动；不用的时候把气放掉，一下子就缩得很小，便于携带。

（7）联一联。

在澳大利亚，有人发现一片甘蔗田里的甘蔗产量提高了 50%，这是由于甘蔗和前一个月，有一些水泥洒落在这块田地里。科学家们分析后认为，是水泥中的硅酸钙改良了土壤的酸性，从而使甘蔗增产。这种将结果与原因联系起来的分析方法经常能使我们发现一些新的现象与原理，从而引出发明。由于硅酸可以改良土壤的酸性，于是人们研制出了改良酸性土壤的“水泥肥料”。

（8）学一学。

人们模仿企鹅的运动方式发明了沙漠跳跃机，从恐龙的巨大身躯上悟出建筑学的道理。书法家王羲之从鹅的滑水动作中悟出楷书的笔法，张旭从公孙大娘的舞剑中悟出了草书。

（9）代一代。

山西小学生张大东发现家中有许多用电池的电器没有开关，使用时很不方便，想出了一个“用按扣代替开关”的办法：他找来旧衣服和鞋上面无用的按扣，将两片分别焊上两根电线头，按上按扣，电源就接通了；掰开按扣，电源又切断了。

现在的自来水管道不用铸铁的了，因为铸铁的自来水管道用不了几年就会锈蚀，取而代之的是PVC管，只是这一“代”，水管的使用年限就大大延长了。

（10）搬一搬。

上海中学生刘学凡参加夏令营时，感到带饭盒不方便，想发明一种新式的便于携带的面盆。他看到家中能伸缩的旅行茶杯，又想到充气可变大、放气可缩小的塑料用品，就想按照这些物品的制造原理，设计一款旅行杯式的饭盒或是充气饭盒。可是，他又觉得这些设想还不够新颖，于是陷入了冥思苦想之中。一天，他偶然看到一个铁皮匣子，是由十字状的铁皮垂直折叠形成四壁制作而成的。他想，我也可以将五块薄板封在双层塑料布中，用时将相邻两角用揿钮揿上，五块板就围成了一个斗状的饭盒。这样，一个新颖的折叠式旅行饭盒就创造出来了。

（11）反一反。

洗衣机脱水缸的转轴是软的，用手轻轻一推，脱水缸就东倒西歪，可是脱水缸在高速旋转时非常平稳，脱水效果很好。当初设计时，为了解决脱水缸的颤抖和由此产生的噪声问题，工程技术人员想了许多办法，先加粗转轴，无效，后加硬转轴，仍然无效，最后，他们来了个逆向思维，用软轴代替了硬轴，成功地解决了颤抖和噪声两大问题。

（12）定一定。

为了提高生产效率，美国首先发明了流水生产线生产法。

人们将药水瓶印上刻度，贴上标签，注明每天服用几次、什么时间服用、服用几格；规定城市十字路口的交通信号灯红灯停、绿灯行；学校里按规定上课时学生发言必须先举手，得到老师允许后才能起立发言。

5. TRIZ 创新方法

TRIZ 理论是由苏联发明家阿奇舒勒（G. S. Altshuller）于 1946 年创立的，阿奇舒勒也因此被尊称为 TRIZ 之父。1946 年，阿奇舒勒开始了发明问题解决理论的研究工作。当时阿奇舒勒在苏联里海海军的专利局工作，在处理世界各国著名的发明专利过程中，他总是考虑这样一个问题：当人们进行发明创造、解决技术难题时，是否有可遵循的科学方法和法则，从而能迅速实现新的发明创造或解决技术难题呢？答案是肯定的！阿奇舒勒发现任何领域的产品改进、技术变革、创新和生物系统一样，都存在产生、生长、成熟、衰老、灭亡的规律。如果人们掌握了这些规律，就能能动地进行产品设计并能预测产品的未来趋势。以后数十年中，阿奇舒勒穷其毕生精力致力于 TRIZ 理论的研究和完善。在他的领导下，苏联的研究机构、大学、企业组成了 TRIZ 的研究团体，分析了世界近 250 万份高水平的发明专利，总结出各种技术发展进化遵循的规律模式，以及解决各种技术矛盾和物理矛盾的创新原理和法则，建立了一个由解决技术和实现创新开发的各种方法、算法组成的综合理论体系，并综合多学科领域的原理和法则，建立起 TRIZ 理论体系。

TRIZ 包含着许多系统、科学而又富有可操作性的创造性思维方法和发明问题的分析方法与解决工具。经过半个多世纪的发展，TRIZ 形成了九大经典理论体系：

1）技术系统进化法则

技术系统进化法则揭示了系统发展变化的规律与模式，是 TRIZ 的理论基础；可以直接用来帮助解决新产品研发中的问题，预测技术和产品的未来发展，并对产品的技术成熟度进行评价；是企业进行专利布局和实施专利战略的有效工具。

2）最终理想解

TRIZ 理论在解决问题之初，首先抛开各种客观限制条件，通过理想化来定义问题的最终理想解（ideal final result，IFR），以明确理想解所在的方向和位置，保证在问题解决过程中沿着此目标前进并获得最终理想解，从而避免了传统创新设计方法中缺乏目标的弊端，提升了创新设计的效率。它是跨领域解决问题和进行原始创新的有效工具。

3）40 个发明原理

TRIZ 在研究了 250 万份世界高水平专利后总结出的发明背后所隐藏的共性发明原则。每一个发明原理都可以直接用于解决各类技术与管理中的冲突问题。

4）39 个工程参数和阿奇舒勒冲突矩阵

在对专利的研究中，阿奇舒勒发现，仅用 39 个工程参数即可表述各领域存在的形形色色的技术冲突，而这些专利都是在不同的领域解决这些工程参数的冲突与矛盾。这些冲突彼此相对改善和恶化，它们不断地出现，又不断地被解决。他在总结出解决这些冲突的

40 个发明原理之后，将这些冲突和发明原理组成了著名的阿奇舒勒冲突矩阵。阿奇舒勒冲突矩阵为问题解决者提供了一种可以根据系统中产生冲突的两个工程参数，从矩阵表中直接查找化解该冲突的发明原理的途径和方法。这是阿奇舒勒总结了 1263 对典型冲突后得出的结论。

5）物理冲突和分离原理

当技术系统的某一个工程参数具有不同属性的需求时，就出现了物理冲突，分离原理是针对物理冲突的解决而提出的。

6）物 – 场分析模型

阿奇舒勒认为，每一个技术系统都可由许多功能不同的子系统组成，所有的功能都可以由两种物质和一种场即物 - 场模型来表示。产品是功能的一种实现，物 - 场模型的存在具有普遍性，因而通过物 - 场分析解决问题是 TRIZ 中的一种有效的分析工具。

7）发明问题的标准解法

阿奇舒勒将发明问题分为标准问题与非标准问题，针对标准问题总结了 76 个标准解法，分为 5 级，各级中解法的先后顺序也反映了技术系统必然的进化过程和进化方向。利用标准解法可以将标准问题在一两步中快速解决，标准解法是阿奇舒勒后期进行 TRIZ 研究最重要的课题，同时也是 TRIZ 高级理论的精华。

8）发明问题解决算法（ARIZ）

发明问题解决算法（algorithm for inventive-problem solving，ARIZ）是发明问题解决过程中应遵循的理论方法和步骤。ARIZ 是基于技术系统进化法则的一套完整的问题解决程序，是针对非标准问题提出的一套解决算法。成功应用 ARIZ 的关键在于，在理解问题的本质前，要不断地对问题进行细化，一直到确定了物理冲突。该过程及物理冲突的求解已有软件支持。

9）科学效应和现象知识库

解决发明问题时会经常遇到需要实现的 30 种功能，这些功能的实现经常要用到 100 个科学效应和现象。阿奇舒勒对此进行了系统的总结，实现了功能与效应的科学对接。科学效应和现象的应用对发明问题的解决具有超乎想象的、强有力的帮助。科学效应和现象知识库是 TRIZ 中最容易使用的一种工具。

TRIZ 理论的核心思想包括三个方面：第一，无论是简单的产品还是复杂的技术系统，其核心技术都是遵循客观规律发展演变的，即具有客观的进化规律和模式；第二，各种技术难题、冲突和矛盾的不断解决是推动这种进化过程的动力；第三，技术系统发展的理想状态是用最少的资源实现最大数目的功能。

相对于传统的创新方法，TRIZ 理论具有鲜明的特点和优势。它成功地揭示了创造发明的内在规律和原理，快速确认和解决系统中存在的矛盾，而且它是在技术的发展进化规律及整个产品发展过程的基础上运行的。因此，运用 TRIZ 理论可大大加快发明创造的进程，提高产品创新速度。具体来说，它可以帮助我们对问题情境进行系统的分析；快速发现问题的本质；准确定义创新性问题和矛盾；对创新性问题或者矛盾提供更合理的解决方案和更好的创意；打破思维定式，激发创新思维，从更广阔的视角看待问题；基于技术系统进化规律准确确定探索方向，预测未来的发展趋势，开发新产品；打破知识领域界限，实现技术突破。TRIZ 理论将面临的不同问题根据所要创新的级别加以分类，然后从 TRIZ 理论中找出适合的工具和模型来系统化地解决问题。用一整套的方法来处理创新问题也是 TRIZ 的精髓所在。

2.3 创新实践

2.3.1 大学生创新创业活动载体

1. 大学生创新创业训练计划项目

根据《教育部、财政部关于“十二五”期间实施“高等学校本科教学质量与教学改革工程”的意见》（教高〔2011〕6 号）和《教育部关于批准实施“十二五”期间“高等学校本科教学质量与教学改革工程”2012 年建设项目的通知》（教高函〔2012〕2 号）的文件精神，教育部决定在“十二五”期间实施国家级大学生创新创业训练计划。该训练计划旨在促进高等学校转变教育思想观念，改革人才培养模式，强化创新创业能力训练，增强高校学生的创新能力和在创新基础上的创业能力，培养适应创新型国家建设需要的高水平创新人才。

国家级大学生创新创业训练计划内容包括创新训练项目、创业训练项目和创业实践项目三类：

创新训练项目是本科生个人或团队在导师指导下，自主完成创新性研究项目设计、研究条件准备和项目实施、研究报告撰写、成果（学术）交流等工作。

创业训练项目是本科生团队在导师指导下，团队中每个学生在项目实施过程中扮演一个或多个具体的角色，进行编制商业计划书、开展可行性研究、模拟企业运行、参加企业实践、撰写创业报告等工作。

创业实践项目是学生团队在学校导师和企业导师共同指导下，采用前期创新训练项目

（或创新性实验）的成果，提出一项具有市场前景的创新性产品或者服务，以此为基础开展创业实践活动。

国家级大学生创新创业训练计划面向中央部委所属高校和地方所属高校。中央部委所属高校直接参加，地方所属高校由地方教育行政部门推荐参加。国家级大学生创新创业训练计划由中央财政、地方财政共同支持，参与高校按照不低于1：1的比例，自筹经费配套。中央部委所属高校参与国家级大学生创新创业训练计划，由中央财政按照平均一个项目1万元的资助数额，予以经费支持。地方所属高校参加国家级大学生创新创业训练计划，由地方财政参照中央财政经费支持标准予以支持。各高校可根据申报项目的具体情况适当增减单个项目资助经费。对中央部委所属高校创业实践项目，每个项目经费不少于10万元，其中，中央财政经费应资助5万元左右。

2. 大学生研究训练计划（SRT）

SRT是Student Research Training的缩写，即大学生研究训练计划，是针对在校本科生开展的科学研究训练项目，是加强培养学生创新意识和创新能力，使本科生及早接受科研训练，及早了解工业界与社会实际，锻炼实际才干的在本科教育阶段实施实践教学改革的一项措施。同时，它也是贯彻教学和科研相结合的方针，高校和企业界相互合作，跨学科培养学生创新能力的一个新探索；是高校继全面推行学分制后，为进一步调动学生课外学习钻研的主动性、积极性，更灵活因材施教，给学生提供更多的适合自己特点的挑战和培养机会的新机制。

在国外，有美国麻省理工学院实行的UROP计划（undergraduate research opportunities program），即给本科生一个参与科学研究训练的“机会”，麻省理工学院已经有70%的本科生在大学四年期间参加过这个活动。在国内，清华大学首先借鉴UROP计划，从1996年开始创建并实施SRT计划。目前已经有众多国内高校开展了SRT计划。SRT计划的形式是在教师指导下，以学生为主体开展课外科学研究活动。参加对象主要为本科生。SRT计划实行导师和同学双向选择，学生可以根据自己的情况选择项目。与课堂教学相比，SRT计划项目中涉及的知识领域更广泛。在这个过程中能充分发挥学生的独立工作能力和能动性，培养学生独立思考和敢于怀疑的批判精神。学生能做到“以我为主”，进行调查研究、查阅文献、分析论证、制定方案、设计或实验、分析总结等方面的独立能力训练，导师则发挥其主导作用。完成SRT计划的学生可以获得相应的学分和成绩，其中达到一定水平的还可以取代其相关的课程设计乃至毕业设计。

SRT计划作为大学生研究训练计划，其核心是“研究”与“创新”，旨在增强学生的创新思维意识与提高相关的创新研究能力。它是一个既高大上又接地气的实施计划。

首先，“高大上”体现在它的创设理念与参与对象上。它的目标是：为大学生提供指导性的研究机会。统筹教育资源，提高办学效益，进一步增加师生之间的交流合作。以培养研究习惯为任务，它是贯彻教学和科研相结合的方针，高校和企业界相互合作，跨学科培养学生创新能力的一个新探索，是多方合作的结果，是高校继全面推行学分制后，为进一步调动学生课外学习钻研的主动性、积极性，更灵活因材施教，给学生提供更多的适合自己特点的挑战和培养机会的新机制。

其次，“接地气”体现在它将学生、老师与社会实践连接起来。在导师指导下以自我为主，开展一些初步探索性研究工作，使学生早日进入专业领域，接受科研工作的训练。本科生及早接受科研训练，了解社会实际，锻炼实际才干，从而促使其发现社会问题或者新的研究方向，将自己的所学应用到相关的实际社会问题当中，真正做到学以致用，学为所用，学有所得。

3. 大学生创新创业竞赛与学科竞赛体系

大学生创新创业竞赛与学科竞赛是指由政府部门、高等院校、学术团体或其他机构组织举办的、与学科专业教学关系紧密的大学生课外学术科技及创新创业竞赛活动。主要包括：由国家、省有关部门及专业教学指导委员会、企业或行业协（学）会、高校或其他国际国内学术团体组织的，在校大学生参加的常设性比赛。

根据学科竞赛的组织机构、竞赛层次、社会影响和获奖难度等方面综合考虑，可将学科竞赛分为四类：

A 类：国际性学科竞赛与国家级重要大赛。国际性学科竞赛是指联合国教科文组织或其他国际学术团体组织的世界性学科竞赛，如 FIRA 国际机器人世界杯比赛、红点设计大奖；国家级重要大赛是指国家政府机构主办、专家主导、获奖难度和社会影响较大的全国性赛事、创新论坛、创新成果展以及为国际性竞赛决赛而举行的洲际区域选拔赛，如全国大学生数学建模竞赛、中国“互联网 +”大学生创新创业大赛等。

B 类：一般性全国大赛和省级政府及其各厅、局、委主办的重大比赛。一般性全国大赛是指教育部学科专业教学指导委员会、国家一级行业学会（协会）、学术团体等主办的具有一定影响力的全国性赛事，以及 A 类学科竞赛全省性或跨省区决赛，如全国大学生机械创新设计大赛湖北赛区决赛等；省级政府及其各厅、局、委主办的重大比赛以正式发文为准。

C 类：省级学会、协会、专业指导委员会、学术团体、大型企业等主办的全省性或跨省区的学科竞赛，包括学科专业背景较强的大学生科技作品（论文、作业、报告）型赛事等。

D类：与以上比赛相应的校内选拔赛，或由学校组织、多个学院学生参加的各类学科竞赛。

2.3.2 主要大学生创新创业竞赛与学科竞赛

1. 中国“互联网+”大学生创新创业大赛

中国“互联网+”大学生创新创业大赛自2015年起设立，大赛由教育部、中央网信办、发改委、工信部、人社部、知识产权局、中国科学院、中国工程院、共青团中央等共同主办。大赛旨在深化高等教育综合改革，激发大学生的创造力，培养造就“大众创业、万众创新”的生力军；推动赛事成果转化和产学研紧密结合，促进“互联网+”新业态形成，服务经济提质增效升级；以创新引领创业、创业带动就业，推动高校毕业生更高质量创业就业。

中国“互联网+”大学生创新创业大赛的参赛项目要求能够将移动互联网、云计算、大数据、人工智能、物联网等新一代信息技术与经济社会各领域紧密结合，培育基于互联网新时代的新产品、新服务、新业态、新模式；发挥互联网在促进产业升级以及信息化和工业化深度融合中的作用，促进制造业、农业、能源、环保等产业转型升级；发挥互联网在社会服务中的作用，创新网络化服务模式，促进互联网与教育、医疗、交通、金融、消费生活等深度融合。参赛项目主要包括以下类型：

“互联网+”现代农业，包括农林牧渔等；

“互联网+”制造业，包括智能硬件、先进制造、工业自动化、生物医药、节能环保、新材料、军工等；

“互联网+”信息技术服务，包括工具软件、社交网络、媒体门户、企业服务等；

“互联网+”文化创意服务，包括广播影视、设计服务、文化艺术、旅游休闲、艺术品交易、广告会展、动漫娱乐、体育竞技等；

“互联网+”商务服务，包括电子商务、消费生活、金融、财经法务、房产家居、高效物流等；

“互联网+”公共服务，包括教育培训、医疗健康、交通、人力资源服务等；

“互联网+”公益创业，以社会价值为导向的非营利性创业。

参赛项目须真实、健康、合法，无任何不良信息，项目立意应弘扬正能量，践行社会主义核心价值观。参赛项目不得侵犯他人知识产权；所涉及的发明创造、专利技术、资源等必须拥有清晰合法的知识产权或物权；抄袭、盗用、提供虚假材料或违反相关法律法规，一经发现即刻取消参赛相关权利并自负一切法律责任。

参赛项目涉及他人知识产权的，报名时需提交完整的具有法律效力的所有人书面授权许可书、专利证书等；已完成工商登记注册的创业项目，报名时需提交单位概况、法定代表人情况、股权结构、组织机构代码复印件等相关证明材料。

根据参赛项目所处的创业阶段、已获投资情况和项目特点，大赛分为创意组、初创组、成长组和就业型创业组。

以团队为单位报名参赛，允许跨校组建团队。每个团队的参赛成员不少于 3 人，须为项目的实际成员。参赛团队所报参赛创业项目，须为本团队策划或经营的项目，不可借用他人项目参赛。已获往届中国“互联网 +”大学生创新创业大赛全国总决赛金奖和银奖的项目，不再报名参赛。

各省、自治区、直辖市教育厅（教委），新疆生产建设兵团教育局，各高等学校负责审核参赛对象资格。

大赛采用校级初赛、省级复赛、全国总决赛三级赛制。校级初赛由各高校负责组织，省级复赛由各省（区、市）负责组织，全国总决赛由各省（区、市）按照大赛组委会确定的配额择优遴选推荐项目。大赛组委会将综合考虑各省（区、市）报名团队数、参赛高校数和创新创业教育工作情况等因素分配名额。

2.“挑战杯”全国大学生系列科技学术竞赛（简称“挑战杯”）

“挑战杯”是“挑战杯”全国大学生系列科技学术竞赛的简称，是由共青团中央、中国科协、教育部和全国学联共同主办的全国性的大学生课外学术实践竞赛，承办高校为国内著名大学。“挑战杯”竞赛在中国共有两个并列项目，一个是“挑战杯”全国大学生课外学术科技作品竞赛（“大挑”）；另一个则是“挑战杯”中国大学生创业计划竞赛（“小挑”）。这两个项目的全国竞赛交叉轮流开展，每个项目每两年举办一届。“挑战杯”全国大学生课外学术科技作品竞赛于奇数年举办，“挑战杯”中国大学生创业计划竞赛于偶数年举办。

1）“挑战杯”全国大学生课外学术科技作品竞赛

“挑战杯”全国大学生课外学术科技作品竞赛是由共青团中央、中国科协、教育部、全国学联和地方政府共同主办，国内著名大学、新闻媒体联合发起的一项具有导向性、示范性和群众性的全国竞赛活动。自 1989 年首届竞赛举办以来，“挑战杯”竞赛始终坚持“崇尚科学、追求真知、勤奋学习、锐意创新、迎接挑战”的宗旨，在促进青年创新人才成长、深化高校素质教育、推动经济社会发展等方面发挥了积极作用，在广大高校乃至社会上产生了广泛而良好的影响，被誉为当代大学生科技创新的“奥林匹克”盛会。竞赛的发展得到党和国家领导同志的亲切关怀。竞赛旨在引导和激励高校学生实事求是、刻苦钻研、勇于创新、多出成果、提高素质，培养学生创新精神和实践能力，并在此基础上促进高校学生课外学术科技活动的蓬勃开展，发现和培养一批在学术科技上有作为、有潜力的优秀人才。

凡在举办竞赛终审决赛前正式注册的全日制非成人教育的各类高等院校在校专科生、本科生、硕士研究生和博士研究生（均不含在职研究生）都可以申报作品参赛，申报参赛的作品分为自然科学类学术论文、哲学社会科学类社会调查报告和学术论文、科技发明制作三类。自然科学类学术论文作者限本专科生。哲学社会科学类社会调查报告和学术论文限定在哲学、经济、社会、法律、教育、管理 6 个学科内。科技发明制作类分为 A、B 两类：A 类指科技含量较高、制作投入较大的作品；B 类指投入较少，且为生产技术或社会生活带来便利的小发明、小制作等。

2）“挑战杯”中国大学生创业计划竞赛

创业计划竞赛起源于美国，又称商业计划竞赛，是风靡全球高校的重要赛事。它借用风险投资的运作模式，要求参赛者组成优势互补的竞赛小组，提出一项具有市场前景的技术、产品或者服务，并围绕这一技术、产品或服务，以获得风险投资为目的，完成一份完整、具体、深入的创业计划，包括企业概述、业务与业务展望、风险因素、投资回报与退出策略、组织管理、财务预测等方面的内容，最终通过书面评审和秘密答辩的方式评出获奖者。

自 1999 年首届中国大学生创业计划大赛举办以来，凡在举办竞赛终审决赛前正式注册的全日制非成人教育的各类高等院校在校专科生、本科生、硕士研究生和博士研究生（均不含在职研究生）都可以参赛，参赛形式要求以学校为单位统一申报，以创业团队形式参赛，原则上每个团队人数不超过 10 人。竞赛采取学校、省（自治区、直辖市）和全国三级赛制，分预赛、复赛、决赛三个赛段进行。参加竞赛作品分为已创业（甲类）与未创业（乙类）两类，具体分为农林、畜牧、食品及相关产业，生物医药，化工技术，环境科学，电子信息，材料，机械能源，服务咨询等七组。实行分类、分组申报。“挑战杯”中国大学生创业计划大赛旨在引导和激励高校学生弘扬时代精神，把握时代脉搏，将所学知识与经济社会发展紧密结合，培养和提高创新、创造、创业的意识和能力，并在此基础上促进高校学生就业创业教育的蓬勃开展，发现和培养一批具有创新思维和创业潜力的优秀人才。

3. 中国创新创业大赛

中国创新创业大赛是由科技部、财政部、教育部和中华全国工商业联合会共同指导举办的一项以“科技创新，成就大业”为主题的全国性创业比赛。

为落实党中央、国务院提出的大众创业、万众创新的重大部署，深入实施创新驱动发展战略，中国创新创业大赛聚集和整合各种创新创业资源，引导社会各界力量支持创新创业，搭建服务创新创业的平台，弘扬创新创业文化，激发全民创新创业的热情，掀起创新创业的热潮，打造推动经济发展和转型升级的强劲引擎。

大赛分报名、地方赛和总决赛三个阶段。地方赛由各省级科技管理部门组织举办。各省级科技管理部门根据大赛方案统一要求编制地方赛工作方案。总决赛按照新材料、新能源及节能环保、生物医药、电子信息、先进制造、互联网及移动互联网 6 个行业进行比赛。大赛按照企业组和团队组进行比赛。参赛的团队和企业应具有创新能力和高成长潜力，主要从事高新技术产品研发、制造、生产及服务等方面的业务，经营规范，社会信誉良好。企业和团队可登录大赛官方网站直接报名。参赛企业和团队应对报名信息的真实性、准确性负责。大赛不向参赛企业和团队收取任何参赛费用。参赛的优秀企业和团队，有望获得合作银行的授信、创投基金的投资、股改和上市方面培训、创业导师的辅导以及大赛创新创业扶持资金的支持。

4. 全国大学生数学建模竞赛

全国大学生数学建模竞赛是中国工业与应用数学学会主办的面向全国大学生的群众性科技活动，目的在于激励学生学习数学的积极性，提高学生建立数学模型和运用计算机技术解决实际问题的综合能力，鼓励广大学生踊跃参加课外科技活动，开拓知识面，培养创造精神及合作意识，推动大学数学教学体系、教学内容和方法的改革。

全国大学生数学建模竞赛创办于 1992 年，每年一届，目前已成为全国高校规模最大的基础性学科竞赛，也是世界上规模最大的数学建模竞赛。全国大学生数学建模竞赛全国统一竞赛题目，采取通讯竞赛方式，以相对集中的形式进行。竞赛题目一般来源于工程技术和管理科学等方面经过适当简化加工的实际问题，不要求参赛者预先掌握深入的专门知识，只需要学过高等学校的数学课程。题目有较大的灵活性供参赛者发挥其创造能力。参赛者应根据题目要求，完成一篇包括模型的假设、建立和求解、计算方法的设计和计算机实现、结果的分析和检验、模型的改进等方面的论文(即答卷)。竞赛评奖以假设的合理性、建模的创造性、结果的正确性和文字表述的清晰程度为主要标准。

竞赛每年举办一次，一般在某个周末前后的三天内举行。大学生以队为单位参赛，每队 3 人（须属于同一所学校），专业不限。竞赛分本科、专科两组进行，本科生参加本科组竞赛，专科生参加专科组竞赛（也可参加本科组竞赛），研究生不得参加。每队可设一名指导教师（或教师组），从事赛前辅导和参赛的组织工作，但在竞赛期间必须回避参赛队员，不得进行指导或参与讨论，否则按违反纪律处理。竞赛期间参赛队员可以使用各种图书资料、计算机和软件，在国际互联网上浏览，但不得与队外任何人（包括在网上）讨论。竞赛开始后，赛题将公布在指定的网址供参赛队下载，参赛队在规定时间内完成答卷，并准时交卷。

5. 全国（周培源）大学生力学竞赛

全国（周培源）大学生力学竞赛为教育部委托，由教育部高等学校力学教学指导委员会力学基础课程教学指导分委员会、中国力学学会和周培源基金会共同主办的大学生科技活动，旨在服务于教学和育人。它是一项为促进高等学校力学基础课程的改革、提高学生学习基础力学的兴趣的科技活动；也是一项旨在加强理工科高校学生的素质教育和培养其动手能力、创新能力和团队协作精神的赛事；更是一项考验广大青年学生课堂力学知识能不能灵活运用、发现和选拔后继创新人才的课外活动。

首届全国大学生力学竞赛创办于1986年，从1996年起更名为全国（周培源）大学生力学竞赛。2000年以后，两年一届，各省、自治区、直辖市以及港澳台地区年龄在30周岁（含）以下（竞赛当年12月底不满31周岁）的在校大学专科、本科及研究生均可报名参加。由高等学校（研究所）直接向所在省、直辖市、自治区或特区竞赛分组织委员会报名。力学竞赛的基础知识覆盖理论力学与材料力学两门课程的理论和实验，着重考核灵活运用基础知识、分析和解决问题的能力。竞赛分为个人赛和团体赛，其中团体赛分为“理论设计与操作”和“基础力学实验”两部分。个人赛采用闭卷笔试方式，试题覆盖理论力学、材料力学（含实验）等内容。

6. 全国大学生工程训练综合能力竞赛

全国大学生工程训练综合能力竞赛创办于2009年，每两年一届，是由教育部、财政部资助的全国性大学生科技创新实践竞赛活动。旨在加强大学生工程实践能力、创新意识和合作精神的培养，激发大学生进行科学研究与探索的兴趣，挖掘大学生的创新潜能与智慧，为优秀人才脱颖而出创造良好的条件；推动高等教育人才培养模式和实践教学的改革，不断提高人才培养的质量。通过竞赛活动加强教育与产业、学校与社会、学习与创业之间的联系。

竞赛活动面向全国各类本科院校在校大学生，实行校、省（或多省联合形成的区域）、全国三级竞赛制度，以校级竞赛为基础，逐级选拔进入上一级竞赛。省级竞赛或区域竞赛的优胜者，经省或区域教育厅核准，报名推荐参加全国决赛。凡在全国竞赛举办当年为正式注册的全国各类高等院校在校全日制本科学生均可报名参赛。参赛者以小组形式申报，每组学生人数不超过3人，指导教师人数不超过2人。参赛作品的设计及制作统一按照全国竞赛组委会发布的命题及其规则进行。竞赛命题具有鲜明的工程背景，体现综合性工程训练的特点，突出综合性、实践性、设计性、研究性和艺术性，推动学生了解工程环境、建立工程意识，逐步掌握现代工业生产、工艺、技术、管理等方面的基本知识、基本技能和基本素养。竞赛要求参赛学生围绕命题进行相关的理论分析、功能和结构设计、工艺方案设计、管理对策分析，并完成命题实物作品的制作。

命题内容体现在对学生“综合分析能力、创新设计能力、工艺综合设计能力、实际动手操作能力和工程管理综合应用能力”五个方面的要求。综合分析能力方面，要求学生正确理解和表述题目意图，运用所学理论知识综合分析问题，提出合理的工作方案；创新设计能力方面，要求在完成指定功能部件或装置的规范设计的同时给予参赛学生以较大的创新、探索空间；工艺设计方面，以考核学生的工艺综合应用能力为主，要有一定的难度；实际动手操作能力方面的内容包括加工操作、装配与调整操作、检测及数据处理操作等；工程管理综合应用方面，要求学生就相应的工艺、成本、过程管理进行综合性设计、分析、处理和必要的模拟。

7. 全国大学生电子设计竞赛

全国大学生电子设计竞赛是教育部与工业和信息化部共同发起的大学生学科竞赛之一，是面向大学生的群众性科技活动，目的在于推动高等学校促进信息与电子类学科课程体系和课程内容的改革。竞赛的特点是与高等学校相关专业的课程体系和课程内容改革密切结合，以推动其课程教学、教学改革和实验室建设工作。

全国大学生电子设计竞赛从1994年开始，每两年举办一届，每逢单数年的9月份举办，赛期四天。竞赛以高等学校为基本参赛单位，参赛学校负责本校学生的参赛事宜，包括组队、报名、赛前准备、赛期管理和赛后总结等。每支参赛队由三名学生组成，具有正式学籍的全日制在校本、专科生均有资格报名参赛。在双数的非竞赛年份，根据实际需要由全国竞赛组委会和有关赛区组织开展全国的专题性竞赛，同时积极鼓励各赛区和学校根据自身条件适时组织开展赛区和学校一级的大学生电子设计竞赛。

竞赛采用全国统一命题、分赛区组织的方式，竞赛采用“半封闭、相对集中”的组织方式进行。竞赛期间学生可以查阅有关纸介或网络技术资料，队内学生可以集体商讨设计思想，确定设计方案，分工负责、团结协作，以队为基本单位独立完成竞赛任务；竞赛期间不允许任何教师或其他人员进行任何形式的指导或引导；竞赛期间参赛队员不得与队外任何人员讨论商量。参赛学校应将参赛学生相对集中在实验室内进行竞赛，便于组织人员巡查。为保证竞赛工作，竞赛所需设备、元器件等均由各参赛学校负责提供。

竞赛题目包括“理论设计”和“实际制作与调试”两部分，内容以电子电路（含模拟和数字电路）应用设计为主要内容，可以涉及模—数混合电路、单片机、嵌入式系统、DSP、可编程器件、EDA 软件的应用。

8. 全国大学生机械创新设计大赛

全国大学生机械创新设计大赛是经教育部高等教育司批准，由教育部高等学校机械学科教学指导委员会主办，机械基础课程教学指导分委员会、全国机械原理研究会、全国机械设计研究会联合著名高校共同承办的一项大学生机械学科知识创新与设计大赛。大赛从 2004 年开始举办，每两年举办一次。大赛旨在引导高等学校在教学中注重培养大学生的创新设计能力、综合设计能力与协作精神；加强学生动手能力的培养和工程实践的训练，提高学生针对实际需求进行机械创新、设计、制作的实践工作能力，吸引、鼓励广大学生踊跃参加课外科技活动，为优秀人才脱颖而出创造条件。

凡在举办全国决赛的当年为正式注册的全日制各类高等院校专科生、本科生（研究生除外）都可以申报作品参赛，申报参赛作品分为个人或小组申报，作品必须是距大赛申报日两年内完成的大学生机械创新设计作品。每件作品作者不超过 10 人。大赛分三级赛事，即高校选拔赛、赛区预赛、全国决赛三个阶段。各参赛学校自行组织学校作品参加选拔赛，选拔作品参加各赛区预赛，在预赛的基础上推荐优秀作品参加全国决赛。

大赛题目采用自选式或命题式。参赛作品必须以机械设计为主，提倡采用先进理论和先进技术，如机电一体化技术等。参赛队学生按大赛主题和内容要求进行准备，最终完成作品的设计与工艺制作，并向各赛区组委会提交完整的设计说明书和主要设计图纸（包括纸质和电子文档）、作品的实物样机或放缩的实物样机和介绍作品功能的视频录像。对作品的评价不以机械结构为单一标准，而是对作品的功能、结构、工艺制作、性能价格比、先进性、创新性等多方面进行综合评价。在实现功能相同的情况下，机械结构越简单越好。大赛对获奖作者予以奖励，同时组织优秀作品展览、交流和科技成果转让洽谈，推动高校学生科技成果向现实生产力转化。

9. 中国大学生计算机设计大赛

中国大学生计算机设计大赛由教育部高等学校计算机类专业教学指导委员会、教育部高等学校软件工程专业教学指导委员会、教育部高等学校大学计算机课程教学指导委员会、教育部高等学校文科计算机基础教学指导分委员会、中国教育电视台联合主办。大赛的前身是“中国大学生（文科）计算机设计大赛”，始创于 2008 年，每年举办一次，决赛时间一般在 7 月至 8 月。

大赛的目的是提高大学生综合素质，具体落实教育部高等学校计算机基础课程教学指导委员会编写的《高等学校计算机基础教学发展战略研究报告暨计算机基础课程教学基本要求》，以及教育部高等学校文科计算机基础教学指导委员会编写的《文科类专业大学计算机教学要求》，进一步推动高校本科面向 21 世纪的计算机教学的知识体系、课程体系、教学内容和教学方法的改革，引导学生踊跃参加课外科技活动，激发学生学习计算机知识技能的兴趣和潜能，为培养德智体美全面发展、具有运用信息技术解决实际问题的综合实践能力、创新创业能力，以及团队合作意识的人才服务。

中国大学生计算机设计大赛的参赛对象是本科各专业学生，即文史哲法教类、经管类、艺术类、理工类、农林类、医药类等六大系列的所有在校学生。大赛参赛内容为计算机应用技术，目前分设软件应用与开发类、微课与教学辅助类、数字媒体设计类、软件服务外包类、动漫游戏类、微电影类以及计算机音乐创作类等领域，贴近社会就业与专业本身需要，其中计算机音乐创作类是我国唯一国字号的计算机音乐赛事。以后将根据需要适当增设竞赛领域，使各大系列的学生都有充分展示其计算机应用与创作才智的平台。比赛的过程分初赛和决赛两个阶段，初赛主要通过省级（直辖市级、自治区级）预赛和国赛网评的方式筛选作品，决赛采用现场演示和答辩方式。

10. 全国大学生广告艺术大赛

全国大学生广告艺术大赛（以下简称“大广赛”），由教育部高等教育司主办，教育部高等学校新闻学学科教学指导委员会组织实施，中国传媒大学与中国高等教育学会广告教育专业委员会等单位共同承办，是面向全国在校大学生的一项群众性的广告策划创意实践活动。大广赛是广告及相关专业实践教学改革的试金石、检验平台，也是迄今为止全国规模大、覆盖高等院校广、参与师生人数多、作品水准高的国家级大学生赛事。大广赛将专业教育、素质教育和职业教育贯通，首次空前扩大了广告教育的辐射力和影响力，拓展了广告教育的内涵。大广赛旨在活跃大学生的课外文化生活，激发大学生的创意灵感，加强大学生实践能力、创新能力和合作精神的培养，推动大学新闻传播、广告艺术教育的人才培养模式和实践教学的改革，为优秀人才脱颖而出创造良好的竞赛平台，不断提高人才培养质量。

全国大学生广告艺术大赛创办于 2005 年，赛事每两年举办一次，自 2013 年第五届大广赛之后，由之前的两年一届正式改为一年举办一届。全国各类高等院校在校全日制大学生、研究生均可参加。参赛作品必须统一按照大赛组委会指定的命题和统一规定的企业背景资料进行创作。赛事的所有选题均面向社会征集，将企业营销的真实课题引入比赛，广告实践有了更广阔的舞台。参赛作品分为平面类、影视类、微电影类、动画类、广播类、广告策划案类、企业公益类等七大类。各类参赛作品应以原创性为原则，鼓励采用广告新思想、新形式、新媒介进行设计和策划。大赛在全国设立分赛区，采取一次参赛、两次评奖的方式进行。即参赛作品经院校初选后，报分赛区评选，在分赛区获得优秀奖以上的作品，再由分赛区统一报送（不超过所在地区参赛作品总数的 20%）参加全国总赛区的评审。获各分赛区奖项的由分赛区颁发获奖证书，获得全国总赛区奖项的由全国大赛组委会颁发证书、奖杯、奖品或奖金。

11. 中国大学生物理学术竞赛

中国大学生物理学术竞赛（China Undergraduate Physics Tournament，CUPT），是中国借鉴国际青年物理学家锦标赛（International Young Physicists' Tournament，IYPT）的模式创办的全国赛事，该项活动得到了教育部的支持，并被列入中国物理学会物理教学指导委员会的工作计划，是实践《国家创新驱动发展战略纲要》和《国家中长期教育改革和发展规划纲要》的重要大学生创新竞赛活动之一。CUPT 是一项以团队对抗为形式的物理竞赛，它以协同创新为根本理念，旨在提高学生综合运用所学知识分析解决实际物理问题的能力，培养学生的开放性思维。

比赛题目新颖开放，其中有不少问题源自《科学》(*Science*)、《自然》(*Nature*）等旗舰综合期刊，以及《物理评论快报》(*PRL*)、《现代物理评论》(*RMP*）等物理学顶级杂志。参赛学生就这些实际物理问题的基本知识、理论分析、实验研究、结果讨论等进行辩论性比赛。CUPT 不仅可以锻炼学生分析问题、解决问题的能力，培养科研素质，还能培养学生的创新意识、团队合作精神、交流表达能力，使学生的知识、能力和素质全面协调发展，同时注重加强青年学生之间的友谊和交流。CUPT 同时也促进了国内物理学本科教育改革。近年来，部分高校将低年级本科生的科研训练课程和大学物理实验课程与 CUPT 的备赛有机结合，取得了较好的成效。

中国大学生物理学术竞赛题目参考同年国际青年物理学家锦标赛题目，在力、热、光、电等物理分支下共设 17 个题目。参赛以团队为单位报名，不接受个人报名。每支队伍由 5 名本科学生（不限年级，但竞赛过程中不能更换）和 1 名领队组成，领队可以是学生或教师。全国各高校均可组织队伍参赛，原则上每所高校派出 1 支参赛队。

本项竞赛以普通话为工作语言，以抽签分组、团队辩论的方式进行。赛前通过抽签分组，每支队伍参加五轮预选对抗赛，每轮对抗赛由三支或四支队伍参加。抽签过程中要避免两队重复相遇。五轮预选对抗赛优胜者进入决赛。每一轮对抗赛分为三个或四个阶段，若有三支队伍参加，这三支参赛队在不同的阶段扮演三种不同的角色，即：正方、反方和评论方，进行三个阶段的比赛。若有四支队伍参加，则这四支参赛队扮演四种不同的角色，即：正方、反方、评论方和观摩方，进行四个阶段的比赛。

12. 中国大学生数学竞赛

2009 年，中国大学生数学竞赛（通称为“全国大学生数学竞赛”）开始举办，第一届全国大学生数学竞赛由中国数学会主办，国防科学技术大学承办。作为一项面向本科生的全国性高水平学科竞赛，全国大学生数学竞赛为青年学子提供了一个展示数学基本功和数学思维的舞台，为发现和选拔优秀数学人才并进一步促进高等学校数学课程建设的改革和发展积累了经验。此后中国大学生数学竞赛每年举办一次，由各大高校承办。本项竞赛旨在激励大学生学习数学的兴趣，进一步推动高等学校数学课程的改革和建设，提高大学数学课程的教学水平，发现和选拔数学创新人才。

大学本科二年级及二年级以上的在校大学生均可报名参加中国大学生数学竞赛。竞赛分为数学专业类竞赛题和非数学专业类竞赛题。其中，数学专业类竞赛内容为大学本科数学专业基础课的教学内容，数学分析占 50%，高等代数占 35%，解析几何占 15%；非数学专业类竞赛内容为大学本科理工科专业高等数学课程的教学内容，包括函数、极限、连续、微积分、向量代数、空间解析几何、无穷级数等内容，从第五届比赛开始，决赛增加 15% ~ 20% 的线性代数的内容。

竞赛分为预赛和决赛进行，试题均由全国大学生数学竞赛委员会统一组织专家命制。其中分区预赛由各省（市、区、军队院校）数学会负责组织选拔，使用全国统一试题，在同一时间内进行考试；决赛由全国大学生数学竞赛工作小组和承办单位负责组织实施。竞赛设预赛（以省、直辖市、自治区作为赛区，军队院校为一个独立赛区）奖与决赛奖。

13. 全国大学生企业模拟经营沙盘大赛

全国大学生企业模拟经营沙盘大赛于 2005 年由用友公司发起举办，每年一届，赛项分为：本科组、高职组、中职组，是面向经管及财经大类学生的参赛规模最大、影响力最广的比赛。

沙盘大赛以生产型企业为背景，让每个参赛者置身商业实战场景，以各自代表的企业经营管理者的身份，涉及财务、物流、生产、营销等重要角色，实地体验商业竞争的激烈性。在整个沙盘模拟操作过程中能够极大地激发参赛者的学习热情，锻炼参赛者的全局观念和规划能力。

企业模拟经营沙盘是将参训学生分成若干个团队，接手一个制造型企业，连续从事 6 个会计年度的经营活动。通过直观的企业模拟经营沙盘，模拟企业实际运行活动，内容涉及企业内部的产品研发、生产组织、采购组织、市场开发、销售、融资、财务核算等每一个运行细节，所有公司在同一个市场中竞争，让学生在游戏般的企业经营模拟中，体验完整的企业经营过程，感悟正确的经营思路和管理理念。在训练中，学生们将遇到企业经营中常出现的各种典型问题以及市场中变幻莫测的各种情况。他们需要一同发现机遇，分析问题，制定决策，并且加以执行。

14. 全国大学生物流设计大赛

全国大学生物流设计大赛，英文名称：National Contest On Logistics Design by University Students（NCOLD），是由教育部高等学校物流类专业教学指导委员会和中国物流与采购联合会共同举办的一项面向全国大学生的大型物流教学实践方面的竞赛活动，是教育部实施“质量工程”中的几项专业设计大赛之一，也是目前国内最具专业性、权威性、实用性的大学生物流大赛。第一届全国大学生物流设计大赛于 2006 年 11 月 25 日正式启动，每两年举办一次。大赛旨在实现物流教学与实践相结合，提高大学生实际动手能力、策划能力、协调组织能力，促进大学物流人才培养模式、课程设置、教学内容和方法的改革，推动物流教学改革和科学研究，为全国高校搭建开放的物流教学改革及学术交流平台，建立社会群众宣传普及物流知识的平台，更好地培养和发现物流人才。

大赛分为初赛、复赛和决赛三个阶段。参赛对象为正式录取的全日制物流类及相关专业本科在校生。比赛以队为单位，每队 5 人，队员不得同时加入多个参赛队。组队可跨年级、专业，但不得跨校，且同一学校组队不得超过 2 个。参赛者需要根据大赛组委会提供的案例，自主确定设计的领域和方向，完成设计内容。比赛涉及信息系统开发、软硬件开发、企业管理、数学建模、财务分析、流程再造、组织结构优化、企业战略管理、物流各环节（采购、包装、仓储、流通加工、配送、运输等）的优化设计等诸多方面。

15. 中国大学生 iCAN 物联网创新创业大赛

国际大学生 iCAN 创新创业大赛（International Contest of innovAtioN）暨中国选拔赛（原美新杯中国 MEMS 传感器应用大赛），是由国际 iCAN 联合会、教育部创新方法教学指导分委员会和全球华人微纳米分子系统学会联合主办，北京大学承办的面向大学生创新创业的年度竞赛，是教育部质量工程支持项目之一。iCAN 大赛始于 2007 年，每年举办一次，秉承“传递 iCAN 理念、激发创新热情、点燃创业梦想”精神，倡导科技创新创业服务社会、改善人类生活，引导和激励高校学生勇于创新，发现和培养一批有作为、有潜力的优秀青年创新创业人才，促进和加强以物联网、智能硬件等为代表的高科技领域的产学研结合，推动相关高科技产业的发展，为高科技创新创业搭建国家化的交流平台。

大赛以微纳米器件为代表的物联信息技术与系统工程的创新应用为目标，倡导科技创新创业服务社会、改善人类生活。从第一届的十余个作品，几十人参赛，到 2013 年 3000

余个作品，上万人参赛，参与学校达到 150 余所。现已在各省会城市的著名高校设立分赛区组委会，共有 17 个分赛区。

大赛面向全国高等院校及科研院所的在校学生（含本科、专科、硕士研究生、博士研究生），必须以团队形式参赛，每支队伍 2 ~ 4 名队员，可以跨赛区和学校组队。采用大赛提供的微纳米器件（非必需），制作可以演示和操作的创新应用系统为有效参赛作品，参赛作品务必是学生原创，谢绝任何形式的导师课题参赛。

16. Uchallenge 大学生英语挑战赛

“Uchallenge 大学生英语挑战赛”是由外语教学与研究出版社、教育部高等学校大学外语教学指导委员会、教育部高等学校英语专业教学指导分委员会和中国外语与教育研究中心联合主办，北京外研在线数字科技有限公司和中国外语测评中心联合承办的公益大赛。大赛以高远的立意和创新的理念，紧随国家发展大势，深入剖析国家时事热点，把脉我国高等外语教育发展未来，共鸣国际高等教育发展趋势。

“Uchallenge 大学生英语挑战赛”由“外研社杯”全国英语演讲大赛、“外研社杯”全国英语写作大赛和“外研社杯”全国英语阅读大赛构成，是外研社为全国大学生打造的展现风采、实现自我的赛事平台，也是为我国高等外语教育营造的凝聚创新、融通中外的交流媒介。

1）“外研社杯”全国英语演讲大赛

“外研社杯”全国英语演讲大赛于 2002 年创办，在国内外广受关注，已成为全国参赛人数最多、规模最大、水平最高的英语演讲赛事。

大赛包括“地面赛场”和“网络赛场”两种形式。“地面赛场”初赛由院校组织，选拔选手参加省（市、自治区）级复赛，每个地区复赛前 3 名选手参加全国决赛。“网络赛场”在大赛官网进行，所有符合大赛参赛资格的选手均可报名参赛。在“网络赛场”评选中，网络投票环节所获票数前 3 名及成绩排名前 87 的选手晋级全国决赛。主办单位还将邀请海外及港澳台选手参赛，与“地面赛场”晋级的 90 名选手、“网络赛场”晋级的 90 名选手共同角逐大赛冠、亚、季军以及其他单项奖。具有中国国籍的全国高等学历教育招生资格的普通高等学校在校本、专科学生、研究生（不包括在职研究生），年龄 35 岁以下均可报名参加比赛。曾获得往届“外研社杯”全国英语演讲大赛、“外研社杯”全国英语辩论赛出国及港澳交流奖项的选手不包括在内。比赛环节包括定题演讲、即兴演讲、回答问题、拓展演讲、综合知识速答等部分，演讲题目由组委会决定。

2）“外研社杯”全国英语写作大赛

“外研社杯”全国英语写作大赛于 2012 年启动，旨在推动英语写作教学，提高学生英语写作水平，引领高校外语写作教学的改革与发展。

全国具有高等学历教育招生资格的普通高等学校中国国籍在校本科生、研究生，35岁以下，均可报名参加比赛，曾获得往届“外研社杯”全国英语写作大赛出国及港澳交流奖项的选手不包括在内。比赛分为初赛、复赛和决赛。符合参赛资格的高校学生可直接向本校外语院（系）或大学外语教学部咨询、报名和参加初赛。初赛结束后，举办初赛的外语院（系）或大学外语教学部向本省（市、自治区）大学外语教学研究会报名参加复赛。每校参赛人数由本省（市、自治区）大学外语教学研究会确定并公布。复赛结束后，各省（市、自治区）大学外语教学研究会将获得决赛资格的3名选手向大赛组委会秘书处报名参加全国决赛。

3）“外研社杯”全国英语阅读大赛

“外研社杯”全国英语阅读大赛于2015年举办，旨在通过比赛的设计，为大学生提供阅读实践的机会和自我挑战的舞台。

全国具有高等学历教育招生资格的普通高等学校中国国籍在校本科生、专科学生、研究生，35岁以下，均可报名参加比赛。曾获得往届“外研社杯”全国英语阅读大赛出国及港澳交流奖项的选手不包括在内。比赛分为初赛、复赛和决赛。“外研社杯”全国英语阅读大赛比赛内容包含四个环节：① Read and Know（读以明己）；② Read and Reason（读以察世）；③ Read and Question（读以启思）；④ Read and Create（读以言志）。

17. 国际大学生程序设计竞赛（ACM–ICPC）

ACM国际大学生程序设计竞赛（ACM International Collegiate Programming Contest，ACM-ICPC或ICPC）是由国际计算机协会（ACM）主办的，一项旨在展示大学生创新能力、团队精神和在压力下编写程序、分析和解决问题能力的年度竞赛，始于1970年，每年一届。经过几十年的发展，ACM国际大学生程序设计竞赛已成为世界上公认的规模最大、水平最高的国际大学生程序设计竞赛。

赛事由各大洲区域预赛和全球总决赛两个阶段组成。决赛安排在每年的3—5月举行，区域预赛一般安排在上一年的9—12月举行。根据竞赛规则，ACM-ICPC以团队的形式代表各学校参赛，每队由至多3名队员组成。每位队员必须是在校学生，有一定的年龄限制，并且每年最多可以参加2站区域选拔赛。比赛期间，每队使用1台计算机，需要在5小时内使用C、C++、Pascal或Java中的一种编写程序解决7 ~ 13个问题。程序完成之后提交裁判运行，运行的结果会判定为正确或错误两种并及时通知参赛队。有趣的是每队在正确完成一题后，组织者将在其位置上升起一只代表该题颜色的气球，每道题目第一支解决掉它的队还会额外获得一个“FIRST PROBLEM SOLVED”的气球。最后的获胜者为正确解答题目最多且总用时最少的队伍。每道试题用时将从竞赛开始到试题解答被判定正确为止，其间每一次提交运行结果被判错误的话将被加罚 20 分钟时间，未正确解答的试题不计时。与其他计算机程序竞赛（例如国际信息学奥林匹克竞赛 IOI）相比，ACM–ICPC 的特点在于其题量大，每队需要在 5 小时内完成 7 道以上的题目。另外，一支队伍 3 名队员却只有 1 台计算机，使时间显得更为紧张。因此除了扎实的专业水平，良好的团队协作和心理素质同样是获胜的关键。大赛重点考察选手的算法和程序设计能力，不考察任何 Windows 编程知识。目前，ACM–ICPC 国际大学生程序设计竞赛已经发展成为全球最具影响力的大学生计算机竞赛。

18. 中国高校计算机大赛——大数据挑战赛

中国高校计算机大赛——大数据挑战赛（Big Data Challenge）是由教育部高等学校计算机类专业教学指导委员会、教育部高等学校软件工程专业教学指导委员会、教育部高等学校大学计算机课程教学指导委会和全国高等学校计算机教育研究会联合主办的高端算法竞赛。大赛面向全球在校生开放，旨在通过竞技的方式提升学生数据分析与处理的能力、算法研究与技术应用能力，探索大数据的核心科学与技术问题，尝试创新大数据技术，推动大数据的产学研用。大赛鼓励高校导师参与指导。

大赛分为初赛、复赛和决赛三个阶段，其中初赛由参赛队伍下载数据在本地进行算法设计和调试，并通过大赛报名官网提交结果文件；复赛要求参赛者在平台进行数据分析和处理，可使用基于 Spark、XGBoost 及平台提供的机器学习相关基础算法；决赛要求参赛者进行现场演示和答辩。

大赛面向在校学生（包括高职高专、本科、研究生及以上），参赛要求：可以单人参赛或自由组队（最多不超过 3 人，可以跨单位组队）；每人只能参加一支队伍；保证参赛队员报名信息准确有效，否则将被取消参赛资格及奖励，平台将进行实名认证；大赛主办单位和技术支持单位中有机会接触赛题相关数据的人员不允许参赛；提交的参赛作品必须是团队或个人独立完成的原创作品，不得抄袭，不得违反任何相关的法律法规，否则将取消参赛资格；大赛所提供的数据集仅限于此次大赛使用，不得用于其他任何目的，若因违反此规定而给数据提供方或平台提供方造成损失的，参赛队伍所在高校和选手须承担全部责任。

19. 全国高校 SDN 网络应用创新开发大赛

全国高校 SDN 网络应用创新开发大赛由教育部科技发展中心互联网应用创新开放平台联盟主办。2013 年 11 月首届比赛，每年一届。比赛以软件定义网络（SDN）、网络功能虚拟化（NFV）、软件定义安全（SDS）等创新应用为主要内容；提升网络空间科学与技术水平，适应网络信息新技术人才培养的要求和特点，注重引领网络技术及相关专业的教育教学改革；聚焦选手的创新能力和团队协作精神；与行业企业紧密合作，提高广大高校的网络技术与业界新技术、新协议的契合度。

比赛分为初赛和复赛。初赛采用线上竞赛方式。各参赛队通过最新的 SDN/NFV/SDS 资料和大赛所提供的教材、技术文档以及上届赛项信息资料，了解基本概念及基本开发工具、系统框架、开源平台，掌握网络创新技术应用领域及其具体实施技术、网络设备及其 API，并利用大赛建议的软硬件应用平台，完成大赛指定的基本配置题目。在此基础上，以支持大赛的网络设备及其 API 为开发平台，根据题目设计应用方案，于规定时间之前以技术文档和仿真或视频演示的形式网上提交，由大赛专家组评审确定进入复赛阶段的参赛队。初赛的成绩不带入复赛。复赛采用现场角逐方式。进入复赛的参赛队自主设计 SDN 应用场景及其实施方案，并通过远程控制的方式，在指定的平台上进行方案的部署实施、测试实验。各参赛队在复赛地点进行理论题笔试、现场演示和答辩，由大赛执行委员会组织专家进行评审。根据理论考试成绩 20%、答辩成绩 80% 的比例计算总分，决出名次。全国高校 SDN 网络应用创新开发大赛是一场全面比较学生实践能力、创新能力和团队协作能力的全国顶级赛事。

20. 全国信息技术应用水平大赛

全国信息技术应用水平大赛是一项面向全国大中专院校信息技术及相关专业在校生的全国性竞赛活动。由教育部教育管理信息中心主办，旨在通过考察学生的信息技术应用技能和创新能力，提高学生的就业竞争力，为广大青年学生提供一个展示信息技术应用水平，同时为参赛学校提供一个展示各自教学水平和特点的平台，为用人企业提供一条发现优秀信息技术人才的捷径。

全国信息技术应用水平大赛已经成功举办多次，本科、高职、中职院校在校学生均可报名参赛。大赛分个人赛和团体赛，每个学生可以参加一个科目。在个人赛中参赛学生以个人为单位参赛，通过初赛、复赛、决赛的流程决出各种奖项。在团体赛中，参赛学生以团队（每支队伍不超过 3 名学生和 2 名指导教师）为单位报名参赛，按要求提交作品，经过专家初审后确定进入决赛的团队，再通过现场决赛决出各种奖项。个人赛科目包括：Office 办公自动化高级应用、C 语言程序设计、Java 程序设计、Photoshop 平面设计、Flash 动画设计、3Ds MAX 三维设计、二维 CAD 建筑设计、二维 CAD 机械设计、三维 CAD 设计、单片机开发与应用、嵌入式开发与应用、3G 移动通信技术、移动互联网站设计、电子商务运营、PCB 设计等。团体赛项目包括："中兴通讯杯"智能终端创意大赛、"联想·乐商店杯"Android 应用开发大赛、"亚控杯"组态软件应用设计大赛、"和利时杯"电气控制应用设计大赛、电子系统设计大赛、高端装备制造综合技能大赛（CAD+CAE-CAM）等。

21. “中国创翼”青年创业创新大赛

“中国创翼”青年创业创新大赛是由中国宋庆龄基金会、人力资源社会保障部联合主办的国家级赛事。大赛以贯彻党的十九大关于“倡导创新文化”“鼓励创业带动就业”的精神和国家创新驱动发展战略、就业优先战略及人才强国战略，推进“大众创业、万众创新”为核心价值，以营造创新创业氛围、培养创新创业意识为目标导向，以创新引领创业、创业带动就业为重点评价指标，突出参赛项目的社会价值和创业者的社会贡献。

年满16周岁的各类创业创新群体均可报名参赛。重点鼓励高层次人才、留学回国人员、高校和技工院校学生（毕业生）、去产能转岗职工、复转军人、返乡农民工、残疾人等创业者参赛。大赛分为主体赛和专项赛两部分。其中，主体赛面向各类群体，重点是高层次人才、留学回国人员、高校和技工院校学生（毕业生）、复转军人、返乡农民工等，分为创新项目组和创业项目组两个组别，按照赛区选拔赛、半决赛和决赛三个阶段实施；专项赛面向去产能转岗职工、残疾人两类特殊群体，按照各分赛区选拔赛、半决赛两个阶段实施。“中国创翼”青年创业创新大赛分为创新项目组、创业项目组、专项组三个组别。

22. 全国大学生电工数学建模竞赛

全国大学生电工数学建模竞赛是经中国电机工程学会批准、电工数学专委会与全国大学生电工数学建模竞赛组委会主办的面向全国高等院校学生的一项学科竞赛活动。竞赛的目的是培养学生运用数学理论和方法解决电气工程领域相关问题的能力，提高学生的创新意识。竞赛自 2003 年开始举办，每两年一届，为奇数年举行。

竞赛采取网上竞赛方式，全国统一竞赛题目，以学校为单位进行。竞赛一般在每年 5 月中下旬的三天内举行。本科生以队为单位参赛，每队 3 人，专业不限。每队可设一名指导教师（或教师组），对参赛学生进行赛前的辅导及赛前准备工作。竞赛期间指导教师要回避参赛队员，禁止进行指导或参与讨论。竞赛期间参赛学生可以使用各种图书资料、计算机和软件以及在网上浏览，不能与队外任何人讨论。竞赛题目将按照规定时间准时在指定的网站公布，参赛队员在规定的时间内完成答卷，并准时在网上交卷。各参赛院校应责成有关职能部门负责竞赛的组织和纪律监督工作，保证竞赛的规范性和公正性。

竞赛题目一般来源于电工、近代数学及经济管理等方面，经过适当的简化、加工的实际问题，主要包括：信息处理问题；控制理论及应用问题；运筹与决策问题；电路与电磁场理论相关问题。参赛学生应学过普通高校的工科数学课程及相关专业的专业基础知识，不要求参赛者预先掌握深入的专门知识。竞赛题目比较灵活，能够使参赛学生充分发挥其创造能力。参赛者要根据题目要求，完成一篇包括模型的假设、建立和求解、算法的设计和计算机实现、结果的分析和检验、模型的改进等方面的论文（即答卷）。答卷的评定以假设的合理性、建模的创造性、结果的可行性和文字的清晰度为主要标准。

23.“好丽友杯”大学生公益梦想实践大赛

“好丽友杯”大学生公益梦想实践大赛由好丽友食品有限公司、北京师范大学社会发展与公共政策学院社会公益研究中心联合发起，旨在通过征集大学生公益性暑期实践方案、奖励获奖团队的实践活动的形式，来促进社会公益事业发展，鼓励大学生积极投身社会公益。

“好丽友杯”大学生公益梦想实践大赛面向全国范围内在校大学生开展，主要针对大学生暑期社会公益实践活动，凡自愿从事公益实践并在暑假期间付诸行动的大学生团队，均可向大赛组织方提报实践方案，经过方案初选和现场决赛环节后，将有 12 支优秀团队获得优胜奖，每个获奖团队将获得 1 万元的“公益梦想基金”，用于奖励优胜团队的公益实践行动。进入决赛的前 36 支队伍，除获得优胜奖的 12 支队伍外，其他 24 支入围队伍将获得每队 2000 元的现金奖励。

为体现大赛对实践精神的鼓励，决赛获得优胜奖的团队在经过暑期实践后，将参与实践成果汇报会，展示自己的实践成绩，并在汇报会现场评选出最优执行奖和最佳传播奖。获得最优执行奖的团队将额外获得 5000 元奖励，获得最佳传播奖的团队将得到 2000 元的奖励。

24. 全国大学生网络商务创新应用大赛

全国大学生网络商务创新应用大赛是在工信部、教育部的指导与支持下，由中国互联网协会主办的全国性大学生创新创业实践类赛事活动，是“互联网实训促就业工程”的重要推动形式。自 2007 年首届启动以来，每年组织一届。

大赛以各行业企业的真实商业问题作为竞赛项目，要求参赛大学生创新应用主流网络工具平台，提供商业解决方案并且予以实施。大赛组委会邀请企业教官在线辅导、点评学生的实践过程，促进校企间利用互联网平台进行交流，这种模式不仅有效提升了大学生的职业能力，提高大学生的就业和创业能力，对于高校的实践教学也是一个创新。

大赛设置知识竞赛和竞赛项目两大类竞赛内容。知识竞赛内容包括：电子银行应用常识、网络贸易平台应用常识、网络零售平台应用常识、社区网络平台应用常识、创新应用开发常识。竞赛项目包括：网络金融与支付主题赛、网络贸易主题赛、网络零售主题赛、网络营销与策划主题赛、商务模式创新主题赛、创新应用开发主题赛。每届大赛分为初赛、复赛、决赛三个阶段。初赛为学生组队选题、提交策划方案的环节；复赛为学生实施方案的过程；决赛则需要学生面对企业专家和业界专家进行现场陈述。最终综合方案质量、实施成果、陈述水平等综合指标，确定优胜者。优胜选手可以得到参赛企业的实习实践乃至就业机会，并可以得到由中国互联网协会颁发的获奖证书。获胜选手的简历及获奖作品将进入大赛官网的人才简历库，推荐给企业浏览。部分获奖作品还可以被大赛组委会编辑进入《网络商务大赛优秀案例选辑》，印刷出版。

25. 全国大学生电子商务“创新、创意及创业”挑战赛

根据教育部、财政部《关于批准 2010 年度大学生竞赛项目资助的通知》（教高函〔2010〕13 号）文件精神，全国大学生电子商务“创新、创意及创业”挑战赛（以下简称“三创赛”）是激发大学生兴趣与潜能，培养大学生创新意识、创意思维、创业能力以及团队协同实战精神的学科性竞赛。“三创赛”为高等学校落实教育部、财政部《关于实施高等学校本科教学质量与教学改革工程的意见》、开展创新教育和实践教学改革、加强产学研之间联系起到积极的示范作用。

“三创赛”是由中华人民共和国教育部主管，教育部高等学校电子商务类专业教学指导委员会主办，“三创赛”竞赛组织委员会、全国决赛承办单位、分省选拔赛承办单位和参赛学校组织实施的全国性竞赛，竞赛分为校赛、省赛和全国总决赛三级赛事。

参赛对象是国内经教育部批准设立的普通高等学校的在校大学生，参赛学生需经所在学校教务处等机构证明后方可参赛，具备参赛资格。高校教师既可以作为指导老师也可以作为参赛选手（队长或队员）组成师生混合队参赛，教师不能作为队员参加以学生为队长的学生参赛队（但可以作为学生参赛队的指导老师）。

参赛选手每人每年只能参加一个题目的竞赛，一个题目最多 5 个人参加，其中一位为队长，提倡合理分工、学科交叉、优势结合，可以跨校组队，以队长所在学校为该队报名学校。一个在校指导教师最多可以指导三个队竞赛，一个题目最多可以有两名教师和两名企业界导师指导。大赛题目来源可以为国内外企业、行业出题以及学生自拟题目等。大赛提倡不拘一格选题参赛，鼓励创新思维、创意设计和创业实施。所有参赛作品必须为参赛者未公开发表的原创作品，对于继承创新的作品，一定要有显著的内容创新，如涉及侵权参赛队要自行承担相应的责任。

26. 全国大学生英语竞赛

全国大学生英语竞赛（National English Competition for College Students，NECCS）是经教育部有关部门批准，由教育部高等学校大学外语教学指导委员会和高等学校大学外语

教学研究会联合主办，天仁报业集团英语辅导报社、考试与评价杂志社承办的全国性的大学生英语综合能力竞赛。本竞赛是全国性大学英语学科竞赛，旨在配合教育部高等教育教学水平评估工作，贯彻第四次全国教育工作会议精神，落实教育部关于大学英语教学改革和考试改革精神，促进大学各类英语教学改革的实施，全面提高大学生英语综合运用能力，激发广大大学生学习英语的积极性，鼓励大学英语学习成绩优秀的大学生。此项竞赛活动的开展，既可以全面展示各高校大学英语教学水平和教学改革的成果，又有助于学生夯实和扩展英语基础知识和基本技能，全面提高大学生综合运用英语的能力，推动全国大学各类英语教学质量上一个新台阶。

此项赛事自 1999 年创办以来得到了各省大学外语教学研究会和各高校师生的大力支持。竞赛内容主要包括大学英语学习阶段应掌握的英语基础知识和读、听、说、写、译五方面的技能，特别是英语综合运用能力。本竞赛每年举办一次，分初赛、决赛及全国总决赛暨夏令营三个阶段，均在全国统一时间举行。

本竞赛分 A、B、C、D 四个类别，全国各高校的研究生及本科、专科所有年级学生均可自愿报名参赛。A 类适用于研究生参加；B 类适用于英语专业本、专科学生参加；C 类适用于非英语专业本科生参加；D 类适用于体育类和艺术类的本科生、非英语专业高职高专类学生参加。本竞赛面向全国各高校各类学习英语的大学生，提倡“重在参与”的奥林匹克精神，坚持自愿报名参加的原则。

本竞赛 A、B、C、D 四个类别均设四个国家奖励等级：特等奖、一等奖、二等奖、三等奖。二等奖和三等奖通过初赛产生，特等奖和一等奖通过决赛产生，获奖的学生将获得由竞赛主办方颁发的获奖证书，此外，全国竞赛组委会将在初赛期间向每一位参赛学生颁发统一制作的精美参赛证书。获特等奖的学生名单将在全国大学生英语竞赛官方网站（www.chinaneccs.org）上公布。

全国大学生英语竞赛（NECCS）是我国目前规模最大、参与人数最多的全国性大学生英语综合能力竞赛，在我国大学英语教学改革不断发展和大学就业日趋严峻的形势下，该竞赛越来越受到各地各高等院校和广大大学生的重视，其参赛成绩和获奖证书已成为高校教育行政部门和教研部门教师评优、晋升和评职的重要佐证，是学生考研、出国留学、继续深造和优先就业的重要依据。这体现了这项活动的权威性和重要性，为更多学生提供参赛机会，使越来越多的学校和学生获益。

27. 全国大学生结构设计竞赛

全国大学生结构设计竞赛由中国高等教育学会工程教育专业委员会、高等学校土木工程学科专业指导委员会、中国土木工程学会教育工作委员会和教育部科学技术委员会环境与土木水利学部共同主办，各高校轮流承办和社会企业资助协办。大赛是土木工程学科培养大学生创新精神、团队意识和实践能力的最高水平学科竞赛。大赛旨在培养大学生的创新意识与合作精神，提高大学生的创新设计能力、动手实践能力和综合素质，加强高校间的交流与合作。全国大学生结构设计竞赛 2005 年举办第一届，原则上每年举办一次，竞赛时间一般安排在下半年。

竞赛分省（市）分区赛和全国总决赛两个阶段进行。参赛高校应组队参赛，每个参赛队由 3 名学生组成，可指定 1 ~ 2 名指导教师（3 名及以上署名指导组），参赛学生必须属于同一所高校在籍的全日制本科生、专科生，指导教师必须是参赛队所属高校在职教师，指导教师有责任保证参赛成员身份的真实性。全国总决赛一般采用提前公布题目，在同一时间、地点，使用统一材料、工具制作和统一设备测试等方式，也可视命题形式采用其他竞赛方式。省（市）分区赛可根据实际情况，参照全国总决赛方式或采取其他竞赛方式。竞赛过程包括参赛报名、提交方案、开幕式、现场制作模型、陈述答辩、加载测试、专家点评和闭幕式（颁奖仪式）等，参赛队必须参与完成上述全过程，方可取得参赛成绩。竞赛评审包括方案设计与理论分析、模型制作效果、结构创新点、现场陈述与答辩、模型加载测试等环节。

28. 全国计算机仿真大赛

全国计算机仿真大赛由教育部高等教育司、中国自动化学会等单位联合主办。大赛旨在普及计算机仿真知识，提高广大工程技术人员尤其是大学生的工程实践能力和创新意识。全国大学生、从事仿真技术的科研和生产单位以及经营仿真技术、仿真产品的人员均可参赛，是一项全国性、科普性和群众性的科技竞赛活动。

该项大赛始于 2004 年，每两年一届。竞赛内容包括：计算机仿真与仿真技术的基本术语和基本概念；选自工程技术和科学管理的实际问题；运用建模和计算机仿真获得正确的结果。要求文字表述清晰，计算机仿真的可实现和可重复，模型和计算机仿真结果的正确。竞赛由全国统一命题，采用通讯竞赛方式进行。可以个人报名参赛，也可以小组报名参赛，小组参赛人数最多不得超过三人，在报名时确定。每个参赛小组可以有一名指导教师参赛。参赛个人和小组在收到竞赛组织委员会发送的命题后，务必于十五日之内将作品用 E-mail 发回北京大奖赛组委会。参赛人员可使用图书资料、计算机软件，也可在网上浏览，但不得抄袭他人的作品。评审委员会根据答卷评定出一等奖、二等奖、三等奖。

29. 全国大学生化学实验邀请赛

全国大学生化学实验邀请赛由教育部高等学校化学教育研究中心主办，是我国高等化学学科面向本科生进行的最高级别比赛。自 1998 年举办第一届赛事以来，每两年举办一次。

邀请赛旨在检验我国高等学校化学实验教学改革的成果，加强交流，总结经验，推动化学实验教学模式、教学内容、教学方法的改革，探索培养创新型化学人才的思路、途径和方法。赛事的举办对提高我国高校本科化学实验教学总体水平、推进大学化学实验教学改革起到了良好的促进作用。

邀请赛赛事内容由笔试和实验操作两部分组成，笔试部分着重考察选手对化学实验室安全知识、实验基础理论知识和实验规范的了解和掌握程度等。实验操作部分则全面考察选手在实验基本操作、实验安排和设计、实验现象的观察和记录、仪器的使用和数据的采集、分析和解决问题能力等多方面的实验室工作和研究能力。

在参赛选手产生程序上，由参赛学校提供当年该校化学类专业大三学生总人数的 30% 名单，由组委会随机抽出 3 名选手作为该校参赛选手，在赛前 2 周通知参赛学校的选手产生方式，以避免参赛学校为在比赛中获得好成绩而集中少数学生进行过度强化培训的弊端，减少比赛的功利性。选手的比赛总成绩由笔试成绩（30%）和实验操作成绩（70%）两部分形成，邀请赛组委会依据选手的总成绩确定获奖选手名单，各类实验分别排名。

30. 全国大学生化工设计竞赛

随着社会与科技的飞速发展，化工行业对工程技术人才的要求越来越高。而工程技术人才的创新能力集中体现在工程实践活动中创造新的技术成果的能力，包括新产品和新技术的研发、新流程和新装置的设计、新的工厂生产过程操作运行方案，等等。

为了多方面培养大学生的创新思维和工程技能，培养团队协作精神，增强大学生的工程设计与实践能力，实践“卓越工程师教育培养计划”，中国化工学会、中国化工教育协会每年在企业的冠名赞助下举办全国大学生化工设计竞赛。

参赛作品的著作权归该参赛队所有，参赛学校拥有在学校教学中无偿使用参赛作品的权利。如参赛作品的设计内容申请专利，则专利申请人为参赛队所属学校，发明人可为相关参赛队成员及指导教师。

参赛对象和形式：

参赛者为全日制在校本科生。以团队形式参赛，每队 5 人，设队长一人。每位学生只允许参加一个参赛队，鼓励学生多学科组队参赛。

竞赛分为初赛和决赛两个阶段。初赛分为华东、华南、华西、华北、华中、西北、西南和港澳台八个赛区进行，然后在初赛基础上举行全国总决赛。

在初赛阶段，参赛队伍根据竞赛命题和要求，完成方案设计，提交设计作品的电子文档和书面文档。设计工作必须由参赛队员完成，每个参赛队只能提交一份作品。

初赛作品经初赛评审委员会评审，评选出各赛区的获奖作品，并甄选进入全国总决赛的 48 支参赛队。

决赛时参赛队要提交书面文档并进行口头报告和现场答辩，由评审委员会评选获奖队伍。

各参赛队必须在规定时间内提交参赛作品，并在指定的时间和地点参加报告会，缺席者作自动放弃处理。

31. 全国大学生工业设计竞赛

全国大学生工业设计大赛是由教育部高等学校工业设计专业教学指导分委员会主办的全国大学生学科竞技类赛事。大赛贯彻落实《国务院关于大力推进大众创业万众创新若干政策措施的意见》《国务院关于深化高等学校创新创业教育改革的实施意见》等文件精神，秉持党的十九大“推动文化事业和文化产业发展”的方针，深化高等学校教育成果，通过为学生提供展示、比拼、成长的平台，展现青年设计新力量。

大赛秉承以赛促教的理念，扶持、培育优秀的新锐设计人才，选取、孵化优秀的设计项目，充分发挥设计的成果转化作用，以期进一步推动工业设计教育事业发展、激发工业设计教育及产业动力，为提升人民生活品质、满足人民日益增长的文化需求注入力量。

普通高校全日制在校大学生，包括研究生、本科生及高职高专学生均可报名参赛。大赛主要针对工业设计、产品设计及服饰配件设计等相关学科专业的学生。大赛邀请港澳台地区高校在校大学生参与。高等教育自学考试学生、在高等院校正式注册的进修生（如有必要需提供证明）也可报名参加。鼓励不同学科专业学生跨学科、跨专业报名参赛。所有参赛者均须以所在院校为单位，集体报名参赛。

参赛作品应符合大赛主题要求，按照九大类别提交原创设计作品，鼓励协同创新。具体内容包括：工作学习用品、生活用品、家具、电子数码、生活家电、出行用具、服饰配件、公共设计、交互与服务设计等。大赛设各省分赛区及全国总赛区，全国总赛区设中国设计新锐奖，金、银、铜奖和入围奖，优秀指导教师奖，最佳组织奖，最佳人气奖及全场大奖等。为大力推进大众创业、万众创新，大赛将同时举办全国大学生工业设计大赛优秀作品产业化路演、中国新锐设计师创业孵化、知识产权保护与优秀设计成果拍卖活动及全国工业设计专业大学生就业对接会等配套活动。

2.3.3　大学生竞赛项目指导

事实表明，参加过各类创新创业项目的大学生都得到了进步和提高，具体表现在以下几个方面：

一是有益于基础理论学习。在参加各种创新创业项目的过程中，学生赛手们都或多或少地运用了所学知识，特别是一些基础课的知识。在参加活动的过程中，同学们能够发现基础理论知识的不足，从而更加端正学习态度，加强基础理论学习，为学业完成和未来创新实践打好坚实的基础。

二是有益于创新能力与实践能力的提高。参加创新创业项目的作品，一定要有独到之处，要有创新之点，还要处理现实问题或进行实验制作。既迫使大学生在继承的基础上创新，又强调实际动手制作能力。

三是有益于综合素质的提高。创新创业项目，不仅要比知识、比能力，也要比心理素质。有的同学往往平时表现优异，实力雄厚，然而在竞赛关键时刻，一遇困难便丧失信心，自暴自弃，功亏一篑，近在咫尺的胜利奖杯被别人获取。参加竞赛活动，有益于大学生综合素质的提高，对其今后进入社会也是有好处的。

四是有益于全局观念、整体意识和协调能力的提高。在创新创业项目中，参赛的大学生要以集体荣誉为重，关键时刻先想到团队、想到集体，一切以整体为先，在互相配合、互相沟通、互相帮助、取长补短中，不仅确保了集体的成功，也有益于大学生全局观念、整体意识和协调能力的提高。

对于参加创新创业项目的大学生，有三个共性的问题应引起注意：一是要重视创新思维能力的培养；二是要重视创新团队的组建；三是要重视信息采集能力的提高。

1. 组建优秀的团队

一个优秀的创新创业团队，应当具有如下特点：

（1）团结向上。随着当代科技与知识体系的不断发展，现代社会越来越走向分工、合作，靠个人“单打独斗”在很多领域已经不可行了。因此，寻找合作者成为创造成功的关键一环。合作者个人的知识构成与能力是合作成功的基础，但关键还在于这个集体是否具有团结向上的战斗力。即使客观上有能力，主观上没有能动性也是不可能产生积极的客观效果的。团结向上的集体才是有战斗力的，为了搞好协作，让参赛的团队在比赛中有一个好的精神状态，必须从组建团队时就认真做起。

（2）能力互补。参赛队伍的组建是一个具有科学性和艺术性的工作。能否选拔出真正高水平、高素质的队员是一个科学性的问题；而艺术性则体现在如何取舍几个水平素质相当的人员及整个团队在人员上的搭配。所以在组建参赛队伍时，首先要考虑到队员的专业结构、知识结构、能力结构、个性结构、年龄结构甚至是性别结构是否互补。其次，队员的组合在情感上应是相容的，思想上应是和谐的。因为群体创造力的大小不是群体中每个个体能力的简单相加，如果组合恰当，群体中会有互补与智力激励，造成互相的碰撞与合作，这种力量绝对是个人无法比拟的。

（3）心态和谐。当参赛队伍组建完成后，首先要对整个队伍进行精神教育与状态意识调整。因为此时的队伍只是有潜力成为一个优秀的团队，还只是一个个松散、单独的优秀个人，离成功还有很大的距离。首先，要让队员明白自己是最好的（因为他们已接受了层层选拔），已经得到了集体的欣赏和支持；其次，要对自己选中的课题充满信心，全身心地投入去把它做好；最后，要明确这个课题是由这个团队来做，不存在所谓的主角与配角（尽管每个人的工作分工不同），每个人都不应该轻视他人的工作。

（4）集思广益。除了以上所述的几个方面，在大赛前还可以尝试一些具体的做法，来培养团队的集体创造性及协作意识。专门的技术问题主要由专门的人员来解决，但专业人员往往会受到固定的专业思维束缚，这时可以把整个团队召集起来共同出谋划策。在团队中，如果多给大家一些在一起商讨的机会，就会有更多的更富有建设性的想法，团队中的每一位成员也更能体会到自己在团队中的意义。

2. 提高信息采集能力

信息采集是科技创作活动的基础，是科技创作主体主观意向的凭借和依托。采集的方法有观察、实验、调查、检索四种。由于具体的科技创作活动不同，采集信息的方法也各不相同，可以只采用其中一种方法，也可以几种方法合用，并不要求每次科技活动四种方法非得全用不可。这里仅就调查、检索两种方法作简要介绍。

（1）调查。调查是通过听取当事人和知情者的情况反映来采集信息的方法。调查的方法包括：① 在指定范围内对全部对象进行普遍调查；② 在指定范围内对有代表性的典型对象进行典型调查；③ 在指定范围内抽取部分样本对对象进行抽样调查。普遍调查所得信息全面，接近真实，但费时耗资，有时并不必要。典型调查工作量小，但难以获得全面信息。调查的方法有个别访问（通过对个人的访问谈话获得信息）、开调查会（召集若干调查对象开会，围绕一个中心展开讨论，获取信息）、问卷调查（设计一定格式的问卷，提出若干问题，让调查对象填答）。要搞好问卷调查，关键在于问卷的设计。问卷应简明扼要，诸种答案都是调查对象中可能产生的答案，并一一罗列清楚。

（2）检索。检索就是查找、寻检并索取文献资料。这是采集间接信息的主要途径。运用检索方法采集资料，要力争用较少的时间检索到较多适用的材料，即“快、多、准”。从检索过程来看，分为以下六个步骤：

第一步，分析研究课题。通过对研究课题的分析，了解该课题要完成的任务，确定课题对检索资料的要求和范围，是全部检索还是局部检索，在什么时间范围、地域范围和学科范围内检索。

第二步，选择检索工具。检索工具种类很多，按著录内容分有目录、索引和文摘。

第三步，确定检索途径。人工检索中常见的检索途径是书名途径、著者途径、序号途径、分类途径等。

第四步，选择检索方法。通常使用的检索方法有三种：直接查找法、追溯法、循环法。

第五步，查找文献线索。查找时的关键问题是要熟悉各种检索工具的著录内容和格式。

第六步，索取原始文献。根据查找到的文献线索，到各单位图书馆、资料室查阅、借阅或复印。

以上是关于收集和整理信息的内容，在实际应用过程中，要尽力按照指导教师对参赛团队的要求搜集信息，由专人统一安排收集并整理信息，以高效完成该阶段任务。

第3章

科技创新论文写作

3.1 科技论文概述

3.1.1 科技论文的概念和特点

科技论文是记载原始科研结果而写成的科学记录。在写作内容上必须遵循一定的规范，在写作形式上必须符合一定的格式，且其内容上要有创新性，并符合科学性、真实性的要求。科技论文是学术论文中的一类，是自然科学学术论文的总称。

科技论文有以下几个鲜明的特点。

1. 创新性

创新性是科技论文的灵魂和价值的根本所在，是衡量论文学术水平的重要标志。所谓创新，就是做出或突破了前人没有做出或突破的发明或创造，在理论、方法或实践上获得新的进展或突破，体现出与前人不同的新成果（新理论、新方法、新技术、新产品等），而且必须是作者团队研究的结果，其理论水平、实践成果和学术见解达到某区域、某时段的最高水平。一篇论文如果在其研究领域内提出了新观点、新理论或新方法，有独到的见解，或理论上有发展，或方法上有突破，那么就是创新性论文。

创新性要求论文所揭示的事物本质、属性、特点及其运动所遵循的规律或规律的运用是前所未有、首创或部分首创的，是有所发现、发明、创造和前进的，而不是对前人工作的复述、模仿或解释，不同程度的创新对应于人类对客观对象掌握的相应知识或具有的认知水平。原创（首创）属于创新程度最高的，对某一点有发展属于一定程度的创新，而重复或基本重复他人工作就不是创新。实际中有很多课题是通过引进、消化、移植国内外已有的先进科技、理论来解决本地区、行业、系统的实际问题的，只要对丰富理论、促进生产发展、推动科技进步等有积极的效果，报道这类成果的论文也应视为有一定程度的创新。

2. 学术性

学术性也称为理论性，是科技论文的主要特征，即科技论文具有学术价值。科技论文在总体（中心）研究目标支配下，在科学实验（或试验）的前提下阐述学术见解和学术成果，揭示事物发展、变化的客观规律，探索科技领域的客观真理，推动科学技术的发展。有无学术性及学术性是否强，是衡量科技论文有无价值和价值大小的标准。

学术不是一般的认识和议论，而是思维反复活动和深化的结果，是系统化、专门化的学问，是具有较为深厚实践基础和一定理论体系的知识。学术性就是有无学术及学术水准怎样，是一个有层级的概念，至少包括两方面含义：① 从一定理论高度分析和总结由实验、观测或其他方式所得到的结果，形成一定的科学见解，提出并解决某一或某些具有科学价值的问题；② 用事实和理论对自己所提出的科学见解或问题进行符合逻辑的论证、分析或说明，将实践上升为理论。

学术的本质在于创新，有创新，才能有学术，一篇论文有学术就是学术论文。这里有一个创新的时间问题，首发时（如今年）是创新，过后（如几年后）就未必是创新了。一篇论文发表时是学术论文，过后就未必是了；发表时不是学术论文，也许后来被发现有学术价值，也是可能出现的极端情况。可见，论文的学术性具有鲜明的时间属性，看一篇论文是否具有学术，不仅看其内容，还要考虑时间要素。

3. 科学性

科学性是科学技术的重要属性，必然也是科技论文的基本要求。对于科技论文而言，科学性表现为：内容客观、真实、准确，没有弄虚作假，能经得起他人的重复和实践检验；论点鲜明、论据充分、论证严谨，能反映出作者的科学思维过程和所取得的科研成果；以精确可靠的数据资料为论据，经过严密的逻辑推理进行论证，理论、观点清楚明白，有说服力，经得起推敲和验证。作者应尽可能基于实验数据、相关文献和现有知识，以最充分、确凿有力的论据作为立论依据，不带个人偏见，不主观臆造，从客观实际出发，得出结论。

科技论文无论所涉及的专题大小如何，都应有自己的前提或假说、论证素材和推断结论；通过推理、分析提升到理论（学术）的高度，不要出现无中生有的数据和经不起推敲的结论，而要巧妙、科学地揭示论点和论据之间的内在逻辑关系，达到论据充分、论证有力。

科技论文的内容是科学研究的基础，既是前提又是结果，其科学性是客观存在的自然现象及其规律的反映，是人们进行生产劳动、科学实验的依据。科技论文的形式是其内容的结构呈现，其科学性体现在结构清晰、行文严谨，符合思维规律，逻辑通顺严密，格式较为规范等方面。科技论文的过程是其形成的整个过程，其科学性是作者在研究和写作中要有的科学态度和科学精神。

4. 规范性

规范性是科技写作不同于文学创作或人文写作的一个重要特点，是科技论文的标准化特性和结构特点。科技论文要求脉络清晰、结构严谨、前提完备、演算正确、符号规范、语言通顺、图表清晰、推断合理、前后呼应、自成系统，这些都属于规范性，这一特点决定了论文的行文要简洁平易，即用准确的专业术语或通俗易懂的语言表述科学道理，做到语句通顺，表达准确、鲜明、协调，语言自然而优美，内容深刻而完备。

科技论文写作是为了交流、传播和储存新的科技信息，最终让他人方便地使用这些信息。因此论文必须按一定的体例格式撰写，具有较好的可理解性和可读性。在文字表达上，语言准确、简明、通顺，层次分明、条理清楚，论述严谨、推理恰当；在技术表达上，正确使用名词术语、量和单位，正确表达数字、符号和式子，科学设计插图、表格，规范引用（标注和著录）参考文献。论文的不规范会影响其可理解性和可读性，最终将降低发表价值，甚至使读者对其真实性和可靠性产生怀疑和厌烦情绪。

5. 法规性

科技论文发表是给别人看的，具有广泛的宣传性、指引性，因此就不能无约束、无纪律地任意写作。它要以遵纪守法、不损害国家和民族利益为前提，这就是其法规性，表现在政治性、法律性和保密性等几个方面。

科学研究是为了探索真理，揭示事物存在、发展的客观规律，其成果是对整个人类的贡献，本身没有保密问题。但不同国家有各自的利益，为维护国家安全和利益，科技论文须保守国家机密，遵守有关法律法规（如《中华人民共和国保守国家秘密法》《科学技术保密规定》）。有的内容在一定时间和范围内施行保密，有些项目虽不在保密范围内，但受专利法保护。科技论文中不能引用秘密资料和内部文件，不能发表尚未公布的国家和地区计划。引用全国性的统计数字应以国家政府和权威部门正式公布的为准。未经公布的国家特有资源和尚未公开的工艺、秘方，国外还没有的新发明、重大科技成果和关键技术，各项专利，与国防和国家安全有关或涉及国家重大经济利益的项目，以及医疗秘方、疫情、发病率、死亡率等，都属于保密范围，应谨慎对待，妥善处理。

6. 伦理性

科技论文的伦理（道德）问题近年来有增多的趋势，对这个问题的关注也越来越多，在各种相关会议、场合一般不会缺少这方面的报告、讨论，有些期刊的领导或编辑还专门发文讲述或探讨这个问题。作者的首要责任是确保准确表述研究成果并客观讨论结果的意义，不得抄袭剽窃和一稿多投，作者应告诉编辑和读者因结果发表而带来可能的潜在利益竞争，应清楚地标注研究成果的基金资助来源，论文全部作者对研究结果负有责任。

3.1.2　科技论文的分类

科技论文是科学技术研究成果的书面表达形式，是科学技术的真实描述和客观存在的自然现象及其规律的反映，具有科学性、学术性和创新性。为了解各种科技论文的写作特点和写作方法，现对科技论文的种类加以介绍。根据论文写作目的的不同，可以将科技论文分为研究报告和学位论文两大类。

1. 研究报告

研究报告是科技论文中最常见的一类，是指各学科领域中专业人员或非专业人员科研成果的文字记载。这类论文刊载在专门的学术刊物上，有针对性地阐明问题，总结前人科学研究成果，提出个人的创新见解。这类论文一般要求写得简练、概括，突出对有创见性的观点的论述，对研究过程可简略或不做描述。

按照研究报告的写作目的及其内容特征来看，研究报告可以细分为以下几种。

1）原创型论文

科学研究有的以具体客观事物为研究对象，探究其本质、特征、机理及存在方式等，进而获得研究的新成果，增补、完善或丰富现有的科学理论或技术，对应的论文即是原创型论文。

原创型论文对某一领域、学科或某项工作等的具体问题予以完整阐述、发表议论，或进行科学实验（试验），分析、论证，提出新成果（如新发现、新观点、新理论，新实验、新技术、新方法、新方案等）。原创型论文包括理论型论文、实验型论文、实践型论文和应用型论文。

（1）理论型论文

理论做名词，是指人们由实践概括出来的关于自然界、社会的知识的有系统的结论；做动词，是指辩论是非、争论或讲理。理论型论文中的“理论”是动词，就是主要通过辩论是非、争论或讲理的方式来获得研究成果。这类论文一般以某学科范畴中某课题或论题的纯粹抽象理论问题为研究对象（内容），基于对相关成果的严密理论推导和分析，概括和总结已有理论，探讨客观对象内在规律，提出正面思想、主张、观点和见解，建构新理论。

理论型论文写作要求：追溯理论发展过程，提炼理论框架，分析已有理论，比较各种理论优劣；考查一个理论的内部与外部的一致性，理论本身是否自相矛盾，及理论与实验观察结果是否矛盾；通常需要建立数学模型或给出计算方法。

理论型论文可按具体的研究方式分为分析型论文、论证型论文、推导型论文、计算型论文等。

（2）实验型论文

实验做名词，是指实验的工作；做动词，是指为了检验某种科学理论或假设（假说）而进行某种操作或从事某种活动。实验型论文中的“实验”是动词，主要是为检验某一科学理论或假说，或为发明创造，或为解决实际问题，有计划、目的地进行科学实验，再辅以调查与考察、文献检阅与分析、模拟与想象等环节，如实记述实验材料与方法，严格记录实验过程，准确呈现实验结果（系统的观测现象、实验数据或效果效能等），并给予分析、讨论、归纳、总结，得出创新性结果、结论。准确齐备的实验结果及其他参考资料往往是成功撰写实验型论文的依据与基础。

科学实验是依据一定的研究目的，运用一定的设备，在人工控制下，有意变更、控制或模拟研究对象，使目标事物或过程发生或再现，进而观察、研究所得客观现象、性质及其规律的社会实践形式。它同科学观察一样，是搜集科学事实、获得感性材料的基本方法，也是检验科学假说、形成科学理论的实践基础。

根据实验手段是否直接作用于被研究对象（原型），实验分为直接实验、间接实验和模型实验等。直接实验是实验手段直接作用于原型；间接实验是实验手段间接作用于原型；模型实验是根据相似性原理，用模型来代替原型，实验手段直接作用于模型而非原型。模型不限于与原型有相同物理属性的物理模型，还可以有数学、控制等模型。数学模型建立在模型和原型的数学形式相似的基础上，控制模型建立在控制功能相似的基础上。

原型虽是实物，但毕竟是拿来充当真实的客观对象的，因此实验在本质上是一种对真实客观对象的模拟。用实物条件来模拟就是传统意义上的实验，而用计算机、软件等非实物条件来模拟则是仿真实验（严格意义上应称为计算机仿真实验），前者用实物做实验，后者用计算机代替实物做实验，不加区分时，二者均可归为实验范畴。

仿真实验必须依赖仿真模型。仿真模型是给仿真对象所建的相似物或其结构形式，包括用于物理仿真的物理模型（简称模型）、用于计算处理的数学模型和用于计算机处理的计算机仿真模型。物理模型虽然是仿真模型的一种，但并非所有对象都适合建立物理模型。例如，对飞行器地面动力学特性进行研究，不适于物理仿真，而适于用计算机仿真，因此需要先建立对象的数学模型，再转换成计算机仿真模型，这样才能编写计算机程序上机运行。数学模型和计算机仿真模型均是近似模型，前者是一次近似模型，后者则是二次近似模型。

实验型论文的写作要求：以科学实验为前提，包括实验的设计、实施、研究（实验是创立理论的基础和先导，是发现和检验真理的依据）；介绍实验目的，说明实验的材料、方法和过程，展现实验的结果（纪实性），对结果进行分析、讨论，归纳、总结科学规律；对根据已知和可靠的科学事实进行推导、猜测而提出的新假说（创见性）进行验证，保证其科学性（确证性）。实验型论文不同于一般的实验报告，其写作重点应放在研究上，追求的是可靠的理论依据、先进的实验方案、创新的实验方法、适用的测试手段、准确的数据处理、严密的分析论证及可信的结果与结论，而不是实验材料的罗列叠加和实验过程的流水明细。

实验型论文按具体的研究方式还可以分为发现型论文、验证型论文等。

（3）实践型论文

实践型论文的核心是实验，但并非所有科学研究都通过实验来完成，有的实验永远不能做或永远不具备条件做。比如，如果对活人的脑内部结构及其运行机制进行研究，那么恐怕找不到样本，活人谁愿意充当这个角色！即使有人不怕死，甘愿充当这个角色，那么当其脑被进行解剖操作时，他已死亡或接近死亡，这种情况下的“死”人脑的状态不是正常活人脑的状态，那原定的研究目标如何实现呢？有的客观对象，只要对其接近、测量或操作，其状态就会发生偏移，因此其真实的状态不能用传统的实验方法来研究。

实验虽是人类科学实践的一种重要方法，但除了实验还有可以超过实验的别的实践形式。这里为了与实验相区别，将“实验”从“实践活动”分离出来，把除了实验之外的其他实践活动形式称为“实践”，把以“实践”所得作为写作内容并采取相应写作方式的论文称为实践型论文。实践型论文与实验型论文除了材料来源不同及对材料的研究方式可能不同外，其他方面的写作内容基本相同。

实践型论文的写作要求：提出研究目的；说明材料来源；阐述材料处理、研究方法；分析、讨论材料，归纳、总结规律；提出新的观点、认识、见解、主张或建议；补充、完善现有科学技术的认知和实践水平。

实践型论文按具体研究方式可分为发现型论文、报告型论文、社科型论文等。

（4）应用型论文

应用型论文是将已有研究成果（包括别人或作者自己）应用于研发新事物或解决实际问题，包括对象设计、软件开发、技术研究、系统集成、算法改进、工艺完善、技术改良、产品研制、材料发展、模拟仿真等，多由从事应用型研究（如设计、开发）的科技人员来撰写。

应用型论文的写作要求：内容有新意或创意；计算结果准确合理；模型建立和参数选择合理；编制的程序能正常运行；研制的产品经过实验、生产和使用证实；调制、配制的物质或材料经过使用考核；最好有案例支持或实际应用。

2）综述型论文

综述型论文是将已发表的文献资料作为原始素材（研究对象）进行回顾研究而撰写的论文。“综”是对所写专题相关的现有大量素材进行归纳整理、综合分析，使材料更加精练、明确，更有层次、逻辑性；“述”是评述，是对“综”的结果做较为全面、深入、系统的论述和评价，提出在特定时期内某领域或某研究点的演变规律和发展趋势；“综”加“述”就是对某一专题、领域的历史背景、前人工作、争论焦点、研究现状与发展前景等，从作者自己的视角或观点做严谨而系统的评论。

综述有几个显著特点：对某领域或某研究点的研究历史、现状、进展及未来趋势（内容）进行综合、可靠的分析和详细、系统的阐述（过程），得出结构性、趋势性、前瞻性、指导性的结果和结论；资料充分翔实，总结系统全面；结论或观点明确，指出存在的问题和未来发展的方向；篇幅长，参考文献较多；有高屋建瓴和权威性的观点，多由领域、行业领军人物或权威专家撰写。

按文献资料范围划分，综述分为大综述、小综述，前者是对整个相关领域的代表性文献资料进行总结，后者是对与作者自己研究课题（某研究点）直接相关的文献资料进行总结。根据搜集的原始文献资料的数量、提炼加工程度、写作组织形式及学术水平高低，可将综述分为以下三类：

（1）归纳型综述

归纳型综述又叫资料整理型综述，是将搜集到的文献资料进行整理归纳，按一定的顺序分类排列，使其互相关联、前后连贯，具有一定的条理性、系统性和逻辑性。它在一定程度上反映出某一专题、领域的研究现状与进展，但较难有作者自己的见解和观点。

（2）普通型综述

普通型综述是由具有一定学术水平的作者，在搜集较多文献资料的基础上撰写，系统性和逻辑性比较强，能表达出作者自己的观点或倾向性。它对从事某专题、某领域工作的读者有一定的指导意义和参考价值。写法上以汇集文献资料为主，辅以注释，客观而少评述。

（3）评论型综述

评论型综述又称综合研究型综述，是由某领域具有较高学术造诣的作者搜集大量文献资料，并加以归纳整理、综合分析、讨论议论而撰写，反映当前该领域的研究进展和发展前景。它逻辑性强，有较多作者自己的见解和评论，对同行研究工作有普遍的指导意义。写法上着重评述，通过回顾、观察、分析、归纳、总结和展望提出合乎逻辑的具有启迪和指导性的看法、结论或建议。

综述型论文的写作要求：资料全而新；有足够的代表性（时间、内容），作者立足点高、眼光远；问题综合恰当、分析在理；意见、建议中肯；引文多；篇幅长。

2. 学位论文

目前，我国学位分为学士、硕士、博士三级，根据 2004 年 8 月公布的《中华人民共和国学位条例》，国家对学士、硕士、博士的学位论文做了明确的要求。

学位论文是大学生、研究生毕业时，或申请学位的同等学力人员必须撰写的作业，所以也叫毕业论文，包括学士论文、硕士论文、博士论文等。学位论文是考核毕业生能否授予学位的重要方面。学位申请者必须通过规定的课程考试和论文审查、答辩，合格后才能授予学位。

1）学士论文

《中华人民共和国学位条例》第四条规定，大学本科毕业生只要较好地掌握了本学科的基本理论、基本知识和基本技能，具有一定的从事科学研究的能力，就可以通过毕业论文答辩，取得学士学位。这就是说，学士论文侧重于考查学生运用所学知识解决某些问题的基本能力。学士论文是在限定时间内（一般为半年左右），在教师指导下进行的首次科学研究的实践总结。因而，它的选题范围一般较小，篇幅一般在1万字左右，内容不太复杂，要求有一定的创见性，能够较好地分析和解决学科领域中不太复杂的问题。写好一篇学士论文，必须有一个较为深入细致的研究过程。一般说来，作者应基本上了解本学科学术研究的信息，至少应阅读与选题有关的一定数量的参考文献，不能是别人研究成果的简单归纳，至少应该在论点和论据上有一些自己的见解。学士论文是进行科学的首次尝试，既不是高不可攀，也不是轻而易举的。在很大程度上，它是作者才华的第一次表现，所以更须认真对待。

2）硕士论文

硕士论文是攻读硕士学位研究生的毕业论文，其学术水平比学士论文要高。它必须能够反映出作者所掌握知识的深度，有作者自己的较新见解。《中华人民共和国学位条例》第五条规定，高等院校和科学研究机构的研究生，或具有研究生毕业同等学力的人员，只有在本学科上掌握坚实的基础理论和比较系统的专门知识，具有从事科研工作和专门技术工作的独立能力者才能过论文答辩，取得硕士学位。这就是说，硕士论文强调作者在学术问题上应有自己的较新见解和独创性。与学士论文相比，应该说对硕士论文的要求有很大的提高。《中华人民共和国学位条例》中明确规定："硕士学位论文对所研究的课题应当有新的见解，表明作者具有从事科学研究工作或独立承担专门技术工作的能力。"

3）博士论文

博士论文是在攻读博士学位阶段为申请博士学位准备的论文，是非常重要的科研成果的文字描述。它要求作者必须在某一学科领域中有坚实而深广的知识基础，必须有独创性的成果；它应有较高的学术水平和学术价值，能够对别人进行同类性质问题的研究和其他问题的探讨有明显的启发性、引导性，在某一学科领域中起先导、开拓的作用。在学位论文中能反映出有所发现、有所发明，并在研究中做出创造性的成果。

博士论文应该是一篇内容完整、论述严密的高水平科研报告。它的突出之处是研究成果的创新性。在理论上或实践上能够超越前人提出的见解，或者纠正别人的不妥之处，对人们认识世界、改造世界具有指导意义，就当认定为博士论文。

根据《中华人民共和国学位条例暂行实施办法》的规定，学士学位由国务院授权的高等学校授予；硕士学位、博士学位由国务院授权的高等学校和科学研究机构授予。

关于学位论文的基本要求，除上述要求外，各个学校和科研院所也制定了自己的办法或条例，供执行参考。例如，有的学校规定，硕士学位论文工作一般应占研究生全部学习时间的 1/2，论文所研究的课题应当有新的见解，其研究成果（学术论点和实验方法等）有一定的学术理论意义和应用价值，能反映作者在本学科上掌握了坚实的基础理论和系统的专业知识，具有从事科学研究工作或独立承担专门技术工作的能力等。

3.2 科技论文写作

3.2.1 标题

标题又称题目，其含义为论文的"首行"、统率全文的开端、行列的为首者，每篇论文首先映入读者眼帘的总是标题。从文摘、索引或题录等情报资料中，最先找到的也是论文的标题。好的标题能使读者透过标题而窥视论文的全貌，从而引人入胜地激发读者的注意和兴趣，进而阅读全文。

1. 标题的拟定

（1）用词切题，题有创意。标题是反映研究范围和深度的最鲜明、最精炼的概括，也是最恰当、最简明的逻辑组合。标题要能直接体现文章的宗旨，必须与内容相吻合，要把研究的目的或所研究的某些主要因素之间的关系用含义确切、实事求是的文字恰当生动地表达出来。

（2）文字精练，含义确切。论文的标题要文字简练，含义确切；要确切生动地把全篇文章的内容、研究的主要目的或者研究的某些因素之间的关系表达出来。措辞既不可太贫乏，又不可太琐碎，必须容易引起读者的注意或重视，但又不可夸张或引起误解。

（3）层次分明，体例规范。论文的标题可由多个部分组成：一是总标题，它是标明论文中心内容的句子，一般来说，论文的标题可作为论点；二是副标题，即进一步对总标题的内容加以说明或补充，一般在总标题不能完全表达论文主题时采用，以补充论文下层内容，主副标题用破折号来区分。

2. 标题的内容表达

题名内容表达是指题名所述内容准确恰当，与正文内容紧密匹配，具有以下原则：

（1）题文相扣。题名要准确表达论文的内容和主题，恰当反映研究的范围和深度，与论文内容要互相匹配、扣紧，即题要扣文、文要扣题，这是题名表达的基本规则。实际中常常出现题不扣文的笼统题名，大多数是由于缺少必要的限定语或者题名太短所致。

（2）概念准确。题名中会涉及一些概念，要充分注意并恰当运用概念的外延和内涵，避免写出不恰当的题名。外延是指一个概念所反映的每一对象，内涵则是指对每个概念对象特有属性的反映。为使题名含义准确，应避免使用非定量、含义不明确的词，并力求用词具有专指性。

（3）术语使用。题名用词十分重要，直接关系到读者对论文的取舍态度。要尽量使用通用术语来表达有关概念，以加强概念表达的专业性、准确性、简洁性，及写作的严谨性、细致性、学术性。

3. 标题的语言表达

题名的语言表达是指题名的用语和组织符合语法、逻辑、修辞等方面的规则及结构要求，尽量给读者以清晰和美感，具有以下原则：

（1）简短精练。题名应确切、具体地反映研究的主要内容或对象，但也不能因一味追求形式上的简短而影响题名对论文内容的准确反映，为表达需要而适当增加字数是可以的。

（2）结构合理。题名犹如标签，习惯上多为以名词或名词性词组为中心的偏正结构。题名主要应起标示作用，因此一般不用陈述句做题名，且忌用冗长的主谓宾结构的完整语句来描述有关内容。

（3）索引方便。目前多数索引和摘要服务系统采用关键词系统，因此题名中宜多用论文的主要关键词，所用词语应符合编制题录、索引和检索的有关原则，有助于选定关键词，容易被理解和检索，尽量不要出现式子、上下标、特殊符号、生僻字词、不常用术语、非公知公用缩略语等不方便查询的语言要素。

（4）语序正确。题名的语序必须正确，语序不当会造成表意混乱，令人费解。

3.2.2　署名

署名是有关作者姓名、单位、联系方式等方面的信息，主要包括作者姓名、单位，通常涉及通信作者，具有记录作者劳动成果、表明文责自负、帮助文献检索和科技评价系统统计分析，及便于读者与作者联系等功能。

署名分为单作者和多作者两种情形，多作者按署名顺序列为第一作者、第二作者……对于多作者情形，需要把对研究工作与论文撰写实际贡献最大的列为第一作者，贡献次之的列为第二作者，以此类推，所有作者的姓名均应依次列出，并置于题名下方。作者的姓名列出后，还要列出其单位。因不同作者的单位不一定相同，有的作者还可能有几个单位，因此署名会有不同的格式。

（1）只有一位作者时，在题名下方列出作者姓名，再另起一行或在姓名后列出单位。

（2）作者单位相同时，在题名下方依次列出作者的姓名（通信作者的右上角还要加上标识“*”，然后另起一行或在姓名后列出单位。作者姓名间是否加标点、加什么标点，及其他有关表达细节，取决于具体期刊的要求。

（3）作者单位不同时，所有作者依次并列书写，并在各作者姓名的右上角加上序号（若是通信作者，右上角还要加上标识“*”；各单位在题名下方或姓名后依次并列书写，并在各单位的前面加上与作者序号相对应的序号，序号后面是否加小圆点取决于具体期刊的要求。一位作者有几个单位时，在其姓名的右上角标注多个序号，序号间用逗号分隔。（序号用数字或字母均可，可与单位名称平排，也可为上标形式。）

3.2.3 摘要

摘要又称文摘、概要或内容提要，是以提供文献内容梗概为目的，不加评论和补充解释，简明、确切地记述文献重要内容的短文。它是论文主体的浓缩，能充分反映研究的主要内容及创新点，通过它不阅读全文就能够获得必要的信息，判断论文的价值取向。它往往也是论文中继题名之后最先呈现的部分（读者对论文的第一印象），是否具有吸引力通常成为读者是否愿意下载进而阅读全文的重要依据。

摘要的各项内容是按一定的逻辑顺序来组织排列的。一般来讲，摘要由开头的问题陈述、中间的研究内容和结尾的创新点组成，而中间的研究内容包括研究的方法、过程、结果、结论。较为完整的摘要大体上是这样的结构：

（1）问题陈述。简明扼要地指出当前相关研究的不足，引出问题，交代研究的目的（原因）和范围，有时还可指出或略示研究的特点、结果、意义，还可简单提及所用的方法。

（2）方法和过程描述。对实验型论文，侧重叙述用什么方法经过什么过程来进行研究，涉及方案、方法、技术、原理、程序、操作、步骤及数据、计算精度等；而对非实验型论文，侧重描述写作所参考的文献资料的来源及对文献资料的处理方法。

（3）结果和结论描述。展现或陈述获得的研究结果及通过对结果进行分析、讨论和综合而得到的结论，明确指出所提问题是否得到解决或改进，或研究目标是否实现。注意区分事实和推测，有多个发现时，应首先考虑新的和经过验证的事件、与以前理论不相符或与实际问题相关的发现。

（4）创新点描述。从论文或作者的角度用一句话点明本文的最高价值。

因学科特点及对摘要各部分凸显程度的不同，以上内容要素在摘要里的权重或详略程度会有所不同。

3.2.4　关键词

关键词是为了满足文献标引、检索及国际联机检索的需要，从论文中选出来的能反映论文主题概念的一组主题词。形式上，常位于论文的摘要之后，若干词或词组依次排列；内容上，从论文主体（题名、引言、正文）和摘要中选出。论文中标注关键词，有助于论文在发表后被文献检索系统收录及读者对论文有效查询（查全、查准）。标注关键词还要保证质量，与论文主题概念密切相关，关键词选用恰当与否直接影响论文检索结果的好坏及成果利用率的高低，对期刊被引频次和影响因子的提高也有正面意义。

选用关键词时，作者应对论文进行主题分析，弄清论文的主题概念和中心内容，尽可能从论文的题名、摘要、引言和正文重要段落或语句中选出与主题概念一致的词或词组，并按内容重要程度、层次高低深浅、思维逻辑顺序等大体排序。

3.2.5　引言

引言的内容有较大的伸缩性，但基本差不多，如研究领域（范围、主题）、文献回顾、存在的问题，本文的研究目的、研究内容（目标）、价值意义（创新点）和写作安排等，并基本上按这一顺序来形成引言的结构。

引言写作的总体要求：内容全面，逐次展开；开门见山，不绕圈子；言简意赅，突出重点；尊重科学，实事求是。引言写作的具体要求有以下几个方面：

（1）把握总体要求。规划引言写作大纲，周密计划，合理安排，认真写作，按内容、结构要求逐次展开，不偏离主题和题目，不注释和重复摘要，不涉及分析和讨论结果或者数据，不给出评价结论，不铺垫太多而后进入主题。

（2）引言考虑领域知识适用的读者层次。对研究型论文，读者往往是领域的研究者、专家、学者，专业层次较高，一般具备较为广泛的专业基础知识，因此引言中通常不用写一般知识，如果有必要写，则用相当简短、概括和明了的语言（叙述性语言、非描述性语言）直接陈述。

（3）写清楚研究背景。较为全面而简练地陈述研究背景，清楚讲述所探讨问题的本质和范围，避免内容过于分散、琐碎，使主题不集中，但重要内容的陈述也不宜过于简略，使人感觉突兀。陈述作者已有的相关工作时，重在交代本文写作的基础和动机，不要写成总结，不必强调过去工作的成就。

（4）充分回顾文献。对相关文献进行充分综述，把领域研究现状概括总结出来，需要引用充足、有代表性的经典和最新文献，优先引用重要和说服力强的文献，不要刻意回避对一些相关文献甚至是对本文具有某种重要启示性意义的相关文献的引用，也不要引用一些不相关的文献或过多引用作者本人的文献。

（5）正确引用文献。引用的结果必须正确，引用的数据必须准确，不能与原文有出入，避免片面摘录部分结果而不反映总体结果，引用文献中的语句不要完全照搬。

（6）善于发现问题。在文献回顾中努力发现已有研究的局限性，总结存在的问题，阐明本文的创新点，进而达到整个引言的高潮。阐述局限性时，要客观公正，不要把抬高作者自己的研究价值建立在贬低别人的工作之上。阐述创新点时，要紧密围绕过去研究的不足，完整清晰地表述本文的解决方法。

（7）正确使用名词。使用规范的名词（名称、术语和缩略语），不要随意、泛滥地使用非公知公用的术语和缩略语。非公知公用的术语、缩略语及作者自定义字母词，首次出现时应对其给予解释、定义或全称，方便读者有效阅读和理解。

（8）取舍适宜篇幅。引言篇幅可长可短，与文体类别、研究领域性质、存在的问题的类型、研究主题是否为热点、目标期刊办刊模式等多个方面的因素有关。若研究主题为许多学者探讨过或还在探讨的问题，则需要引用、讨论较多的文献；相反，若只属于最近兴起的研究方向或只讨论别人最近才提出的问题，研究的人可能很少或较少，则引用、讨论少量的文献就可以了。

3.2.6 材料与方法

1. 材料与方法的内容

材料与方法描述在某目标下，通过步骤进行实验研究，交代做了什么，用什么做及怎么做的。科学研究较为复杂，具体目标多样，涉及的因素也比较多，所用方案、方法较广，所走流程、过程各异，因此材料与方法在内容上也没有固定的模式，与研究领域、范围、主题及研究对象的复杂程度、表明侧重等多种要素相关。

材料与方法的内容大体包括材料及方法、方法及过程、结果统计处理三部分。

（1）材料及方法：实验所用的材料及对材料的处置、使用方法。

（2）方法及过程：方法是实验方法，属于实验方案的解决层面，是为实现某一目标而对各种所需材料的综合操作方案，涉及具体技术、方法、操作、步骤，具体条件、参数等；实验方法及过程的结构应按实验的逻辑而非时间顺序来展开，写作的详略程度取决于研究内容的复杂或重要程度。

（3）结果统计处理：属于对实验结果的处理层面，是对通过实验所得的各类数据选用合适的统计学方法，分析和解释其数量上的变化，以正确地辅助制订实验计划，科学地对实验结果进行分析，进而做出科学推断。

2. 材料与方法的写作要求

材料与方法的内容通常较多，具体内容也因研究领域、范围、主题等的不同而呈现较大差别，不同期刊的要求也不相同。因此这部分很难有统一的规范，下面给出一些通用写作要求。

（1）把握内容结构。规划这部分的总体内容及其各个组成部分，既要保证内容的完整，还要做到结构上各组成部分之间的连贯，即研究中的每一个环节、步骤都要注意到，而且有序展开，为别人快速判定研究能否被复用、论文结果的可信度提供科学依据。

（2）确定标题类型。标题因研究类型的不同而略有差别，一般的实验研究常用“材料与方法”，调查研究常为“对象与方法”，要确定与研究类型相匹配的标题及相应的写作方法。

（3）划分确定主题。实验是在某一主题（目标）支配下进行的，复杂的实验有多个不同的子主题（子目标）较为常见，自然需要不同的研究方案，进而需要不同的材料与方法。因此在表述材料与方法时，对于复杂的实验需要先划分确定主题，这就需要与“结果”中的主题确定一起配套考虑，撰写不同子主题下的材料与方法，其自然段落或层次标题的安排与“结果”中的应一致。

（4）保证内容真实。所述内容必须实事求是，真实可靠，对核心内容还要全面而具体地描述，保证所有数据、资料的准确性和研究的可靠性。

（5）清楚描述材料。准确、明白地描述各主要材料的有关参数，涉及技术要求、性质（如试剂的有关物理、化学性质）、数量、来源，及材料的选取、处理、制备方法等。通常应使用通用、标准的名称和术语，少用商业化或口语化的名称。

（6）有序描述方法。按研究步骤的先后顺序来描述方法（避免机械地按年、月、日的次序来描述），包括实验环境或条件，研究对象选择方法，选用特定材料、设备或方法的理由，实验流程、算法与程序，所用统计、分析方法，等等。无须按时间顺序来描述时，可考虑按重要性程度来描述。有序描述方法有助于研究成果的推广，让有能力的科技工作者按相关内容来复用研究。

（7）恰当表述创新。采用已有方法时，对普遍的方法，可直接交代名称，对较新的方法，应注明出处（引文）；改进前人的方法时，应交代改进之处及依据；提出自己创新的方法时，应详细说明，必要时辅以图表式来配合表述，尽可能写明各个所需细节。

（8）描述详略得当。不宜将所用材料全盘搬入而写成材料清单，也不宜将自己所做工作一一罗列写成实验报告，而忽略了对主要、关键和非一般常用内容的描述。不论对材料还是方法进行描述，都应主次分明、重点突出、详略得当，侧重描述“使用了哪些关键材料”“研究是如何开展的”。

（9）了解目标期刊。写作前应先了解目标期刊，考察其已刊登的与自己所写文章体裁相同的那类文章的体式，知道其论文写作规范，特别是材料与方法的具体写作要求。

（10）重视语言效能。材料与方法需要描述的内容往往多而杂，对语言表达质量要求甚高，语言表达准确、清楚、简洁且合乎逻辑事理与思维规律是基本要求，目标是读者看得明白，容易理解，减少出错概率，为将来的研究“复用”创造条件。

3.2.7 结果与讨论

1. 结果的内容

结果的内容是指研究的直接发现，大体包括实验简述和结果报告。实验简述是用一两句话对某实验方法做不带细节的简洁描述，通常引用方法名称或简要交代方法就行，不必涉及方法的具体内容；结果报告就是从科学研究所记录的较为零散的实验数据或资料中选取与论文写作主题密切相关的部分，重新记录或描述由某方案（或方法）所得到的紧密围绕主题的主要实验结果和重要发现。从论文写作的角度看，这个主要实验结果是论文结果写作的起点，进而可称为原始结果，而这个重要发现是通过对原始结果做某种处理、处置（如对比、说明、分析等）而得出的基于原始结果的新结果，可称之为处理结果（如对比结果、说明结果、分析结果等）。原始结果一般是直接的、突出的、具体的、肤浅的、无序的、感性的，而处理结果通常是间接的、隐含的、抽象的、深奥的、有序的、理性的。原始结果多用图表来显示，而处理结果通常以定性和定量相结合的文字表述居多，其中还隐含着对原始数据进行比较、运算、推导等的处理，但过程或步骤一般不用写出，有时可将主要的、特别的或关键的过程写出。

2. 结果的写作要求

结果通常包含多个层次、种类的数据，数据的层次和类别不同，其性质也就不同，而性质往往决定了它在讨论中的重要、详略程度，及描述细节、表述手段（对重要的需要作详细讨论），写作前要全面规划结果和讨论。结果的写作要求主要有以下几个方面：

（1）划分确定主题。实验是在某一主题（目标）支配下进行的，对于复杂的实验，有多个不同的子主题（子目标）很常见，自然需要不同的研究方案、方法得到不同的结果，即结果是针对子主题，各子主题的结果汇总起来就是整个实验的结果。在表述结果时，需要先划分、确定实验的主题，表述不同子主题下的具体结果。

（2）表述言简意赅。论文的研究结果直接针对的是论文的研究目的，内容虽然取自实验结果的记录，但表述上有收敛，写作上有限制，内容上有凝练，表达上简洁、概括。不能简单堆积实验记录、数据或观察事实，而要突出有代表性和科学价值的数据，重要数据要详细表述，一般数据则简略表述，可有可无的数据应一律去掉。

（3）避免重复表述。论文各组成部分对全文内容有恰当、明确的分工，但有些内容可能有交叉，取决于论文的内容布局和结构安排，布局和安排不当容易造成对一些内容的重复表述。特别在结果和讨论部分，更容易出现重复。要明确哪些内容纳入结果部分，哪些内容迁移到讨论部分，前者通常只描述结果而不解释，但后者还要解释，并与已有的成果比较，但是不重复结果中已详细写过的内容。

（4）客观描述结果。一个结果对应一个实验，对应一个方法，对结果进行客观描述就是对方法及观察到或发现的事物、现象客观真实地记述、评价。对每个实验或方法的结果均要按（或基本上按）“结果的内容与结构”的要求来客观描述。

（5）科学整理数据。对实验结果按轻重、主次做科学分类、整理、提炼、取舍，避免将所有数据和盘托出，或只选取符合自己预期的数据。对异常数据应给予说明，除非有确凿证据表明其错误方可舍去。同时要考察数据的准确、翔实、一致、相关性。

（6）选择文字图表。采用文字与图表相结合的形式来表达数据，文字优于图表，而图的使用优先于表。数据较少时，若只有一个或很少的测定结果，则用文字描述；数据较多时，宜采用图表来描述或记录，通常较为完整、详尽，同时再用文字来指出图表中的信息所蕴含的重要特性或趋势。但要避免赘述，相同的数据不宜在图、表、文中重复表述，而且在文字中不要忽略对图表中数据的趋势、意义及相关推论的叙述。

（7）解释原始结果。原始结果（数据）是由实验获得的第一手材料，一般不对其进行解释，否则就加进了个人主观认识，容易破坏其原始性。必要时可以适当解释，描述结果间的差异，帮助读者先清楚地了解、理解研究结果的意义。但这种解释不宜过多，对结果的分析、研究和认识要更多地留在讨论部分。

3. 讨论的内容

讨论的内容是对结果的解释、推断，揭示结果蕴含的本质和规律。该部分主要包括以下几个方面的内容：

（1）研究背景。表述或介绍与将要讨论的主题有关的人们对客观事物的知识，包括认识、观点、主张、论证现有研究成果等；或概括地交代将要讨论的主题的研究背景（研究目的），接下来对本文主要结果的陈述进行引领、指示。

（2）主要结果。直接概述一些主要或重要的结果（主要发现），并进行说明、解释，但不要简单重复前文结果中已给出的数据和资料，不要包含对研究设计的引用，也不要只关注那些符合预期的解释。

（3）结果对比。将主要结果与假设或前人的结果进行比较，指出是否达到预期（是否支持假设或与前人不一致）或获得超预期的新发现。支持假设或与前人不一致时，合理评价，突出创新；近似支持或与前人相似时，讨论差别，交代新意；不支持或与前人一致时，说明原因，并确定是否需要修正一下假设或目标。与前人不一致时，不要轻易或断然否定别人，应对自己的实验设计、论证、推理等进行检查，看看有无什么缺陷或不足。

（4）结果规律。对主要结果的内在联系和规律进行总结、阐释，论证其趋势、规律，得出结论、推论。论证、推理时，可将知识、常识、认识、观点，科学公理、原理、定理、理论，文献、资料，实验、观测、研究结果等作为论据，用合适的论证方式，围绕讨论的主题全面论证、推理，阐明、提出新发现，从深度和广度达到对结果的进一步认识。

（5）价值意义。研究结果的价值不在于做了多少工作、获得多少数据、拥有多少漂亮图片，而在于结果的科学价值和创新点。因此不仅要提出新发现，还要挖掘新发现中所蕴含的优势，提炼出理论意义或应用价值，要么证明当前的假设或提出新假设，要么支持、反驳或修正现有的理论，要么解决实际工程应用问题，要么扩展到其他领域。

（6）研究局限。挖掘价值意义只是对自己研究结果的优势予以交代，但任何事物都有两面性，结果有优势，同时也有不足。因此要对其局限给予说明和合理解释，提出遗留未解决的重要问题及今后进一步研究的方向，或给出相关设想和建议，结果模糊时，指出需要补充实验才能使结果更明确。对研究局限说明也是一种客观、诚实的科学态度和科学精神。

4. 讨论的写作要求

讨论是论文中最难写的部分，因为其内容往往较难确定，对同样的内容，不同的人会有不同的认识。但不管怎样，都应围绕讨论的内容展开，并注重突出自己成果的科学价值。下面给出讨论的一些通用写作要求。

（1）围绕结果展开讨论，主次分明、层次清楚。将讨论对应的结果按一定层次从多个角度进行讨论，对于长篇讨论，还要区分和确定子主题。不要在次要问题上大费笔墨，也不要对新结果（前面结果中未出现过）进行讨论。论据要有说服力和逻辑性，除了将本研究的结果作为论据外，还可把从其他层面（如实验设计、理论原理、借鉴别人的方法等）

获得的结果作为论据来阐述，以增强对论题的支撑。

（2）对结果的解释要重点突出，简洁而清楚。把对结果解释的重点集中于作者的主要论点，尽量给出研究结果所能反映的原理、关系和普遍意义。如有意外的重要发现，则应给出适当的解释或建议，但不必对其过于关注。对实验型论文，讨论的内容应基于实验结果，不宜出现超出实验结果的有关数据或发现。为有效回答所研究的问题，可适当简要地回顾研究目的，并概括主要结果，但不宜简单地罗列结果。

（3）推理要符合逻辑，避免数据不支持结论。根据结果进行推理论证，注意推理的逻辑性，避免实验数据不足以支持的观点和结论。在探讨实验结果或观测事实的相互关系和科学意义时，不要得出试图解释一切的结论。把数据外推到一个更大、不恰当的结论，无益于突出科学贡献，甚至使现有数据所支持的结论也会受到质疑。要如实指出实验数据的欠缺或相关推论、结论中的任何例外，不编造或修改数据。

（4）观点或结论的表达要清楚明确。观点或结论的表述要清楚、准确，不能简单地重复实验结果，特别要保持和结果的一致性，即讨论与结果要一一对应，前呼后应，相互衬托。要正确评价分析自己研究的局限性，提出本结果可能推出的假设、今后的研究方向，对读者的思路有所启发。

（5）科学意义和实际应用效果的表述要可信。对结果的科学意义和实际应用效果的表述要留有余地，不得无端夸大，脱离事实，除非必要不宜使用“首次提出”“首次发现”等词语。应选择适当的词汇来区分推测与事实。

3.2.8 致谢

致谢不是论文的必要组成部分，一般位于论文的后面，参考文献的前面或后面。通常单独成段，冠以独立的标题“致谢”。

致谢用来表达道义上的感谢，也是尊重致谢对象贡献的标志。致谢对象主要有：研究工作得到资助的基金项目；对研究工作有直接和实质帮助的组织或个人；协助完成研究工作、提供某种帮助或便利条件的组织或个人；对论文写作付出较多精力或对论文写作质量提升作出较多贡献的作者或作者团队以外的个人；给予转载和引用权的资料、图片、文献、思想和设想等的所有者；其他应感谢的组织和个人。

3.2.9 参考文献

参考文献指为撰写（或编辑）论著而引用的有关图书资料。科学有继承性，研究成果绝大部分是前人工作的开展和继续，所以学术论文必然要引用参考文献。其主要目的：一是为了反映出真实的科学依据，便于查阅原始资料中的有关内容；二是体现严肃的科学态度，分清是自己的观点或成果，还是他人的观点或成果，对前人的科学成果表示尊重；三是有利于缩短论文的篇幅，并表明论文的科学依据。

参考文献的要求：

（1）只需列出已发表的重要文献。不应将未发表的数据、摘要、学位论文及其他次要材料塞进参考文献中。若此类材料必不可少，可采用插入语的形式予以引用。已被录用尚未发表的论文可以引用，但需要注明“即将出版”。

（2）确保每条参考文献完全准确。投稿前，可能需要对照着最初发表的期刊逐条检查参考文献；校对时，也可能需要再次进行检查。最后核对时，要确保正文中引用的每条参考文献均出现在文献列表中，文献列表中出现的每条参考文献均在正文中引用过。

3.2.10 图与表

发表研究结果是科技论文出版的主要目的，而图和表是展示研究结果的主要形式。图和表各有优势，相互补充。图的特点是比较直观，可以清晰地反映事物的发展规律或变化趋势，有效地展示复杂结果；表的优势在于准确反映数据大小，方便列举大量的数据或资料，并展示数据的统计学属性，便于定量地了解结果。

对于科技论文而言，图或表的选择，应以表达结果的需要而定。如果强调以精确的数值展示大量的数据，就采用表格形式；如果强调展示结果的分布特征或变化趋势，则采用插图形式。具有明显规律性或变化趋势的数据结果，通常推荐采用图形展示。同时，图表配合使用可让论文的结果显示得更加全面，但应避免同时以图和表的形式重复展示同样的数据。对于一般的结果，也不能在图表和正文的文字描述中重复出现，但对于重要的结果，可以同时在图表和正文的文字描述中展示。

第4章

成果转化与产品开发

4.1 成果转化

无论是科技成果管理还是科技成果转移、科技成果转化，首先要弄清楚科技成果的概念及其范围。促进科技成果转移、转化需要适用相关政策，要建立在准确把握科技成果概念和范围的基础之上。界定科技成果的范围就要对科技成果进行分类。

4.1.1 科技成果的概念

科技成果，顾名思义，是指科技活动（即调查研究、实验研究、观察试验、设计和辩证思维活动等）所产生的具有学术意义或实用价值的创造性结果，而科技活动又是指在所有科学技术领域内，与科技知识的产生、发展、传播和应用密切相关的活动。

科技成果是我国科技管理领域的一个专有名词，国外并没有相对应的概念。《现代科技管理词典》将科技成果定义为“科研人员在他所从事的某科学技术研究项目或课题研究范围内，通过试验观察、调查研究、综合分析等一系列脑力、体力劳动所取得的，并经过评审或鉴定，确认具有学术意义和实用价值的创造性结果”。这一概念包含 5 层含义：一是科技成果源于科研项目或课题研究，而科研项目或课题研究都是目的性很强的系统性研究开发活动，需先进行科研项目立项，并根据项目预算进行人力、物力、财力的投入；二是科技成果是试验观察、调查研究、综合分析等脑力、体力劳动成果，即创造性劳动成果；三是科技成果应具有学术意义和实用价值，前者是指理论研究成果，后者是指应用技术成果；四是科技成果的价值经过专家评审或鉴定确认，即其价值通过某种形式和一定的程序得到第三方确认；五是科技成果比现有成果更有创造性，即有显著的进步，也可以用创新性、先进性来表明其创造性。我国的科技成果管理制度和体系是基于这一定义建立起来的。

不过，国家法律法规、司法解释、政策文件对科技成果的定义有所不同，即每种定义只适用于定义它的文件，因此在使用科技成果这一概念时，要注意它的适用场合。下面列出有关文件对科技成果的界定。

（1）《最高人民法院关于审理技术合同纠纷案件适用法律若干问题的解释》（2004 年 11 月 30 日最高人民法院审判委员会第 1335 次会议通过，法释〔2004〕20 号，以下简称《最高法解释》）第一条对技术成果给出了定义，即“技术成果是指利用科学技术知识、信息和经验作出的涉及产品、工艺、材料及其改进等的技术方案，包括专利、专利申请、技术秘密、计算机软件、集成电路布图设计、植物新品种等”。这个定义有 3 层含义：一是技术成果在已有科技成果的基础上做出的“技术方案”。换句话说，技术成果是科技成果转化的结果。二是技术成果是产品、工艺、材料及其改进等的技术方案，这个方案基于“科学技术知识、信息和经验”，又高于“科学技术知识、信息和经验”，是新创造的部分。三是技术成果包括专利、专利申请、技术秘密、计算机软件、集成电路布图设计、植物新品种等，是这些知识产权的一种或多种组合。这就将技术成果与知识产权结合起来了。这里的技术成果，实质上就是科技部印发的《科技成果登记办法》（国科发计字〔2000〕542 号）规定的应用技术成果。

（2）《科技成果评价试点暂行办法》（国科办奖〔2009〕063 号）第二条规定，“科技成果是指由组织或个人完成的各类科学技术项目所产生的具有一定学术价值或应用价值，具备科学性、创造性、先进性等属性的新发现、新理论、新方法、新技术、新产品、新品种和新工艺等”。这一定义与《现代科技管理词典》的定义相近，即科技成果都源于各类科技项目，都有学术价值或应用价值，都突出了“新”。两个定义的不同之处在于：一是前者对学术价值或应用价值是客观描述，后者强调科技成果的价值得到确定；二是前者列举了成果的表现形式，后者只是强调创造性；三是后者突出了科技成果的取得方式，前者没有反映成果是如何取得的。值得注意的是，《科技成果评价试点暂行办法》已于 2016 年经科学技术部令第 17 号《科技部关于对部分规章和文件予以废止的决定》予以废止，原因是该文件已不适应当前的发展形势。

（3）《中华人民共和国促进科技成果转化法》（2015 年 8 月 29 日，以下简称《促进科技成果转化法》）第二条规定，“本法所称科技成果，是指通过科学研究与技术开发所产生的具有实用价值的成果”。这里规定的科技成果与《现代科技管理词典》对科技成果的定义相比，范围更加宽泛，不强调是否是科研项目或课题研究所取得的，也不强调是否具有创造性，包括已有的不受法律保护的科技知识，也包括受法律保护的知识产权。

《促进科技成果转化法》规定的“科技成果”比《最高法解释》规定的“技术成果”更宽泛，强调通过科学研究与技术开发所产生的结果，更加客观。虽然该定义提出“具有实用价值的成果”，但是实用价值是对成果的具体特征描述，并不是成果的构成要件。一般来说，用于转化的科技成果都是具有实用价值的，但是是否具有实用价值，要由市场或用户来评判。显然，《最高法解释》更加强调科技成果的产权属性，这是由于不同文件使用的目的不同。

（4）科技部、财政部、国家税务总局印发《关于修订印发〈高新技术企业认定管理工作指引〉的通知》（国科发火〔2016〕195 号，以下简称《工作指引》），在企业创新能力评价中给出了科技成果的定义，即“依照《促进科技成果转化法》，科技成果是指通过科学研究与技术开发所产生的具有实用价值的成果（专利、版权、集成电路布图设计等）”。表面上看，这一定义源于《促进科技成果转化法》第二条，实际上两者差异比较大，《工作指引》已将科技成果细分到知识产权层面。主要表现在以下3个方面：一是《工作指引》所称的科技成果是指专利、版权、集成电路布图设计等“有证技术成果”，不包括技术秘密、进入公共领域的科技成果等；二是任何一件专利、版权、集成电路布图设计等，都是一项科技成果；三是科技成果可以分解为若干子成果，子成果又可以细分下去，直到每一件知识产权。这一定义与《最高法解释》定义的技术成果有以下两点不同：一是《最高法解释》规定的专利申请和技术秘密是技术成果，但不属于《工作指引》规定的科技成果；二是《最高法解释》里列举的知识产权类型是指由这些知识产权所构成的组合，而《工作指引》中所规定的知识产权，是按件计算的。两者存在差异，是因为这两个文件所要解决的问题不同，《最高法解释》用于处理当事人在技术合同履行中存在的纠纷，而《工作指引》则用于认定高新技术企业。用途不同，科技成果的概念自然也有所差异。

（5）财政部、国家税务总局联合印发《关于完善股权激励和技术入股有关所得税政策的通知》（财税〔2016〕101号）第三条第三款规定，“技术成果是指专利技术（含国防专利）、计算机软件著作权、集成电路布图设计专有权、植物新品种权、生物医药新品种，以及科技部、财政部、国家税务总局确定的其他技术成果”。此处定义的技术成果是指各种技术类知识产权及其组合，这与《工作指引》定义的科技成果是技术类知识产权相比，有细微差异。国家税收优惠政策文件所定义的技术成果基本上是各种技术类“有证知识产权”及其组合，只是所列举的技术类“有证知识产权”有细微差异。所谓“有证知识产权”，是指取得国家有关部门颁发证书的知识产权，不包括技术秘密。

从上述文件对科技成果的定义来看，可以得到以下三点认识：一是科技成果是一个宽泛的概念，其对象拥有共同的属性，这是对科技成果进行界定时所要把握的原则。二是科技成果是一个相对的概念，其相对性表现在科技成果可以包含若干项知识产权；任何一件专利、计算机软件著作权、植物新品种权、集成电路布图设计专有权等，都可以认为是一项科技成果。换句话说，一项科技成果可以细分为若干项子成果，而子成果又可以细分下去。三是在具体工具中对科技成果的使用，必须具体指明其内容和范围，还应该根据文件的定义及其所要解决的问题来判断科技成果的内涵及其适用范围。

从上述对科技成果概念的分析看，可从以下4个方面来把握科技成果的概念：一是围绕国家战略需求进行科研布局，组织研究开发并强化成果转化，从战略上部署研发及其成果的转化；二是在制定科技规划时，要深化科技成果转移转化体制机制改革，打通从研究开发到科技成果转移转化的“瓶颈”障碍；三是在制定政策时，要针对科学研究、技术开发、成果转移转化的“瓶颈”问题精准施策，更好地发挥政府的作用；四是充分利用政府的特殊身份，发挥好组织协调作用，为科学研究、技术开发、成果转移转化提供便捷、周到的服务。

4.1.2　科技成果的分类及表现形式

1. 科技成果的分类

科技成果有以下多种分类方式：

（1）根据科研活动的不同类型，可将科技成果分为基础理论成果、应用技术成果和软科学成果等。基础理论成果是指在基础研究和应用研究领域取得的新发现、新学说，主要表现形式为科学论文、科学著作、原理性模型等。应用技术成果是指在科学研究、技术开发和应用中取得的新技术、新工艺、新材料、新产品等。软科学成果是指对科技发展战略、科技规划、科技政策、科技管理等研究所取得的理论、方法和观点，其主要形式是研究报告。

（2）根据成果的价值属性，可将科技成果分为物质成果、精神成果和管理成果。物质成果是指能够带来社会经济效益、增加社会经济财富的成果。精神成果是指能促进教育、科学、文化发展的成果。管理成果是指能够提高组织运转和资源配置效率的成果。

（3）根据项目研究的不同阶段（即成熟度），科技成果可以分为阶段性成果和最终成果。阶段性成果是指科技项目在研究开发过程中取得的，没有经过实践验证或其他形式验证是否成熟的成果。最终成果是指科技项目完成以后取得的，经过实践验证、市场检验或专家鉴定的成果。根据科技成果的成熟度，还可以将科技成果分为成熟的成果、不成熟的成果等。

（4）根据成果是否受法律保护，可将科技成果分为受法律保护的成果和不受法律保护的公共成果。受法律保护的成果也被称为知识产权成果，是指依法受到国家法律法规保护的成果，包括经申请取得知识产权的成果和一经产生就得到法律法规保护的成果。受法律保护的成果是有期限的，期满后就不再受法律保护，而是成为社会公共成果，任何人都可以免费使用。

（5）根据成果取得的时间不同，可将科技成果分为积存成果、知识产权成果和目前不存在但将来会出现的成果。积存成果是人们已经取得的，通过教育、科普等途径学习、交流、传播，成为人们知识能力的重要部分，也是人们进行研究开发活动的技术基础，是已经不再受法律保护的成果。知识产权成果是当前取得的，仍受法律保护的成果。将来的成果是指目前还不存在，通过科技项目立项，经研发，将来可以取得的科技成果。《促进科技成果转化法》分别规定了 3 种类型成果的转化。例如，新修订的《促进科技成果转化法》第十条规定的科技成果是指应用型科技项目经过立项、研发取得的成果，强调项目承担者应履行科技成果转化义务。

2. 科技成果的表现形式

科技成果反映的是科技活动的创造性结果，这种结果可以是一种知识、技术、设备或软件等，可以有财产权，也可以没有财产权。科技成果可通过以下多种形式或媒介表现出来，以方便人们感知、学习、交流、使用等：

（1）科技论文，一经发表就取得了著作权。科技论文的内容是对试验观察或其他方式所得到的结果进行分析和总结，形成一定的科学见解，并对已提出的科学见解进行论证、分析上升为科学理论，因而具有科学性、理论性、逻辑性等特点。科技论文刊载在科技期刊上，时效性较强，其目的是同行交流，质量可由被引频次衡量，而不是由所发表期刊的影响因子决定。在影响因子不高的科技期刊上发表论文，也可以获得很高的关注度和被引频次。

（2）科技专著，是科技成果的一种重要呈现载体，可以对科技知识进行系统性呈现，进而可以对科技知识进行有效传承与传播，是科技信息传播的重要媒介。科技专著以图书的形式由出版社出版。相对科技论文而言，科技专著所呈现的科技知识是对一个专题的体系性思考，因而系统性强。有的科研人员先发表科技论文，再整合成科技专著。

（3）科技报告，是指按照国家科技报告的编写规则写成的科技文献，翔实地记载了科技项目研究的全过程，既包括原理、方法的论述，又包括组织管理环节的描述，既有成功的经验，又有失败的教训。

（4）以音像形式表现出来，一经发表就取得了著作权，如将科技成果拍摄成电影，或者以动漫的形式展示。以动漫展示科学发现、技术原理等科技成果比较直观，容易理解。

（5）以设计图纸、模型、原型、流程图等形式呈现。

（6）以新产品、新设备、新工具等实物形态呈现。

（7）申请知识产权，取得法律法规的保护。

（8）科技信息，由专业技术人员在零散而不系统的第一手数据之间建立科学的联系，即具有科学性的信息。运用分析、推理、验证等科学方法将科技信息的相互作用关系，特别是因果关系建立起来，形成比较系统的科学知识，以科技论文的形式发表出来。从中可以看出科技专著、科技论文和科技知识三者之间的关系。

无论以哪种形式或载体表现出来，都可以知识产权的形式受到法律保护。以专利形式表现的，获得授权就取得了专利权；提出了专利申请，但还没有获得授权，就表现为专利申请。科技论文、科技专著、科技报告等未发表，其中的技术信息以技术秘密的形式存在并采取了相应的保密措施，就取得了技术秘密权。

以技术标准形式表现的，虽然目前不存在标准权，但技术标准是行业共同遵守的规范，与利益相关方密切相关，技术标准的制定者拥有标准中的技术要素、指标及其衍生的知识产权。谁主导了标准的制定，谁就掌握了这个行业发展的主动权，就取得了行业发展的竞争优势。

4.2　专利和软件著作权

4.2.1　专利基础知识

我国专利法保护的发明创造包括发明、实用新型和外观设计三种。

1. 发明

发明是指对产品、方法或者其改进所提出的新的技术方案。发明必须是一种技术方案，是发明人将自然规律在特定技术领域进行运用和结合的结果，而不是自然规律本身。同时，发明通常是自然科学领域的智力成果，文学、艺术和社会科学领域的成果不能构成专利法意义上的发明。根据专利法的规定，发明分为产品发明、方法发明两种类型，既可以是原创性的发明，也可以是改进性的发明。产品发明是关于新产品或新物质的发明。这种产品或物质是自然界所没有的，是人利用自然规律作用于特定事物的结果。如果某物品完全处于自然状态下，没有经过任何人的加工或改造而存在，就不是我国专利法所规定的产品发明，不能取得专利权。方法发明是指为解决某特定技术问题而采用的手段和步骤的发明。能够申请专利的方法通常包括制造方法和操作使用方法两大类，前者如产品制造工艺、加工方法等，后者如测试方法、化验方法和产品使用方法等。改进发明是对已有的产品发明或方法发明做出了实质性革新的技术方案。

2. 实用新型

实用新型是指对产品形状、构造或者其结合所提出的适于实用的新技术方案。产品的形状是指产品所具有的、可以从外部观察到的、确定的空间形状。对产品形状所提出的技术方案可以是对产品三维形态的空间外形所提出的技术方案，也可以是对产品二维形态所提出的技术方案。无确定形状的产品，如气态、液态、粉末状、颗粒状的物质或材料，其形状不能作为实用新型产品的形状特征。产品的构造是指产品各个组成部分的安排组织和相互关系。它可以是机械构造，也可以是线路构造。机械构造是指构成产品的零部件的相对位置关系、连接关系和必要的机械配合关系等；线路构造是指构成产品的元器件之间确定的连接关系。实用新型专利只保护部分产品发明，而不保护方法发明。

3. 外观设计

外观设计又称为工业产品外观设计，是指对产品的形状、图案或者其结合，以及色彩与形状、图案相结合所做出的富有美感并适于工业应用的新设计。形状是指对产品造型的设计，也就是指产品外部点、线、面的移动、变化、组合而呈现的外表轮廓，即对产品的结构、外形等同时进行设计、制造的结果；图案是指由任何线条、文字、符号、色块排列或组合而在产品表面构成的图形。图案可以通过绘图或其他能够体现设计者的图案设计构思的手段制作。产品的图案应当是固定、肉眼可见的，而不应是时有时无或者需要在特定的条件下才能看见的；色彩是指用于产品上的颜色或者颜色组合，制造该产品所用材料的本色不属于外观设计上的色彩。外观设计的载体必须是产品，并且这种产品是可以用工业方法生产和复制的。不能重复生产的手工艺品、农产品、畜产品、自然物不能作为外观设计的载体。通常，产品的色彩不能独立构成外观设计，除非产品色彩变化的本身已形成一种图案。此外，对近代人物的肖像、国旗、国徽、注册商标、服务标志和与国家重大政治社会活动有关的数字、日期、字符及标识物等因涉及其他权利，也不能授予外观设计专利权。

4.2.2　授予专利权的基本条件

发明创造要取得专利权，必须满足形式条件和实质性条件。

形式条件是指申请专利的发明创造，应当以专利法及其实施细则规定的格式书面记载在专利申请文件上，并依照法定程序履行各种必要的手续。文件或者手续如果不符合要求，应当在法律规定或者专利局指定的期限内补正，经补正仍然不符合要求的，予以驳回。

实质性条件也称专利性条件，它是指申请专利的发明创造自身必须具备的属性要求，是对发明创造授权的本质依据。通常所说的授权条件多指实质性条件。

1. 发明和实用新型专利的授权条件

我国专利法规定，授予专利权的发明和实用新型应当具备新颖性、创造性和实用性。

1）新颖性

我国专利法所说的发明和实用新型的新颖性是指：① 在申请日以前没有同样的发明创造在国内外出版物上公开发表过；② 在申请日以前没有在国内外公开使用过或者以其他方式为公众所知；③ 在申请日以前没有同样的发明或者实用新型由他人向专利局提出过申请，并且记载在申请日以前公布的专利申请文件中。

申请专利的发明或者实用新型满足新颖性的标准，必须不同于现有技术，同时还不得出现抵触申请。

现有技术是在申请日以前已经公开的技术。技术公开的方式有三种：一是出版物公开，即通过出版物在国内外公开披露技术信息；二是使用公开，即在国内外通过使用或实施方式公开技术内容；三是其他方式公开，即以出版物和使用以外的方式公开，主要指口头方式公开，如通过口头交谈、讲课、作报告、讨论发言、在广播电台或电视台播放等方式，使公众了解有关技术内容。

抵触申请是指一项申请专利的发明或者实用新型在申请日以前，已有同样的发明或者实用新型由他人向专利局提出过申请，并且记载在该发明或实用新型申请日以后公布的专利申请文件中。先申请被称为后申请的抵触申请。抵触申请会破坏新颖性，防止专利重复授权。

申请专利的发明创造在申请日以前六个月内，有以下情形之一的，不丧失新颖性：一是在中国政府主办或承认的国际展览会上首次展出的；二是在规定的学术会议或技术会议上首次发表的；三是他人未经申请人同意而泄露其内容的。

2）创造性

创造性是指同申请日以前现有的技术相比，该发明有突出的实质性特点和显著的进步，该实用新型有实质性特点和进步。对任何发明或实用新型申请，必须与申请日前已有的技术相比，在技术方案的构成上有实质性差别，必须是通过创造性思维活动的结果，不能是现有技术通过简单的分析、归纳、推理就能够自然获得的结果。发明的创造性比实用新型的创造性要求更高。创造性的判断以所属领域普通技术人员的知识和判断能力为准。

一项发明创造具备了新颖性，不一定就有创造性。因为创造性侧重判断的是技术水平的问题，而且判断创造性所确定的已有技术的范围要比判断新颖性所确定的已有技术范围窄一些。

3）实用性

实用性是指该发明或者实用新型能够制造或者使用，并且能够产生积极的效果。它有两层含义：第一，该技术能够在产业中制造或者使用。产业包括工业、农业、林业、水产业、畜牧业、交通运输业及服务业等行业。产业中的制造和利用是指具有可实施性及再现性。这里必须指出的是，专利法并不要求其发明或者实用新型在申请专利之前已经经过生产实践，而是分析和推断该技术在工农业及其他行业的生产中可以实现。第二，必须能够产生积极的效果，即同现有的技术相比，申请专利的发明或实用新型能够产生更好的经济效益或社会效益，如能提高产品数量、改善产品质量、增加产品功能、节约能源或资源、防治环境污染等。

2. 外观设计专利的授权条件

我国专利法规定，授予专利权的外观设计，应当不属于现有设计，也没有任何单位或者个人就同样的外观设计在申请日以前向国务院专利行政部门提出过申请并记载在申请日以后公告的专利文件中。

此外，授予专利权的外观设计与现有设计或者现有设计特征的组合相比应当具有明显的区别，即同申请日以前在国内外出版物上公开发表过或者在国内公开使用过的外观设计不相同和不相近似。外观设计必须依附于特定的产品，因而“不相同”不但指形状、图案、色彩或其组合本身不相同，而且指采用设计方案的产品有所不同也没有相同。“不相近似”要求申请专利的外观设计不能是对现有外观设计的形状图案、色彩或其组合的简单模仿或微小改变。相近似的外观设计包括以下几种情况：形状、图案、色彩近似，产品相同；形状、图案、色彩相同，产品近似；形状、图案、色彩近似，产品也近似。

专利法还规定，授予专利权的外观设计不得与他人在申请日以前已经取得的合法权利，如商标权、著作权、企业名称权、肖像权和知名商品特有包装装潢使用权等相冲突。

4.2.3 专利申请与审批的基本程序

专利从申请到获得授权的整个过程必须遵循专利法规定的固定程式。在申请专利前，要对这个程式有一个初步了解，这对正确处理有关文件和缩短各环节的运转周期是十分有益的。依据专利法的规定，发明专利的申请与审批程序包括受理阶段、初步审查阶段、公布阶段、实质性审查阶段和授权阶段。

实用新型和外观设计的专利申请不进行公布和实质审查，所以只有 3 个阶段。

4.2.4 专利申请的原则和要求

1. 专利申请的原则

1）形式法定原则

申请专利的各种手续，应当以书面形式或者电子文件的形式办理。以口头电话、实物等形式办理的各种手续，或者以电报、电传、传真、胶片等直接或间接产生印刷、打字或手写文件的通信手段办理的各种手续，均视为未提出，不产生法律效力。

申请人以书面形式提出专利申请并被受理的，在审批程序中应当以书面形式提交相关文件。除另有规定外，申请人以电子文件形式提交的相关文件被视为未提交。

申请人以电子文件形式提出专利申请并被受理的，在审批程序中应当通过电子专利申请系统以电子文件形式提交相关文件，另有规定的除外。不符合规定的，该文件视为未提交。

如果申请人在申请时提交的申请文件公开不充分，即使在申请时已经提交了发明的实物，也不能以此为理由来克服公开不充分的缺陷。其中实物形式的例外是涉及生物材料样品的申请。专利法规定：生物材料样品的性状不但要在专利申请说明书中进行描述，而且要在指定或认可的保藏单位保藏生物材料样品实体本身。

2）单一性原则

一件专利申请内容应当限于一项发明、一项实用新型或者一项外观设计；不允许将两项不同的发明或者实用新型放在一件专利申请中，也不允许将一种产品的两项外观设计或者两种以上产品的外观设计放在一项外观设计专利产品中提出。这就是专利申请内容的单一性要求。这种规定，首先有利于国家知识产权局对专利申请进行分类和审查；其次方便公众对专利文献进行检索和查阅；再次给专利权人签订转让许可合同提供便利；最后自然也方便申请人公平合理地承担申请费用。然而，当两项以上的发明或者实用新型属于一个总的发明构思下几项技术有关联的不同实施方案时，硬要把这样的不同方案分开，反而会给审查、检索带来不方便。所以，我国专利法通常允许将这样的几项发明或实用新型进行合案申请。

所谓属于一个总的发明构思的两项以上的发明或实用新型是指它们应当在技术上相互关联，包含一个或多个相同或相应的特定技术特征，其中的特定技术是指将每一项发明或实用新型作为整体，对现有技术作出贡献的技术特征。

同样，同一产品两项以上的相似外观设计，或者属于同一类别并且成套出售或者使用的产品有两项以上外观设计，可以作为一件申请提出（简称“合案申请”）。同一产品的其他外观设计应当与简要说明中指定的基本外观设计相似，一件外观设计专利申请中的相似外观设计不得超过 10 项。成套产品是指由两件以上（含两件）属于同一大类、各自独立的产品组成，各产品的设计构思相同，其中每一件产品具有独立的使用价值，而各件产品组合在一起又能体现出其组合使用价值的产品。

判断专利申请的单一性，有时是比较复杂的问题，所以允许申请人在提出申请以后，当审查员提出或本人发现申请不具备单一性时，可以修改申请，使其符合单一性。而原申请中包含的其他发明、实用新型或者外观设计允许申请人分出来重新申请，这种以原申请中分出来的发明、实用新型或者外观设计为内容的申请，一般称作分案申请。

专利申请的单一性要求虽然不是授予专利权的实质性条件，但是当审查员经审查认为申请不符合单一性，要求申请人修改时，如果申请人拒绝修改，照样可能导致申请被驳回。专利申请是否具备单一性，发明和实用新型的申请是由权利要求书的内容决定的，外观设计的申请是由图片或照片决定的。只要权利要求书或者图片、照片中仅包含一项发明、实用新型或者一项外观设计，就认为申请具备单一性。专利申请的单一性要求只针对专利申请环节，一旦专利申请被授权，就不能再因为该专利缺乏单一性而请求宣告该专利权无效。

3）先申请原则

两个或者两个以上的申请人分别就同样的发明创造申请专利的，专利权授给最先申请的人。这个先后顺序通常以申请日为基础，因此，申请日具有十分重要的法律意义，其重要性表现在以下三个方面：

（1）申请日确定了提交申请时间的先后。

（2）申请日是确定现有技术或现有设计的时间点。现有技术是指申请日以前在国内外为公众所知的技术。现有设计是指申请日以前为国内外公众所知的现有技术的状况，直接决定该专利申请是否能被授予专利权。

（3）申请日是审查程序中许多法定期限的起算点。

向专利局受理处或者代办处窗口直接递交的专利申请以收到日为申请日；通过邮局邮寄递交到专利局受理处或者代办处的专利申请，以信封上的寄出邮戳日为申请日；寄出邮戳日不清晰导致无法辨认的，以专利局受理处或者代办处收到日为申请日。通过速递公司递交到专利局受理处或者代办处的专利申请，以收到日为申请日。邮寄或者递交到专利局非受理部门或者个人的专利申请，其邮寄日或递交日不具有确定申请日的效力，如果该专利申请被转送到专利局受理处或者代办处，以受理处或者代办处实际收到日为申请日。

4）优先权原则

专利申请人就其发明创造自第一次提出专利申请后，在法定期限内，又就相同主题的发明创造提出专利申请的，以其第一次申请的日期为其申请日，这种权利称为优先权，此处所谓的法定期限，就是优先权期限。优先权可分为外国优先权和本国优先权。

（1）外国优先权。根据《巴黎公约》的规定，在申请专利或者商标等工业产权时，各缔约国要相互承认对方国家国民的优先权。《中华人民共和国专利法》第二十九条第一款规定，申请人自发明或实用新型在外国第一次提出专利申请之日起 12 个月内，或者自外观设计第一次提出专利申请之日起 6 个月内，又在中国就相同主题提出专利申请的，依照该国同中国签订的协议或者共同参加的国际条约，或者依照相互承认优先权的原则，可以享有优先权。

（2）本国优先权。《中华人民共和国专利法》第二十九条第二款规定，申请人自发明或实用新型在中国第一次提出专利申请之日起 12 个月内，又向国务院专利行政部门就相同主题提出专利申请的，可以享有优先权，这种在国内的申请优先权即本国优先权。本国优先权不包括外观设计。同时《中华人民共和国专利法》第三十条规定，申请人要求优先权的，应当在申请的时候提出书面声明，并且在三个月内提交第一次提出的专利申请文件的副本；未提出书面声明或者逾期未提交专利申请文件副本的，视为未要求优先权。

2. 专利申请的要求

1）申请文件的基本组成

申请发明专利的，申请文件应当包括发明专利请求书、说明书（必要时应当有附图）、权利要求书、摘要及其附图。

申请实用新型专利的，申请文件应当包括实用新型专利请求书、说明书、说明书附图、权利要求书、摘要及其附图。

涉及氨基酸或者核苷酸序列的发明专利申请，说明书中应包括该序列表，并把该序列表单独编写页码，同时还应提交符合国家知识产权局规定的该序列表的光盘或软盘。

申请外观设计专利的，申请文件应当包括外观设计专利请求书、图片或者照片、简要说明。图片或者照片应当清楚地显示要求专利保护的产品的外观设计。申请人请求保护色彩的，应当提交彩色图片或者照片。外观设计的简要说明应当写明外观设计产品的名称、用途、设计要点，并指定一幅最能表明设计要点的图片或者照片。省略视图或者请求保护色彩的，应当在简要说明中写明。对于同产品的多项相似设计提出一件外观设计专利申请的，应当在简要说明中指定其中项作为基本设计。

发明或者实用新型专利申请文件各部分应按下列顺序排列：请求书、说明书摘要、摘要附图、权利要求书、说明书、说明书附图和其他文件，见表 4-1。外观设计专利申请文件各部分应按下列顺序排列：请求书、图片或照片、简要说明和其他文件，见表 4-2。专利申请文件各部分应当用阿拉伯数字分别顺序编号。

表 4–1　发明或者实用新型专利申请文件

文件	注意事项
请求书	请求书应当写明发明或者实用新型的名称，发明人的姓名，申请人的姓名或者名称、地址，以及其他事项
说明书	说明书应当对发明或者实用新型做出清楚、完整的说明，以所属技术领域的技术人员能够实现为准；必要的时候，应当有附图。实用新型说明书必须包括附图
权利要求书	权利要求书应当以说明书为依据，清楚、简要地限定要求专利保护的范围
摘要及其附图	摘要应当简要说明发明或者实用新型的技术要点

表 4-2　外观专利申请文件

文件	注意事项
请求书	请求书应当写明发明人的姓名，申请人的姓名或者名称、地址，以及其他事项
外观设计的图片或者照片	申请人提交的有关图片或者照片应当清楚地显示要求专利保护的产品外观设计
简要说明	外观设计的图片或者照片，以及对该外观设计的简要说明等文件

2）申请文件的纸张要求

申请文件使用的纸张应当柔韧、结实、耐久、光滑、无光、白色，其质量应当与 80 克胶版纸相当或者更高。纸面不得有无用的文字、记号、框、线等。各种文件一律采用 A4 尺寸（297mm × 210mm）的纸张。

申请文件的纸张应当单面、纵向使用。文字应当自左向右横向书写，不得分栏。纸张左边和上边应各留 25mm 空白，右边和下边应当各留 15mm 空白。申请文件各部分的第一页必须使用国家知识产权局统一制定的表格。这些表格可以向国家知识产权局受理处、各地的专利代办处索取或直接从国家知识产权局网站上下载。

3）申请文件的文字要求

申请文件各部分一律使用中文，“中文”是指汉字。汉字应当以国家公布的简化字为准。外国人名、地名和科技术语如没有统一的中文译名，可按照一般惯例译成中文，并在译文后的括号内注明原文。申请人提供的附件或证明是外文的，应当附上中文译文。

申请文件包括请求书在内，都应当用宋体、仿宋体或楷体打字或印刷，字迹呈黑色，字高应当在 3.5 ~ 4.5mm，行距应当在 2.5 ~ 3.5mm。申请文件不允许涂改。如确有必要增删更改时，应当在提出申请以后，通过补正手续办理。对申请文件的文字补正和修改，不得超出原说明书和权利要求书记载的范围。

申请文件中有附图的，应当使用包括计算机在内的制图和黑色墨水绘制，线条应当均匀清晰、足够深，以能够满足扫描和复印的要求为准，且不得涂改。

4.2.5　申请软件著作权的流程

依据《计算机软件著作权登记办法》的规定，申请审批流程分为受理、审查、登记三个阶段。申请软件著作权的流程及所需材料如下：

1. 网上填写申请表

中国版权保护中心（网址：http://www.ccopyright.com.cn/）是国家版权局认定的唯一

软件著作权登记机构，目前除北京地区设有软件著作权代办机构，其他各地需要在中国版权保护中心进行软件著作权登记。

详细网址：https://register.ccopyright.com.cn/registration.html#/registerSoft。

2. 注册用户名

用户名和密码一定要保存，以备将来办理软件著作权登记时修改信息所用。软件著作权登记申请表要填写的内容包括：

（1）软件全称、简称、版本号、开发完成日期、软件开发情况（独立开发、合作开发、委托开发、下达任务开发）。

（2）原始取得权利的情况、继受取得权利的情况。

（3）权利范围、软件用途。

（4）技术特点（软件名称、用途、技术特点、开发的软硬件环境、编程语言及编程语言版本号、程序量、零售价格）。

（5）软件著作权拥有状态、申请者详细情况、软件鉴别材料交存方式、申请者签章。

3. 准备材料

1）软件源程序代码（A4 纸打印，单面，1 份）

前、后各连续 30 页，共 60 页（不足 60 页的全部提交）。第 60 页为模块结束页，每页不少于 50 行（结果页除外），在每页的左侧留出装订线，右上角打印或标注页号 1 ~ 60。

2）软件用户手册、操作手册、设计说明书、使用说明书等任选一种

前、后各连续 30 页，共 60 页（不足 60 页的全部提交）。第 60 页为文档结束页，每页不少于 30 行（结果页除外），在每页的左侧留出装订线，右上角打印或标注页号 1 ~ 60。（若希望多交文档，每多交一种文档须增加文档费。）要图文并茂，软件的每个功能基本上要涉及。

3）身份证明

著作权人为个人：应提交身份证复印件一份，如有工作单位，可以由单位出具非职务软件开发证明，也可以个人出具非职务软件开发保证书。（《非职务开发证明》《非职务开发保证书》在官网上可下载。）

著作权人为单位：企业法人或事业法人单位应提交有效的企业法人营业执照或事业单位法人证书副本复印件，并加盖单位公章；社团法人单位提交民政部门出具的有效社团法人证书的复印件；其他组织提交工商管理机关或民政部门出具的证明文件复印件。

4）委托办理文件

授权委托书申请人委托代理人代为办理软件著作权登记申请的，应提交授权委托书、受委托人身份证复印件。

5）其他证明文件

若申请者存在以下情况，需提交以下文件：

合作开发——合作开发合同书或合作开发协议书 1 份，A4 纸。

委托开发——委托开发协议书 1 份，A4 纸。

下达任务开发——任务书 1 份，A4 纸。

4. 递交文件

将以上材料提交到中国版权保护中心，经审查无误后，受理员将在软件著作权申请书上盖章，然后去缴费，即可拿到受理通知单。

5. 领取软件著作权登记证书

按照规定，在取得受理通知单 30 个工作日可以到中国版权保护中心领取软件著作权登记证书。

4.3 产品设计与创新实践

产品是企业的关键，也是品牌的基础。有没有好的产品以及对路的产品策略，从根本上决定了品牌有没有价值的支撑，能不能取得坚实的成功。没有高质量的产品，企业就失去了赖以生存和发展的基础。从营销组合因素的结构来看，产品也处于首要位置，没有好的产品，定价策划、营销渠道及促销策划等很难进行。因此，生产出消费者满意的产品成为生产企业的首要任务，产品策划也成为企业营销策划的核心。而在产品设计过程中，创新是非常重要的，如果企业无法根据目标客户的需求提供产品，只是靠广告、靠忽悠去“愚弄”消费者，这样的企业是不会长久的，所以要想让自己的企业立于不败之地，只有不断开发出创新的产品。

4.3.1 认知创业思维

众所周知，创业是一门独立的科学，那么在创业过程中，创业思维必然要与传统思维有所区别。而它们之间最本质的区别就是创新。

那么什么是创新呢？创新实际上就是以现有的思维模式提出有别于常规或常人思路的见解为导向，利用现有的知识和物质，在特定的环境中，本着理想化需要或为满足社会需求，而改进或创造新的事物、方法、元素、路径、环境，并能获得一定有益效果的行为。

创新的核心是拥有“处在混沌边缘”的创新机制和管理模式。其关键是具备战略企图心、多元化的核心技术平台、加强横向交流和共享的密集网络、给予富有最好创意和创造力的员工丰厚奖赏的激励机制、鼓励自我创新的 15% 法则、激发创意和宽容失败的公司文化，以及让每个员工把客户需求放在首位的公司信条。

所以，公司要想更好地发展，必不可少的是摆脱传统思维的束缚，大胆寻求创新。

4.3.2　产品设计的一般流程

产品设计的一般流程分为市场规模预测、产品特征列表、产品利益列表、最小可行产品、产品定价 5 个部分。

（1）市场规模，即市场容量，主要是研究目标产品或行业的整体规模，具体可能包括目标产品或行业在指定时间的产量、产值等。市场规模预测可以帮助企业评估市场机会的大小。市场规模可分为总有效市场、可服务市场、目标市场。

例如，对于某智能手机应用程序开发商来说，一个在 iOS 系统下面向国内用户开发的旅游类手机软件，其总有效市场应为全球 20 亿人左右（2013 年）的移动互联网网民，而可服务市场是全球 24 亿人左右的 iOS 系统用户（2013 年），但该产品真正的目标市场是国内用 iOS 系统的用户人群 3000 万 ~ 5000 万人（2013 年）。

（2）产品特征列表用于简明扼要地描述产品的十大（或更少）特征（如果描述特定特征时存在歧义，可附加详细的工程文件作参考）。

在思考产品特征时，需要牢记产品应满足某个市场利益群体或是细分领域的需求，以全新或不同的方式，以更快的速度或更低廉的价格解决某些问题。有时候，产品的物理或外观设计，或是品牌自身具备的独特之处，足以吸引客户的关注。

以下是某银行软件公司产品的特征：

软件可以使信息高度集成共享，避免信息重复录入，避免信息冗余；

软件使用 JAVA 编写，可跨平台使用；

软件可同时为两个甚至多个客户同时办理业务；

软件有自动备份功能，保证信息安全；

……

（3）产品利益列表是站在客户的立场上描述产品给客户带来的利益，说明客户使用或购买产品的原因，我们可以用“客户故事”的方式表达产品如何为客户解决重要的问题，提供令人满意的客户利益，或者满足某种尚未言明的需求。

以下是某银行软件公司描述的客户故事：

银行柜台前总是排着长队，客户经常等得不耐烦，甚至对银行的服务感到愤怒，会导致银行损失 5%~8% 的客户，由此产生的利润损失每年高达 50 万美元，占银行总利润的 7%。这款价值 15 万美元的软件可以把业务办理时间缩短一半，后续版本还会进一步提高办理速度。

（4）最小可行产品是对最小可能特征组所做的简要总结，可作为独立产品发挥作用，一方面能够解决客户的“核心”问题，另一方面也能证明产品的价值。

最小可行产品的特征：它是消减工程时间浪费的战术手段；它是尽快向早期支持者交付产品的战略方式；它是在最短时间内实现最大化客户认知的有效工具。

在简述最小可行产品时，要能解决这样的问题：“客户愿意付钱请我们解决的最小问题或最简单的问题是什么？”

以下是某银行软件公司对最小可行产品的描述：

软件通过信息集成、多业务办理等功能帮助银行缩短业务办理时间，提高客户满意度，使银行获得的收益远远高于购买软件付出的成本。

（5）产品定价是指为产品制定合理的价格，它有三种策略，分别是撇脂定价、渗透定价和满意定价。

撇脂定价是指在产品生命周期的最初阶段，把产品的价格定得很高，以攫取最大利润。

撇脂定价的条件：① 市场有足够的购买者，他们的需求缺乏弹性，即使把价格定得很高，市场需求也不会大量减少。② 高价使需求减少，但不致抵消高价所带来的利益。③ 在高价情况下，仍然独家经营，别无竞争者。高价使人们产生这种产品是高档产品的印象。

渗透定价是指企业把其创新产品的价格定得相对较低，以吸引大量顾客，提高市场占有率。

渗透定价的条件：① 市场需求对价格极为敏感，低价会刺激市场需求迅速增长。② 企业的生产成本和经营费用会随着生产经营经验的增加而下降。③ 低价不会引起实际和潜在的竞争。

满意定价是一种介于撇脂定价策略和渗透定价策略之间的定价策略。其所定的价格比撇脂价格低，比渗透价格要高，是一种中间价格。这种定价策略由于能同时使生产者和顾客都比较满意而得名。

【案例】

1. 良信电器 1U 断路器助力 5G 成功覆盖珠峰

由于珠峰地势复杂，5G 基站部署环境极其艰苦，物资运输异常困难，只能通过“牛拉肩扛”。因此，基站部署使用了华为 5G 极简站点（5G AUU），其集成度高、体积小、易搬用，有效降低了珠峰 5G 的部署难度。良信电器联合华为历时 5 年研发了 NDB6AZ 系列断路器（也叫 1U 断路器或 5G 专用断路器）。将断路器安装高度由 3U 缩减至 1U，使 5G 基站电源配电密度提升至传统方案的 2.6 倍，成功解决了 5G 配电高密安装的难题。到目前为止，市场上能够提供 5G 专用的 1U 断路器的低压电器厂商只有良信电器一家，良信电器已批量向行业领军企业供货，助力中国 5G 顺利商用。在 5G 基站建设进入快车道的大背景下，百亿低压电器需求也爆发在即。凭借在通信行业配电解决方案的专业能力，以及创新研发的产品，良信电器正快速成为 5G 时代低压电器行业的领头羊。

2. 大疆创新，无人机“帝国”诞生

在大疆精灵 1 无人机面世以前，无人机在空中摄像的震动非常大，这种震动直接导致摄像机拍到的视频极不稳定，无法拍摄到良好的影像，即使对视频进行后期调节处理，也不能很好地解决此问题。因此，大疆公司大规模投入研发资金，从 2009 年开始，全力设计一种前所未有的云台稳定方案，历时两年，成功研发出一款名为“禅思”的云台，“禅思”成功地将相机抖动稳定在了 0.04° 范围内，掀起了无人机航拍领域的革命，极大地降低了航拍的成本，成功地将无人机航拍推广到了市场，受到市场的青睐，特别是影视行业。但大疆并未就此停止创新的脚步，继续在无人机图像远程传输系统中创新，研发出大疆首款 2.4G 全高清数字图像传输系统（Lightbridge 传输系统），实现几乎“零延时”的 720p 高清传输和显示，距离通常可达 2km 以上，在开阔无干扰的情况下甚至可达 5km 以上。随着大疆在技术领域的创新，不断打磨产品，如今的大疆在全球民用无人机企业中排名第一，占据全球消费级无人机市场 70% 以上的份额。

3. 3M 公司案例

3M 公司是一家美国企业，全称明尼苏达矿务及制造业公司（Minnesota Mining and Manufacturing Corporation），于 1902 年在美国明尼苏达州成立，是一家历史悠久的多元化跨国企业，素以产品种类繁多、锐意创新而著称于世。成立至今，它开发生产的优质产品多达 5 万种，服务于通信、交通、工业、汽车、航天、航空、电气、医疗、建筑、文教办公及日用消费等诸多领域。

在《商业周刊》和波士顿咨询公司联合评选的 2007 年度全球最具创新性的 50 家企

业中，3M 公司名列第七。近百年来，3M 公司共开发了 69000 多种新产品，平均约每 2 天开发 3 种新产品，并且对现有产品不断更新换代。时至今日，3M 公司每年仍有 500 种新产品被开发推广。3M 公司取得辉煌业绩的根本原因在于创新，而其创新的核心则是“处在混沌边缘”的创新机制和管理模式。其关键是具备战略企图心、多元化的核心技术平台、加强横向交流和共享的密集网络、给予富有最好创意和创造力的员工丰厚奖赏的激励机制、鼓励自我创新的 15% 法则、激发创意和宽容失败的公司文化，以及让每名员工把客户需求放在首位的公司信条。

3M 公司每年有 35% 的销售额源于最近四年的新产品，1% 的销售额来自过去一年开发出的新品。正因为其远大使命“成为世界上最具创意的企业，并在所服务的市场里成为备受推崇的供应商”，3M 公司高层管理者不会只在意某个新项目的短期盈利能力，而是平衡现有的业务与新业务，平衡专注性与灵活性，这对公司的未来持续发展和经营绩效至关重要。而对那些才华横溢、满怀激情的人来说，这个使命是一种诱惑，吸引他们加入 3M 公司的原因是公司提供了改变世界的舞台。这个使命也提供了“什么是创新及如何创新”的清晰理解和定义，使得员工可以把公司的创新活动紧密地与商业目标相联系。

（1）3M 公司战略上的企图心，使得创新成为企业使命和价值的一部分

这种创新的使命感对于创新的实现甚为重要，因为创新活动可以得到公司领导层的支持和赞助，从而使得创新计划能够得到相应的资源配置，否则只能是空中楼阁。而且，管理层的支持会直接影响员工创新的积极性及创新成果的取得。3M 公司特别强调管理层对员工创新的鼓励、支持与导向作用，并注重管理者在员工创新管理中的艺术性。1948 年，公司总裁威廉·麦克奈特（William Mcknight，1887—1978）忠告他的管理层要大胆下放职权，鼓励员工主动实践自己的构思与创意，并且容忍错误。在 3M 公司，管理层要做到“耐心倾听任何一个人的原始创意，无论当初看有多么荒诞不经”“鼓励，而不是吹毛求疵，让员工带着创意前进”。

（2）多元化的核心技术平台

如今，3M 公司凭借 47 个核心科技平台进行多元化市场渗透。这 47 个高速运转的核心科技平台成为 3M 公司不断创新的源泉。3M 公司深知核心技术对企业持续发展的重要意义，将全球销售收入的 7% 投入相关技术领域和产品应用的研发中。这家制造业巨头曾创造过无数个世界第一：譬如高速公路上的反光高速牌，录音带，录像带，曾用于计算机的 8 英寸、5 英寸磁盘，以及汽车、手机、电脑的各种大部件，数不胜数。其产品线涉及文教和家庭用品、医疗用品、运输产品、标识及交通安全产品、安保及防护产品、电子、电力、通信及光学产品等多个领域。

3M 公司认为，创新就是满足客户的需要，并超越他们的期望。因此 3M 公司通过了解市场的需求和倾听客户的声音来不断开发新产品和新功能，以“黏住”消费者。3M 公司员工往往要花费大量的时间和消费者进行沟通，公司销售代表和服务代表随时随地倾听消费者的需求。遮蔽胶带的发明缘于一位科研人员到一家油漆店送货时，听到店员抱怨报纸上的胶水损坏了油漆颜色。3M 公司中国研发中心总经理刘尧奇博士表示：“作为 3M 公司全球第四大研发中心，中国研发中心的使命就是将现有技术转化成适合中国市场应用领域的新产品，以满足中国客户日益增长的需求。”

（3）加强横向交流和共享的密集网络系统

3M 公司于 1951 年设立了“3M 技术论坛”，如今每年邀请近万名研发人员参加年度座谈会，让每位研究人员了解其他人的研究项目，鼓励灵感的激荡和碰撞。许多重大发明来源于此。3M 公司还成立了“3M 技术委员会”，由各部门及各国技术主管组成。该技术委员会的主要职责是：① 分享技术、资源及经验；② 对公司的技术项目进行评估，并提出建议；③ 对技术人员进行评估和推荐，并执行与技术人员相关的政策和程序；④ 通过共同感兴趣的项目促进成员之间的交流和协作；⑤ 通过研究、讨论并运用最佳的项目管理方法和程序确保实现最有效的管理。

有效的创新离不开知识、信息、经验与教训等资源的共享。3M 公司在内部建立了大型数据库系统，及时将产品的市场行情、特定技术的现行状况与发展趋势等对创新有用的信息分门别类地存储于公司数据库，公司内部成员可以随时调用。同时，公司内部有很多专题共享网络，如“经验共享”“教训共享”“问题共享”等。“共享”有助于创新者站在“巨人的肩膀”上，汲取组织其他成员的经验与教训，少走弯路，也有利于组织资源的节约与创新效率的提高。3M 公司鼓励员工跨越领域或部门界线，积极沟通合作，深入了解客户公司内部各个层次的不同需求，并以此为基础提出全面完整的一体化解决方案。而且 3M 公司的任何一项技术平台都可以在全公司范围内，在所有的国家、所有的子公司、所有的事业部共享，使同一技术可以运用到更多领域。

（4）刺激创新的有效机制

3M 公司致力于“尊重每一位员工的价值，并鼓励员工创新，为员工提供具有挑战性的工作环境及平等的发展机会”。在 3M 公司，除了进入管理层，员工可以选择走技术发展路线，有机会获得与管理路线同等的名誉、职位、福利和竞争力。技术路线的最高职位是企业科学家（corporate scientist）与公司总监同级。3M 公司为了鼓励创新英雄，每年都要举行隆重的仪式，将创新发明最突出的三四个人吸收到公司的科学院，而此事又向员工们证明，在 3M 公司宣传新思想、开创新产业是完全有可能取得成功的，而且成功了就会得到认可和奖励。3M 公司对在研发中有杰出表现的技术人员设置了很多奖励，譬如设立于 20 世纪 60 年代的卡尔顿奖——3M“诺贝尔奖”，用以奖励在科学上获得重大突破或作出杰出贡献的3M公司科学家。3M公司还设立了“季度优胜奖”“专利奖”等奖项激励员工为公司发展作出贡献。3M公司对优秀的技术人员除了物质奖励外，更注重对创新者的精神激励，比如，设立全球技术卓越和创新奖——3M“奥斯卡奖”。荣获此奖的人可以和家人一起到美国，在公司高层的陪同下乘坐3M专机到度假胜地尽情玩耍。

3M公司除了对有杰出贡献的个人进行物质奖励和精神激励外，还奖励推动新产品和新项目的团队，比如颁发“金靴奖”“寻径奖”“商业奖”及“精英奖”等团队奖。此外，3M公司在业绩考核上，除了ROI（投资报酬率）等财务的定量指标外，还讲究对创新人员学习能力、协作精神、品质等定性因素的考核，同时注重“共享价值观”的形成，号召创新人员以公司为家，为公司的发展积极贡献智慧与力量。

（5）**鼓励自我创新的15%法则**

3M公司在创新方面的一项积极举措是，将创新列入员工的工作时间，鼓励员工积极探索新技术领域并且投入合理的费用。在3M公司，每位员工有15%的工作时间可以用在自己感兴趣的技术项目或创新计划上，甚至可以申请基金作为研发费用，不管这个项目能否马上带来直接效益。如果员工的创新理念和公司目前发展的重点并不很匹配，员工可以申请“开拓基金或起源基金”，得到一笔资金继续创新项目。这是为那些被正常申报程序判死刑的创意提供第二次机会的资金。对于3M公司的工程师来说，公司的“8515法则”允许他们追求激情。每一位员工能自由使用15%的时间进行与核心业务不相关的创新思考。如何保证员工用这15%的时间做有用的事呢？3M公司认为无须监控，因为对每位员工进行密切监控的成本远远大于他所带来的收益。

鼓励自我创新的15%法则保证了公司的精力并非全部花费在短期利益上，它让“创新成为每个人的责任”。在鼓励自我创新的15%法则下，新的创意常常从3M的基层员工中产生，并自下而上传递。正是得益于这种良好的创新公式与法则，公司很多著名产品如“报事贴”“新砂纸”“闪光膜”等被不断开发出来，员工在得到创新乐趣与奖励的同时，也给公司带来了丰厚的利润回报。被欧美权威机构评为20世纪改变人类生活方式的十大发明之报事贴（post）就是在鼓励自我创新的15%法则下诞生的。3M公司的科学家Spencer Silver博士早在1968年就发明了制造粘贴剂的方法，当时他想发明一支超强粘贴剂，结果失败。后来，Art Fry发现了这种粘贴剂的使用价值。这些细小的纸条粘得不太牢，却正是人们喜欢报事贴的原因。如今，报事贴便条纸每年可以为3M公司带来超过3亿美元的收入。

（6）**激发创意和宽容失败的公司文化**

创新文化是创新管理的制高点。是什么法宝，让3M公司的新产品层出不穷？“源于3M公司的企业文化。”3M公司大中华区总经理余俊雄说：“3M公司的很多新产品并不是工程师研发出来的。譬如防窥屏本来是在电脑上用的，后来用在ATM上，现在也被用在手机上，这个点子就是3M公司中国的销售员想出来的。”在3M公司，个人的成功主要取决于他们的创意质量和技术水平，知识型员工是公司最重要的资产和智力资本。因此，3M公司提供大量机会激发员工的智慧和潜力，营造鼓励大家踊跃发言、追求激情、用“精英智慧”来取代“贵族智慧”高度授权的知识工作环境。余俊雄认为，营造创新文化最重要和最困难的一点是，领导者要懂得授权——把嘴巴闭起来，把手放在口袋里，放手让团队去做事情。

3M公司致力于营造容忍失败和允许犯错误的具有良好创新氛围的知识工作环境。创新成果美好，但过程曲折，因而进行创新要鼓励冒险，允许失败，但绝不允许重复同样的失败。在3M公司，创新人员失败后，一般情况下薪金、待遇，甚至晋升都不会受到影响，使得员工为创新冒险而无后顾之忧。公司开发隔离胶带产品时，经历多次失败。每次失败后，研发人员得到的不是打击，而是鼓励与支持。正是在公司宽容失败的文化鼓舞下，研发人员不怕失败，反复试验，最终隔离胶带成功上市，并很快成为公司的核心产品，目前每年能给公司带来上亿美元的销售额。这些做法也可以从3M公司的精神领袖、前任CEO麦克奈特的理念中得到印证。他常常对员工们说：“我们容忍员工犯错误，只要他的动机是好的。从长远来看，与一些管理层利用职权专制地告诉下属怎么做之类的错误相比，员工所犯的错误可能微不足道。”他也常告诉经理们：“要鼓励实验性的涂鸦；如果你在四周竖起围墙，那你得到的只能是羊；为了发现王子，你必须与无数只青蛙接吻；切勿随便扼杀任何新的构想；如果他们是优秀的员工，我们就应该赋予他们权威和责任，让他们用自己的方式去完成任务。”

从某种意义上说，创新的失败是必然的，而成功是偶然的。在3M公司，有超过60%的新产品最终失败了，这还不包括产品研发出来前，研发实验室中不计其数的失败。失败的原因不外乎无法克服在手机上的科技障碍及发现想象中的市场并不存在等。然而，3M公司的成功并不是偶然发生的，而是由系统的机制与文化来支撑和保证的。这根源于它“宽容失败”的文化基因，通过系统的实践和创新的原理来获得支持和鼓励，并结合科技和创造力来满足客户现有和潜在的需求。这个百年企业能否继续保持既有的创新速度，很大程度上取决于其独特的创新机制及管理模式能否适应未来的动态环境。对我们而言，创新型企业才是实现我国“自主创新型国家”战略的核心和主旋律。创新是一门艺术，中国企业家应结合企业自身实际，力争早日使自己的企业成为具有自主创新能力的“黑马”。当然，3M公司经过百年积累的某些特性，比如，令对手望尘莫及的47个核心技术平台其他公司是很难仿效的。但是，学习3M公司鼓励创新的企业文化，参考其创新机制设计，或许可以帮助中国企业家使公司创新从“混沌无序的边缘”达到“有序的平衡”。

第5章

创业团队建设与管理

在信息技术高速发展的今天，创业成功者层出不穷。虽然每个创业者的创业过程各不相同且具有不可复制性，但是随着人们对创业成功者的深入分析，越来越能认识到创业团队的重要性。对于创业者来说，只有有效的团队合作和不懈的团队精神，才能使企业具有强大的生命力。所有成功的创业公司无不在创业过程中经历创业团队的组建、成长、更新。所以，创业者在创业过程中要重视创业团队的组建和管理。

5.1　创业团队概述

共同创业有利于分散创业的失败风险，团队成员之间的技能互补可提高应对环境不确定性的能力，从而降低新创企业的经营失败风险。更为重要的是，共同创业具有更强的资源整合能力，能同时从多条融资渠道获取创业资金等资源，保证创业企业的成功。

5.1.1　创业团队的概念

不同的学者从不同的角度界定了团队的定义。路易士（Lewis）认为，团队是由一群认同并致力于达成共同目标的人所组成，这一群人相处愉快并乐于工作在一起，共同为达成高品质的结果而努力。在这个定义中，路易士强调了三个重点：共同目标、工作相处愉快和高品质的结果。盖兹贝克（Katezcnbach）和史密斯（Smith）认为，一个团队是由少数技能互补的人所组成的，他们认同一个共同目标和一个能使他们彼此担负责任的程序。盖兹贝克和史密斯也提到了共同目标，并提到了成员技能互补和分担责任的观点，同时还指出团队是一个少数人的集合，保证相互交流的障碍较少，比较容易达成一致，也比较容易形成凝聚力、忠诚感和相互信赖感。但是，团队必定是以达到一个既定结果为最终目标，共同的目标是团队区别于群体的重要特征。

团队就是合理利用每一个成员的知识和技能协同工作，解决问题，达到共同目标的共同体。创业团队就是由少数技能互补的创业者组成的团队，他们为了实现共同的创业目标而实施一个能使他们彼此担负责任的程序，共同为达成高品质的结果而努力。

因此，创业团队需具备 5 个重要的团队组成要素，称为 5P。

1. 目标

创业团队应该有一个既定的共同目标（purpose），为团队成员导航，使团队成员知道要向何处去。没有目标，这个团队就没有存在的价值，目标在创业企业的管理中以创业企业的远景和战略的形式体现。

2. 人

人（people）是创业团队最核心的力量。3个及3个以上的人就形成一个群体，群体有共同的奋斗目标就形成了团队。在一个创业团队中，人力资源是所有创业资源中最活跃、最重要的资源，创业者应充分调动各种资源和能力，将人力资源进一步转化为人力资本。

目标是通过人员来实现的，所以人员的选择是创业团队中非常重要的一部分。在一个团队中，需要有人出主意，有人定计划，有人实施，有人协调不同的人一起去工作，还要有人去监督创业团队工作的进展，评价创业团队最终的贡献，不同的人通过分工来共同完成创业团队的目标。选择人员时，要考虑人员的能力如何、技能是否互补、人员的经验如何。

3. 定位

定位（place）包括创业团队的定位和个体的定位。

（1）创业团队的定位。创业团队的定位包括创业团队在企业中处于什么位置，由谁选择和决定团队的成员，创业团队最终应对谁负责，创业团队采取什么方式激励下属。

（2）个体的定位。作为成员，在创业团队中扮演什么角色，是负责制订计划还是负责具体实施。是大家共同出资，委派某个人参与管理；还是大家共同出资，共同参与管理；或是共同出资，聘请第三方（职业经理人）管理。这体现在创业实体的组织形式是采用合伙制还是公司制。

4. 权限

创业团队中，领导人的权限（power）与团队的发展阶段和创业实体所在行业相关。一般来说，创业团队越成熟，领导者的权限相应越小；在创业团队发展的初期阶段，领导权相对比较集中。高科技实体多数实行民主的管理方式。

5. 计划

计划（plan）有两层含义：

（1）目标的最终实现需要一系列具体的行动方案，可以把计划理解成达到目标的具体工作程序。

（2）按计划进行可以保证创业活动的顺利进行。只有按计划实施，创业团队才会一步一步地贴近目标，从而最终实现目标。

5.1.2 创业团队的类型

按照不同的标准，可以将创业团队划分为不同类型。按照创业团队的组成者来划分，创业团队可以分为星状创业团队、网状创业团队和虚拟星状创业团队。

1. 星状创业团队

一般星状创业团队中都有一个核心人物，充当领队的角色。这种团队在形成之前，一般是核心人物有了创业的想法，然后根据自己的设想组织创业团队。因此，在团队形成之前，核心人物已经就团队组成进行过仔细思考，根据自己的想法选择相应的人员加入团队，这些加入创业团队的成员也许是核心人物以前熟悉的人，也许是不熟悉的人，但这些团队成员在企业中更多时候是支持者的角色。

星状创业团队的特点如下：

（1）组织结构紧密，向心力强，核心人物在组织中的行为对其他个体的影响巨大。

（2）决策程序相对简单，组织效率较高。

（3）容易形成权力过分集中的局面，从而使决策失误的风险加大。

（4）当团队其他成员和核心人物发生冲突时，核心人物的特殊权威容易使团队其他成员处于被动地位，在冲突较严重时，团队其他成员一般会选择离开团队，因而对组织的影响较大。

例如，太阳微系统（SunMicrosystems）公司创业之初就是由维诺德·科尔斯勒（Vinod KhMla）确立了多用途开放工作站的概念，接着他找到分别在软件和硬件方面有所建树的专家乔（Joy）和本其托斯民（Bechtolsheim），以及具有实际制造经验和拥有人际关系技巧的专家麦克尼里（MeNeary）组成了该公司的创业团队。

2. 网状创业团队

网状创业团队的成员一般在创业之前都有密切的关系，如同学、亲戚、同事、朋友等。大家在交往过程中共同认可某一创业想法，并就创业达成了共识以后，开始共同创业。网状创业团队组建时，没有明确的核心人物，大家根据各自的特点进行自发的角色定位。因此，在企业初创时期，创业团队各成员基本上扮演的是协作者或者伙伴的角色。

网状创业团队的特点如下：

（1）团队没有明显的核心人物，整体结构较为松散。

（2）组织决策时，一般采取集体决策的方式，通过大致的沟通和讨论达成一致意见，因此组织的决策效率相对较低。

（3）团队成员在团队中的地位相似，因此容易在组织中形成多头领导的局面。

（4）当团队成员之间发生冲突时，一般采取平等协商、积极解决的态度消除冲突，团队成员不会轻易离开。但是一旦团队成员间的冲突升级，使某些团队成员撤出团队，就容易导致整个团队涣散。

网状创业团队的典型代表如微软的比尔·盖茨和童年玩伴保罗·艾伦、惠普的戴维帕·卡德和他在斯坦福大学的同学比尔·体利特等。多家知名企业的创建多是先基于创业团队成员的互动激发出创业点子，然后合伙创业，此类例子比比皆是。

3. 虚拟星状创业团队

虚拟星状创业团队由网状创业团队演化而来，基本上是星状创业团队和网状创业团队的中间形态。这类创业团队中有一个核心人物，但是该核心人物地位的确立是团队成员协商的结果，因此核心人物从某种意义上说是整个团队的代言人，而不是主导型人物，其在团队中的行为必须充分考虑团队其他成员的意见，不如星状创业团队中的核心人物那样有权威。

5.2　创业团队的组建

创业团队的组建没有统一的程序化规程。不同的创业团队有不同的团队建立方式，创业者走到一起来多是机缘巧合，目标一致、兴趣一致、有相同想法的人都可以合伙创业。在团队中，各成员扮演好自己的角色至关重要。创业团队的组建涉及团队的运作、效率及核心凝聚力。下面探讨一下如何组建一支适合自己的创业团队。

5.2.1　组建创业团队的基本条件

创业的过程中，个人的力量毕竟有限，创业团队的组建显得十分重要。组建一个健康、有战斗力的创业团队应具备以下条件：

1. 树立正确的团队理念

（1）凝聚力。拥有正确团队理念的成员，相信他们处在一个命运共同体中，共享收益，共担风险。一个团队，不是靠个别的“英雄”工作，每个人的工作应相互依赖和支持，依靠事业成功来激励每个人。

（2）诚实正直。诚实正直是有利于顾客、公司和价值创造的行为准则，它排斥纯粹的实用主义或利己主义，拒绝狭隘的个人利益和部门利益。

（3）为长远着想。拥有正确团队理念的成员，相信他们正在为企业的长远利益工作，正在成就一番事业，而不是把企业当作一个快速致富的工具，他们追求的是最终的资本回报及创业成功带来的成就感，而不是当前的收入水平、地位和待遇。

（4）承诺价值创造。承诺价值创造即拥有正确团队理念的成员承诺为了每个人而使“蛋糕”做得更大，包括为顾客增加价值，使供应商随着团队成功而获益，为团队的所有支持者和各种利益相关者谋利。

2. 确立明确的团队发展目标

目标在团队组建过程中具有特殊的价值。首先，目标是一种有效的激励因素。如果一个人看清了团队的未来发展目标，并认为随着团队目标的实现，自己可以从中分享很多利益，那么他就会把这个目标当成自己的目标，并为实现这个目标而奋斗。从这个意义上讲，共同的未来目标是创业团队克服困难、取得胜利的动力。其次，目标是一种有效的协调因素。团队中各种角色的个性、能力有所不同，大家只有齐心协力才能取得胜利。只有真正目标一致、齐心协力的创业团队才会获得最终的胜利与成功。

3. 建立责、权、利统一的团队管理机制

1）创业团队内部需要妥善处理各种权力和利益关系

（1）妥善处理创业团队内部的权力关系。在创业团队运行过程中，团队要确定谁从事何种关键任务和谁对关键任务承担什么责任，以使能力和责任的重复最小化。

（2）妥善处理创业团队内部的利益关系。创业团队内部的利益关系与新创企业的报酬体系有关。一个新创企业的报酬体系不仅包括股权、工资、奖金等金钱报酬，还包括个人成长机会和提高相关技能等方面的因素。每个团队成员所看重的利益并不一致，这取决于个人的价值观、奋斗目标和抱负。有些人追求的是长远的资本收益，也有些人不想考虑那么远，只关心短期收入和职业安全。新创企业的报酬体系十分重要，而且企业在创业早期阶段财力有限，因此要认真研究和设计整个企业生命周期的报酬体系，使之具有吸引力，并且使报酬水平不受贡献水平的变化和人员增加的限制，即能够保证按贡献付酬和不因人

员增加而降低报酬水平。

2）制定创业团队的管理规则

要处理好团队成员之间的权力和利益关系，创业团队必须制定相关的管理规则。创业团队管理规则的制定要有前瞻性和可操作性，要遵循先粗后细、由近及远、逐步细化、逐次到位的原则。这样有利于维持管理规则的相对稳定，而管理规则的稳定有利于团队的稳定。

创业团队的管理规则大致包括以下三个层面：

（1）治理层面的管理规则，主要解决剩余索取权和剩余控制权问题。治理层面的规则大致可以分为合伙关系与雇佣关系。在合伙关系下，大家都是老板，大家说了算；而在雇佣关系下，只有一个老板，一个人说了算。创业团队除了建立利益分配机制和争端解决机制，还必须建立进入机制和退出机制，没有出入口的游戏规则是不完整的，因此要约定创业者退出的条件和约束，以及股权的转让、增股等问题。

（2）文化层面的管理规则，主要解决企业的价值认同问题。企业章程和用工合同解决的是经济契约问题，但作为管理规则，它们还是很不完备的。经济契约不完备的地方要由文化契约来弥补。文化契约包括很多内容，但也可以用"公理"和"天条"这两个词简要地概括。所谓"公理"，就是团队内部不证自明的东西，它构成了团队成员共同的终极行为依据。所谓"天条"就是团队内部任何人都碰不得的东西，它对所有团队成员构成一种约束。

（3）管理层面的管理规则，主要解决指挥管理权问题。最基本的管理层面的管理规则有三条：① 平等原则，制度面前人人平等，不能有例外现象；② 服从原则，下级服从上级，行动要听指挥；③ 等级原则，不能随意越级指挥，也不能随意越级请示。这三条原则是秩序的源泉，而秩序是效率的源泉。当然，仅有这三条原则是不够的，但它们是最基本的，是建立其他管理制度的基础。

5.2.2　组建创业团队的模式

创业团队投资是一种创业性投资活动。创业团队投资由于投资时机和投资对象的选择、资本额的大小、对投资收益的期望值等原因而具有较高的风险，因而对这类投资活动采取何种组织形式，对于投资本身及其成效具有重要影响。一般而言，创业团队在创业投资时可用的组织形式主要有公司制、合伙制两种，两种形式各有其特点。

1. 公司制

创业投资采用公司制形式，即设立有限责任公司或股份有限公司，采用公司的运作机制及形式进行创业投资。采用公司制的优势主要体现在以下几个方面：一是能有效集中资金进行投资活动；二是公司以自有资本进行投资有利于控制风险；三是公司可以根据自身发展对投资收益做必要的扣除和提留后再进行分配；四是随着公司的快速发展，可以申请对公司进行改制上市，使投资者的股份可以公开转让并将转让资金用于循环投资。有限责任公司是由两个以上的创业投资者共同出资，每个投资者以其认缴的出资额对公司承担有限责任，公司以其全部资产对其债务承担责任的企业法人。股份有限公司是指全部资本由等额股份构成并通过发行股票筹集资本，股东以其认购的股份对公司承担责任，公司以其全部资产对公司债务承担责任的企业法人。一般非家族成员的创业者采用公司制的比较多。

2. 合伙制

合伙制是指依法在设立的由各合伙人订立合伙协议，共同出资、合伙经营、共享收益、共担风险，并对合伙企业债务承担无限连带责任的营利性经营组织。创业团队投资采取合伙制，有利于将创业投资中的激励机制与约束机制有机地结合起来。

合伙人执行合伙企业事务，有全体合伙人共同执行合伙企业事务、委托一名或数名合伙人执行合伙企业事务两种形式。全体合伙人共同执行合伙企业事务是指按照合伙协议的约定，每个合伙人直接参与经营，处理合伙企业的事务，对外代表合伙企业。委托一名或数名合伙人执行合伙企业事务是指由合伙协议约定或全体合伙人决定一名或数名合伙人执行合伙企业事务，对外代表合伙企业。我国现阶段主要有四种合伙形式：亲戚内合伙、家族内合伙、朋友间合伙、同事间合伙。咨询类、律师事务所和会计师事务所多数采用合伙制形式。在我国农村，很多企业采用合伙制形式。全世界的小企业中有 80% 是家族企业，甚至在《财富》杂志排名前 500 家的大企业中，就有 1/3 由某个家族控制。不同类型的合伙形式都有自身的优势和不足。就家族合伙制来说，创业时期，凭借创业者的血缘关系、类似血缘关系，能够以较低的成本迅速网罗人才，各成员团结奋斗，甚至不计报酬，从而使企业能在短时间内获得竞争优势。而且这种类型的企业内部信息沟通顺畅，对外部市场信息反馈及时，总代理成本比其他类型的企业低。这种类型的企业的缺点是难以得到优秀的人才，其发展会在某种程度上受到制约。

5.2.3 组建创业团队的程序

创业者有了创业点子后，可以采用以下程序组建创业团队：

（1）撰写创业计划书。通过撰写创业计划书，使自己的思路进一步清晰，也为寻找合作伙伴奠定了基础。

（2）优、劣势分析。认真分析自我，发掘自己的特长，确定自己的不足。创业者首先要对自己正在或即将从事的创业活动有足够清醒的认识，并使用 SWOT（优劣势）法分析自己的优点、缺点，自己的性格特征、能力特征，拥有的知识、人际关系及资金等方面的情况。

（3）确定合作形式。通过优、劣势分析，创业者可以根据自己的情况寻找那些能与自己形成优势互补的创业合作者，选择有利于实现创业计划的合作形式。

（4）寻求创业合作伙伴。创业者可以通过媒体广告、亲戚朋友介绍、各种招商洽谈会、互联网等寻找自己的创业合作伙伴。

（5）沟通交流，达成创业协议。找到有合作意向的合作者后，双方还需要就创业计划、股权分配等具体合作事宜进行深层次、多方位的全面沟通。只有前期的充分沟通和交流，才不会导致正式创业后，迅速出现创业团队因沟通不足而引起的解体。

（6）合伙条款谈判，确定责权利。在双方充分交流并达成一致意见后，创业团队还需对合伙条款进行谈判，确定责权利。

5.2.4 创业团队的互补

创业团队的互补是指由于创业者知识、能力、心理等特征和教育、家庭环境方面的差异，会对创业活动产生不利影响，通过组建创业团队来发挥各个创业者的优势，弥补彼此的不足，从而形成一个知识、能力、性格、人际关系资源等全面具备的优秀创业团队。

1. 创业团队互补的意义

创业团队和创业产业选择是新企业创立的主要决策要素。根据调查发现，合伙形式创业的比率为 60.5%，独自创业的比率为 39.5%，这表明企业家更倾向于合伙创业。这主要是因为合伙创业有利于分散创业失败风险，团队成员之间的技能互补能提高企业应对环境不确定性的能力，从而降低新企业经营失败的风险。更为重要的是，调查还发现合伙创业具有更强的资源整合能力，能同时从多个融资渠道获取创业资金，从而使创业资金得到保证。合伙创业主要采用混合融资方式进行融资，融资率高出机构融资方式 2.3%；独自创业主要采用单一融资方式进行融资，融资率高出混合融资方式 6.9%。

另据统计数据报道，35% 的企业在开业当年就失败了，生存 5 年的只有 30%，生存 10 年的仅为 10%。尽管这些数字的准确程度值得商榷，但是不可否认，创业企业因为资金缺乏、技术相对不够成熟、管理经验缺乏，要想获得成功必须付出更大的努力，其中重要的一点就是必须高度重视创业团队的组织设计。组建一个高效、优势互补的团队非常重要，它是创业取得成功的基础。

2. 创业团队互补的途径

从人力资源管理的角度来看，建立优势互补的创业团队是保持创业团队稳定的关键。创业者需要什么样的创业团队，取决于创业机会的性质和核心创业者的创业理念。组建创业团队的关键是核心创业者如何评价其创业战略。创业者首先要考虑是否想把创业企业发展为一个有潜力的百年企业；其次是评价需要什么样的才能、技能、技巧、关系和资源，弄清楚创业者已经具备什么和还需要补充什么。创业团队是人力资源的核心，主内与主外的不同人才、耐心的总管和具有战略眼光的领袖、技术与市场两方面的人才都不可偏废。创业团队成员的选择还要注意个人的性格与看问题的角度，如果一个团队里有总能提出可行性建议和能不断地发现问题的批判性成员，对于创业将大有裨益。

研究表明，大多数创业团队组建时，并不是考虑到成员专业能力的多样性，成员大多有相同的技术能力或兴趣，管理、营销、财务等能力则较为缺乏。因此，要使创业团队能够发挥其最大能量，在组建一个团队的时候，不仅要考虑成员之间的关系，最重要的是考虑成员在能力或技术上的互补性，包括功能性专长、管理风格、决策风格、经验、性格、个性、能力、技术及未来的价值分配模式等方面的互补，以此来达到团队的平衡。太阳微系统公司就是一个非常值得借鉴的例子。创业初期，维诺德·科尔斯勒找到的三个合作伙伴分别是软件专家、硬件专家和管理专家，因此太阳微系统公司的创业团队非常稳定，为其带来了稳定的发展。

创业团队由很多成员组成，那么这些成员在团队里扮演什么角色，对团队完成既定的任务又起什么作用？团队缺少什么样的角色，候选人擅长什么、欠缺什么，什么样的人与团队现有成员的个人能力和经验是互补的？这些都是必须首先界定清楚的。这样，组建团队时就可以利用角色理论挑选和配置成员，所挑选出的成员才能做到优势互补、用人之长。因为创业不仅是自身资源合理配置的过程，更是各种资源调动、聚集、整合的过程。

1）不同角色对团队的贡献

不同角色在团队中发挥着不同的作用，因此，团队中不能缺少任何角色。一个创业团队要想紧密团结在一起，共同奋斗，努力实现团队的远景和目标，各种角色的人才不可或缺。

（1）创新者提出观点。没有创新者，思维就会受到局限，点子就会匮乏。创新是创业团队生产、发展的源泉。不仅企业开发需要创新，企业管理也需要创新。

（2）实干者运筹计划。没有实干者的团队会显得比较乱，因为实干者的计划性很强。“千里之行，始于足下”，有了好的创意还需要靠实际行动去实践。而且实干者在企业人力资源中应该占较大的比例，他们是企业发展的基石。没有执行力就没有竞争力，只有通过实干者踏实努力的工作，美好的远景才会变成现实，团队的目标才能实现。

（3）凝聚者润滑并调节各种关系。没有凝聚者的团队的人际关系会比较紧张，冲突的情形会更多一些，团队目标的完成将受到很大的冲击，团队的寿命也会缩短。

（4）信息者提供支持的武器。没有信息者的团队会比较封闭，因为不知道外界发生了什么事。当今社会，信息是企业发展必备的重要资源之一。世界是开放的系统，创业团队要在社会中生存和发展，要有与外界的信息交流，否则企业就成了一个自给自足的封闭小团体。当代创业团队的成功更需要正确、及时的信息。

（5）协调者协调各方利益和关系。没有协调者的团队其领导力会削弱，因为协调者除了要有权力性的领导力以外，更要有个性的号召力来帮助领导树立个人影响力。从某个角度来说，管理就是协调。各种背景的创业者凝聚在一起，经常会出现各种分歧和争执，这就需要协调者来调节。

（6）推进者促进决策的实施。没有推进者效率就不高，推进者是创业团队进一步发展的“助推器”。

（7）监督者监督决策实施的过程，没有监督者的团队会大起大落，做得好就大起，做得不好也没有人去挑刺，这样就会大落。监督者是创业团队健康成长的鞭策者。

（8）完美者注重细节，强调高标准。没有完美者的团队的线条会显得比较粗，因为完美者更注重的是品质、标准。在创业初期，不能过于追求完美，而在企业逐渐成长的过程中，完美者要迅速发挥作用，完善企业的缺陷，为企业做大做强打下坚实的基础。现代管理界提出的“细节决定成败”的观点，进一步说明了完美者在企业管理和发展中的重要作用。

（9）专家则为团队提供一些指导。没有专家，企业的业务就无法向纵深方向发展，企业的发展也将受到限制。

2）团队角色搭配

团队中有不同的角色，角色和角色之间的配合也会存在若干问题，在角色搭配的时候需要加以注意。

（1）创新者碰到善于协调的上司，他们之间的关系应该比较融洽，因为协调者善于整合各种不同的人一起达成目标。如果创新者碰到实干的上司往往容易发生矛盾，因为实干者喜欢按计划做事，不喜欢变化。

（2）作为同事，创新者和凝聚型的同事之间不会有问题，因为凝聚型的同事擅长协调人际关系。如果一个创新者碰到另一个创新型的同事，这时两人会围绕各自的立场和观点展开争论，内耗也就可能出现。

（3）创新型的领导如果碰到一个实干型的下属会很高兴，因为有人推进他的具体工作细节，两人正好互补，但如果创新型的领导碰到一个推进型的下属，他们之间的矛盾可能就会激化。

（4）两个完美者在一起，作为上司的完美者可能并不欣赏作为下属的完美者，因为完美者永远觉得自己的标准是最高的，很难接受别人的标准。完美者如果碰到实干者同事，彼此间往往很欣赏。完美者如果碰到一个信息者的上司，两人之间就会有一些冲突，因为信息者对于外界的新鲜事物接受很快，而完美者主张只有 120% 的把握才去做，他们对要不要采取新的方式和方法存在一些争议。

了解了不同的角色对于团队的贡献及各种角色的配合关系之后，就可以有针对性地选择合适的人才，通过不同角色的组合来达到团队的互补。由于团队中的每个角色都有优点和缺点，领导者要学会用人之长、容人之短，充分尊重角色差异，发挥成员的个性特征，找到与角色特征相契合的工作，使整个团队和谐，从而达到优势互补。优势互补是团队搭建的根基。团队竞争是创业企业赖以生存的主要法宝。大企业可以聘用非常专业的职业经理人，而在创业之初，创业企业只能通过团队精神在人力资源上超过大企业。所以，找到优势互补的合作伙伴是创业成功的保证。当代社会，社会分工越来越细，专业的事就要交给专业的人去做，这样胜算才会更大。优势互补的团队才能充分发挥其组合潜能，其成就也肯定优于个人创业的单打独斗。

在一个创业团队中，成员的知识结构越合理，创业成功的可能性越大。纯粹的技术人员组成的公司容易形成以技术为主、以产品为导向的情况，从而使产品的研发与市场脱节；由市场和销售人员组成的创业团队缺乏对技术的领悟力和敏感性，也容易迷失方向。因此，在创业团队的成员选择上，必须充分注意人员的知识结构，充分发挥个人的知识和经验优势。

5.3 创业团队的管理

新创企业的管理包括公司组织、生产服务、市场开发等几个方面。新创企业的管理重点一般会落在生产管理、市场、服务等环节，往往忽视团队的建设和管理，这是不科学的。创业团队管理的重点是在维持团队稳定的前提下发挥团队的多样性优势。规范化的企业制度和合适的角色定位是团队管理的有力保证。

5.3.1 创业团队发展各阶段的特征及建设重点

一个优秀的创业团队的发展过程一般包括形成阶段、波动阶段、稳定阶段和成熟阶段。

1. 形成阶段

在形成阶段，团队各个成员聚集在一起，每个人都迫切想知道他们的工作任务、工作内容及创业企业行动计划是什么。在这一阶段，成员之间的信任一般处于比较低的水平，团队的主要任务应该是确定一个合理的组织框架结构，明确成员的分工和职责。

作为领导者，需要积极参与团队的指导和构建工作，应利用各种机会向员工宣传创业理念和目标，并为他们描绘未来的美好前景，以及创业成功所能带来的经济效益和社会效益。

2. 波动阶段

在波动阶段，团队成员彼此相互学习，愿意分享工作经验和体会，并采取协作性行动，团队的凝聚力和向心力都将得到提高。在这个阶段，个人需要处于较高水平，因此应继续满足个人的物质需要和精神需要，保障团队成员安心并愉快地工作。当团队从相互信任转向为共同的目标努力工作时，各方面的问题会逐渐暴露。成员可能会发现，理想过于乐观，工作任务繁重，顾客也不像想象中那样多而广。成员之间可能会因意见不一致而产生冲突。在这个充满竞争且积极向上的阶段，如果处理得当，企业将富有创造性；如果处理不当，将严重挫伤员工的工作积极性，影响工作效率。

随着成员提出不同的观点（如群体应该如何协作、群体应该做什么等），团队的管理难度加大。这时要随时注意问题发生的信号，注意企业的文化建设，并避免在团队成员中形成利益群体。随着冲突的产生，把冲突公开，并帮助成员解决冲突。

因为团队仍处在发展阶段，任务需要在此阶段仍处于较低水平，团队领导需要把创业目标和任务看作推动团队不断发展的重要手段。在这一阶段，团队领导要积极投身企业文化建设中，提高员工的归属感和集体荣誉感。

3. 稳定阶段

在稳定阶段，成功的创业团队实现了既定的战略目标，具有高度的凝聚力和高度的有效性，团队成员逐渐理解了创业计划、工作职责，能够表达出自己的意见和建议，成员逐渐相互信任，团队开始和谐发展。

在这一阶段，个人可以得心应手地处理在团队中遇到的问题，因此，他们的个人需要在一定程度上有所降低。

在这一阶段，团队需要仍然很高，因为团队正致力于在行动准则、工作计划和安排上达成一致。团队领导的角色是激励新想法，督促每一位成员全力以赴，帮助他们达成目标。

在此阶段，任务需要的重要性开始凸显，团队领导应加强人力资源管理，不断调整激励措施，多为员工提供发展机会，同时应该注重目标的制定并激励团队成员为实现这个目标多作贡献，为员工提供各种物质和精神奖励。

4. 成熟阶段

在成熟阶段，团队在一种公开、信任的氛围中工作，团队成员能够相互理解并深刻领悟工作的实质，同时对实现创业目标有坚定的信念，愿意为实现创业目标与他人密切配合，并付诸行动。

在此阶段，团队主要致力于协调成员之间的矛盾和竞争关系，建立起流畅的合作模式；团队的经营和管理要进一步公开，以确保更多的员工参与企业决策工作；在企业文化建设过程中，要充分尊重员工的诉求，重视团队成员之间的依赖关系，让合作成为团队文化建设的基本规范。与此同时，创业团队成员应该不断充实自我，加强学习，在学习中不断提高工作效率。

5.3.2 组建创业团队应注意的问题

不同的创业者在共同的创业远景鼓舞下，形成了创业团队。组建一支优秀的创业团队对任何企业而言，都是一项至关重要的工作，是保证创业团队沿着共同目标，求同存异，最后实现团队远景的组织保证。组建团队应注意以下问题：

1. 应知己知彼

有些创业者认为，绝大多数创业团队的核心成员都很少，一般是三四人，多的也不过十来人，如此少的团队成员从企业管理的角度来看，实在是“小儿科”，因为人数太少，几乎每个从事管理工作的人都觉得能够轻松驾驭。实际上，这个创业团队成员虽少，但每个人都有自己的想法和观点，特别是当团队中具备领导特质的人有两个或两个以上时，团队成员在内心就有不服管的想法。

一个优秀的创业团队的所有成员相互之间应该非常熟悉，知根知底。在创业团队中，团队成员应非常清醒地认识到自身的优势与劣势，同时对其他成员的长处和短处也一清二楚，这样就可以很好地避免团队成员之间因为相互不熟悉而引起的各种矛盾、纠纷，迅速提高团队的向心力和凝聚力。同时，团队成员之间的相互了解更有利于成员之间工作的合理分配，最大限度地发挥各自的优势。

现在，许多大学生创业的合作伙伴也多是同学、朋友、校友，但还是很快就失败了，为什么呢？因为他们选择的合作伙伴虽然都是“熟人”，但是相互之间缺乏交流、沟通，说到底，团队成员相互之间还是陌生的。

2. 应有具备影响力的带头人

在企业管理和市场营销中，经常谈论领导者的核心竞争力。事实上，在创业团队中，带头人的作用更加重要。带头人如在大海上航行的巨轮的舵手，指引着创业团队的方向。

创业团队中必须有可以胜任的领导者，而这种领导者并不仅靠资金、技术、专利来决定，也不是谁提出什么好的点子谁就能当带头人。这种带头人是团队成员在共事过程中发自内心认可的，应该在创业团队中有巨大的、无形的影响力，能够有一呼百应的气势和号召力。

许多创业团队在很短的时间内就消亡了，很重要的原因在于创业团队的带头人根本不是一个合格的领导者。领导者的作用就是“决定一切”！

许多年轻人雄心勃勃，渴望一日升天，他们敢于第一个吃“螃蟹”，但是他们不一定是合格的创业团队带头人，他们最多只是起到了一种“先锋”示范作用。

3. 有正确的理念

要坚信组织能够健康发展下去，相信创业团队一定能够获得成功。不要开始就想着失败，尤其不要用那些“经典”的理论，如“只能同甘，不能共苦”“天下没有不散的筵席”等支配自己的思想和行动，而应该树立坚定的信念，坚信团队的事业一定能成功。

4. 有严格的规章制度

俗话说：“没有规矩，不成方圆。”组建团队时就把该说的话说到，该立的字据一定要有，把最基本的责、权、利说得明白透彻，尤其是股权、利益分配更要讲清楚，包括增资、扩股、融资、撤资、人事安排及解散条件等。这样在企业发展壮大后，才不会出现因利益、股权等的分配而产生分歧，使团队产生矛盾，从而导致创业团队解散。

第6章

创业计划书

6.1 撰写创业计划书的意义

6.1.1 创业计划书的概念

初创企业的创业者热火朝天地与投资人聊项目，如果对方有意向，他就会问创业者："能不能把你的 BP 发一份给我看看？"。这里投资人口中的"BP"就是"Business Plan"的缩写，即"商业计划书"，也称为"创业计划书"。它是关于初创企业商业构思和发展规划的一种阐述性文件。由于投资人与创业者面对面沟通需要花费大量时间，创业计划书就可以针对这一问题，帮助投资人对初创企业进行"预了解，预沟通"，有效节省双方时间。因此，创业计划书可以说是融资过程中最佳的商业信息展示载体。总而言之，创业计划书是一份全方位的商业计划，其主要用途是递交给投资商，以便于他们能对企业或项目做出评判，从而使企业获得融资。

创业计划书有相对固定的格式，它几乎包括投资商所有感兴趣的内容。从企业成长经历、产品服务、市场、营销、管理团队、股权结构、组织人事、财务、运营到融资方案，只有内容翔实、数据丰富、体系完整、装订精致的创业计划书才能吸引投资商，让他们看懂你的项目商业运作计划，才能使你的融资需求成为现实。创业计划书的质量对创业者的项目融资至关重要。

融资项目要获得投资商的青睐，良好的融资策划和财务包装，是融资过程中必不可少的环节，其中最重要的是应做好符合国际惯例的高质量的创业计划书。目前中国企业在国际上融资成功率不高，不是项目本身不好也不是项目投资回报不高，而是项目方创业计划书编写的草率与策划能力让投资商感到失望。

创业计划书的起草与创业本身一样是一个复杂的系统工程，不但要对行业、市场进行充分地研究，还要有很好的文字功底。对于一个发展中的企业，专业的创业计划书既是寻找投资的必备材料，也是企业对自身的现状及未来发展战略全面思索和重新定位的过程。

6.1.2 撰写创业计划书的缘由

俗话说："凡事预则立，不预则废。"因此，计划不是创办企业的全部，却是准备创业的第一步。

曾有研究机构做过一个实验：组织了三组人，让他们分别向 10 千米以外的 3 个村子步行。

第一组：不知道村庄的名字，也不知道路程有多远，只告诉他们跟着向导走就是。刚走了两三千米就有人叫苦，走了一半时有人几乎愤怒了，越往后走他们的情绪越低落。

第二组：知道村庄的名字和路程，但路边没有里程碑，他们只能凭经验估计行程时间和距离。走到一半的时候，大多数人就想知道他们已经走了多远，比较有经验的人说："大概走了一半的路程。"于是大家又簇拥着向前走，当走到全程的四分之三时，大家情绪低落，觉得疲惫不堪，路程似乎还很长，当有人说："快到了！"大家又振作起来加快了步伐。

第三组：不但知道村子的名字、路程，而且每走一千米就有一块里程碑。人们边走边看里程碑，每缩短一千米大家便有一小阵的快乐。行程中他们的情绪一直高涨，很快就到达了目的地。

上述实验表明，要想带领大家共同完成某项工作，首先要让大家知道做什么，即要有明确的目标（走向哪个村庄）；其次要指明行动的路线，这条路线应该是清楚的、快捷的（如路标），也就是说，要提出实现目标的可行途径，即计划方案。这些是有效开展工作的前提。确定目标及计划行动方案是计划职能的核心任务。没有计划，就是创业者没有负责任的思考。假如创业者不具备对拟创办企业负责任的思考，那么企业又如何生存与发展，投资者又怎么会冒险投资呢？

因此，创业计划书就应运而生了。创业计划书是创业者在初创企业成立之前就某一项具有市场前景的新产品或服务，向潜在投资者、风险投资公司、合作伙伴等游说以取得合作支持或风险投资的可行性商业报告，用来描述创办一个新企业时所有的内部和外部要素。创业计划通常是各项职能如市场营销计划、生产和销售计划、财务计划、人力资源计划等的集成，同时也是提出创业的头三年内所有中期和短期决策制度的方针。

有些初创公司的创业者认为，我的公司又不融资，也不打算上市，为什么要写创业计划书？如果创业者认为只有需要融资才需要写创业计划书，那就大错特错了。初创公司的确需要一份优秀的计划书来吸引投资，然而它不仅是给投资人看的，也是给创业者自己看的。它旨在对公司的发展思路进行一个清晰的脉络梳理，这也是为什么计划书一定要精心考虑后再书写的原因。

创业计划书的编写一般是按照相对标准的文本格式进行的，是全面介绍公司或项目发展前景，阐述产品、市场、竞争、风险及投资收益和融资要求的书面材料。如果有一份详尽的创业计划书，就好像有了一份业务发展的指示图一样，它会时刻提醒创业者应该注意什么问题，规避什么风险，并最大限度地帮助创业者获得来自外界的帮助。一份标准的创业计划书至少具备以下三个方面的作用：

1. 帮助创业者自我评价，厘清思路

在创业融资之前，创业计划书首先应该是给创业者自己看的。办企业不是“过家家”，创业者应该以认真的态度对自己所有的资源、已知的市场情况和初步的竞争策略做尽可能详尽地分析，并提出一个初步行动计划，通过创业计划书做到使自己心中有数。另外，创业计划书还是创业资金准备和风险分析的必要手段。对初创的风险企业来说，创业计划书的作用尤为重要。写计划书的过程也是对自己进行再认识的一个过程。创业者在头脑里策划了一个非常有潜力的项目，但不够清楚明确，而通过编写创业计划书就可以把所有想法写出来，然后再进行逐条推敲，这样创业者就能对这一项目有更加清晰的认识。

2. 帮助创业者凝聚人心，有效管理

一份完美的创业计划书可以增强创业者的自信，使创业者明显感到对企业更容易控制、对经营更有把握。因为创业计划提供了企业全部的现状和未来发展的方向，也为企业提供了良好的效益评价体系和管理监控指标。创业计划书使得创业者在创业实践中有章可循。

创业计划书通过描绘新创企业的发展前景和成长潜力，使管理层和员工对企业及个人的未来充满信心，并明确要从事什么项目和活动，从而使大家了解将要充当什么角色，完成什么工作，以及自己是否胜任这些工作。因此，创业计划书对于创业者吸引所需要的人力资源，凝聚人心，具有重要作用。

3. 帮助创业者对外宣传，获得融资

创业计划书作为一份全方位的项目计划，它对即将展开的创业项目进行可行性分析的过程，也在向风险投资商、银行、客户和供应商宣传拟建的企业及其经营方式，包括企业的产品、营销、市场，以及人员、制度、管理等各个方面。在一定程度上也是拟建企业对外进行宣传和包装的文件。

一份完美的创业计划不但会增强创业者自己的信心，也会增强风险投资家、合作伙伴、员工、供应商、分销商对创业者的信心。而这些信心，正是企业走向创业成功的基础。

6.2　撰写创业计划书的方法

那些既不能给投资者以充分的信息也不能使投资者激动起来的创业计划书，其最终结果只能是被扔进垃圾箱里。为了确保能“击中目标”，创业者撰写创业计划书时应做到以

下几点：

1. 关注产品

创业计划书中应提供所有与企业产品或服务有关的细节，包括企业实施的所有调查。这些细节包括但不限于回答以下问题：产品正处于什么样的发展阶段？它的独特性怎样？企业分销产品的方法是什么？谁会使用企业的产品？产品的生产成本及售价是多少？企业生产新产品的计划是什么？在解答问题的过程中，把投资者拉到企业的产品或服务中来，这样投资者就会和创业者一样对项目产生兴趣。在创业计划书中，创业者应尽量用简单的词语来描述每件事——商品及其属性的定义对创业者来说是非常明确的，但其他人不一定清楚它们的含义。撰写创业计划书的目的不仅要使投资者相信企业的产品会在市场上产生较大影响，还要使他们相信企业有实现它的实力。

2. 敢于竞争

创业者应细致分析竞争对手的情况，比如竞争对手是谁？他们的产品是如何运作的？竞争对手的产品与本企业的产品相比，有哪些相同点和不同点？竞争对手所采用的营销策略是什么？要明确每个竞争者的销售额、毛利润、收入及市场份额，然后再讨论本企业相对于每个竞争者所具有的竞争优势。要向投资者展示，顾客偏爱本企业的原因是：本企业的产品质量好、送货迅速、定位适中、价格合适等。要使创业计划书的读者相信，本企业不仅是行业中的有力竞争者，将来还会是确定行业标准的领先者。同时，创业者还应阐明竞争者给本企业带来的风险及本企业所采取的对策。

3. 了解市场

要给投资者提供企业对目标市场的深入分析和理解。要细致分析经济、地理、职业及心理等因素对消费者选择购买本企业产品这一行为的影响，以及各个因素所起的作用。其中还应包括一个主要的营销计划，计划中应列出本企业打算开展广告、促销及公共关系活动的地区，明确每一项活动的预算和收益。同时还应简述一下企业的销售战略：企业是使用外面的销售代表还是使用内部职员，企业是使用转卖商、分销商还是特许商，企业将提供何种类型的销售培训。此外，还应特别关注一下销售中的细节问题。

4. 表明行动方针

企业的行动计划应该是无懈可击的，需要明确以下几个问题：企业如何把产品推向市场？如何设计生产线？如何组装产品？企业生产需要哪些原料？企业拥有哪些生产资源，还需要什么生产资源？生产和设备的成本是多少？企业是买设备还是租设备？同时还应解释清楚与产品组装、储存及发送有关的固定成本和变动成本的情况。

5. 展示你的管理队伍

把一个思想转化为一个成功的创业企业，其关键因素就是要有一支强有力的管理队伍。这支队伍的成员必须有较高的专业技术知识、管理才能和多年的工作经验，要给投资者这样一种感觉："看，这支队伍里都有谁！如果这个公司是一支足球队的话，他们就会一直杀入世界杯决赛！" 管理者的职能就是计划、组织、控制和指导公司实现目标的行动。在创业计划书中，应首先描述一下整个管理队伍及各自的职责，然后再分别介绍每位管理人员的特殊才能、特点和造诣，细致地描述每位管理者将对公司作的贡献。在本部分，还应明确管理目标及组织架构图。

6. 出色的计划摘要

创业计划书中的计划摘要也十分重要。在计划摘要中，必须能让读者产生兴趣并渴望得到更多的信息，从而给读者留下长久的印象。计划摘要是创业者所写的最后一部分内容，却是投资者首先要看的内容，它将从计划中摘录与筹集资金最相干的细节，包括对公司内部的基本情况、公司的能力及其局限性、公司的竞争对手、公司的营销手段和财务战略、公司的管理队伍等情况简明而生动的概括。如果公司是一本书，它就像是这本书的封面，做得好就可以把投资者吸引住。它会给风险投资家这样的印象："这个公司将会成为行业中的巨人，我已经等不及要去读计划的其余部分了。"

6.3 创业计划书的内容

一份完整的创业计划书应包括封面、计划摘要、产品（服务）介绍、市场前景、竞争分析、营销策略、管理团队、财务预测、融资计划、风险控制和附录 11 部分。

6.3.1 封面

创业计划书封面的设计要给人以美感，要有艺术性。一个好的封面会使阅读者产生最初的好感，形成良好的第一印象。

6.3.2 计划摘要

计划摘要浓缩了创业计划书的精华，反映了创业计划书的全貌，它需要涵盖计划的要点，要求创业者言简意赅地表述整个创业项目的核心内容。摘要往往在计划书的最后阶段完成，却是投资者最先看到的。一般来说，投资者看完摘要之后，就会决定是否继续看完整的创业计划书。

因此，计划摘要十分重要，必须认真书写，保证内容全面，以吸引投资者的关注。计划摘要一般包含以下内容：

（1）公司介绍。

（2）管理者及其组织。

（3）主要产品和业务范围。

（4）市场概貌。

（5）营销策略。

（6）销售计划。

（7）生产管理计划。

（8）财务计划。

（9）资金需求状况。

6.3.3 产品（服务）介绍

产品不仅专指实物产品，服务也是一种产品。一项具有创新性的产品或服务是商业计划书的核心，如果你没有创新性的产品或服务，那么一切都是空谈。

在进行投资项目评估时，投资人最关心的问题之一就是分析企业的产品、技术或服务是否具有独特性，是否能尽快占领市场。因此，产品与技术介绍是创业计划书不可或缺的一项重要内容。产品介绍应提供所有与企业产品和服务有关的细节，以及企业所实施的所有调查内容，主要包括以下几个方面。

（1）客户价值。

如果你的产品无法与目前市场上已有的产品竞争，毫无创新性，投资者怎么会来投资你的公司？因此，在创业计划书中，一定要尽可能详尽地阐述产品所能提供的功能及客户从中能获取的更多的价值。

同时，由于投资者不一定全面了解你的产品，所以要尽量用简单的词语来描述产品的核心细节，将投资者的注意力集中到产品的价值上去，这样投资者才会对你的产品感兴趣，才可能决定投资。

（2）产品描述。

在对产品进行描述时，一般包含以下内容：① 产品的概念、性能及特性；② 主要产品介绍，产品的市场竞争力；③ 产品的研究和开发过程；④ 发展新产品的计划和成本分析；⑤ 产品的市场前景预测；⑥ 产品的品牌和专利等。

在产品介绍部分，创业者要对产品做详细的说明，说明要准确，也要通俗易懂，尽可能少用专业术语，使不是专业人员的投资者也能明白。一般来说，产品介绍会需要附上产品原型、照片或其他介绍内容。

6.3.4 市场前景

市场前景分析也是创业计划书中重要的一部分，创业者在这一部分应当向投资者展现项目良好的发展前景。好的创业计划书就是要能够接近客户、激发客户的购买欲望，最终将客户的购买欲望变成购买现实。

（1）目标市场定位。目标市场定位主要是对产品的销售金额、增长率和总需求等做出有充分依据的判断。市场细分是对企业的定位，创业者应该细分各个目标市场，并且讨论到底想从客户那里取得多少销售收入、市场份额和利润。投资者不会因为一个简单的数字就相信创业者的计划，创业者必须对可能影响需求、市场、策略的因素进行详细分析，一定要说明是如何得出结论的。

（2）行业分析。行业分析是要分析创业项目所处的行业，其中包括行业发展趋势、行业政策、行业的竞争环境等。

（3）市场前景预测。在预测市场前景时，市场增长前景的期望值也是创业者应当重视的内容。创业计划书中要指出哪些因素会影响市场的发展，如技术、立法举措等，指出这些因素和你的业务有什么关联。

（4）市场细分。在完成目标客户定位和市场前景分析后，创业者要对市场进行细分。在撰写创业计划书时，对于理想化的内容不要太费笔墨，创业者可能或已经掌握的那部分市场才是重点。创业者只有明确了自己能够满足的需求，才可以精确地、细致地分析属于自己的市场机会，才能制定市场营销方案，将精力放在谋求有利的市场位置上。

（5）明确市场目标。通过之前的市场分析与前景预测及市场细分，创业者要确定自己的市场目标。简而言之，就是你要怎么样把市场的占有转换为财富。在确立市场目标之前，创业者需要十分清晰自己的终极目标及想要的市场份额。值得注意的是，在投资者面前不要只说你的终极目标，这样他们会感觉虚、不可信，又怎么会把钱投给你？

6.3.5 竞争分析

在市场经济高度发展的时代，任何一个行业都存在各种形态的竞争。竞争是商业发展的重要组成部分，也是不可规避的一部分。创业者需要深入分析竞争环境，了解竞争对手，制定有利的竞争策略。

竞争究竟是什么？我们可以想象，在市场上当我们都在迎合同一种需求的时候就产生了竞争。竞争对手按照所提供的产品功能划分，可分为同类产品竞争者与非同类产品竞争者。

同类产品竞争者是企业的直接竞争对手，因为在市场上你们提供的产品是相同的或相似的，所以你们之间的竞争是最直接的。市场就那么大，谁赢得竞争，谁就赢得了市场。

非同类产品竞争者也是不容忽视的竞争对象。因为这些非同类产品竞争者，不仅对你的产品形成了竞争，还对你所在的行业发起了进攻。但是你也要意识到，非同类产品竞争者的存在，正好给了你一个提醒：你所在的行业到底哪个地方具有不稳定性，你可以学习他们的方法来巩固你的市场。

在分析竞争环境与竞争对手时，最常用的工具是 SWOT 分析法。SWOT 分析（SWOT Analysis）法也称道斯矩阵，即态势分析法。SWOT 分析法就是确认企业所面临的优势（strength）与劣势（weakness）、机会（opportunity）与威胁（threats），并据此确定企业的战略定位，最大限度地利用内部优势和机会，将企业劣势与威胁降到最低。

SWOT 分析法中的优势与劣势分析主要着眼于企业自身的实力及其与竞争对手的比较，分析竞争对手的优势、劣势，结合企业的特点，从而定位企业最有利的发展方向。而机会和威胁分析是分析整个行业环境与市场变化，它将注意力放在外部环境的变化及对企业的可能影响上。在应用 SWOT 分析法时，创业者必须结合四个要素进行综合分析，全面评估企业的发展空间。

1. 机会与威胁分析

随着经济、社会、科技等诸多方面的迅速发展，特别是世界经济全球化、一体化进程的加快，全球信息网络的建立和消费需求的多样化，企业所处的环境更为开放和动荡。这种变化几乎对所有企业都产生了深刻的影响。正因为如此，环境分析成为一项日益重要的企业职能。

在机会与威胁分析中，创业者需要结合市场环境与行业环境进行分析。一般来说，发展趋势分为两大类：一类表示环境威胁，另一类表示环境机会。环境威胁指的是环境中一种不利的发展趋势所形成的挑战，包括潜在进入这个行业的威胁、公司产品替代者的威胁，以及整个行业竞争中不确定因素的威胁，创业者如果不采取果断的战略行为，这种不利趋势将导致公司的竞争地位受到削弱。环境机会就是对公司行为富有吸引力的领域，在这一领域中，该公司将拥有竞争优势，包括对整个行业具有利好的政策环境、日趋成熟的客户需求与喜好、客户的消费趋向与喜好向公司产品方向靠拢等。

SWOT 所讲的环境就相当于市场，撰写创业计划书的时候，要充分分析市场的机会和威胁。市场的每一个变化都包含着机会与威胁，全面而深入地分析市场环境的变化，将帮助你更深入地了解机会与威胁。

当创业者通过分析市场环境获得一系列的信息和资料后，创业者应该进行归纳与总结，以做出令人信服的预测。

2. 优势与劣势分析

优势与劣势分别代表企业在市场竞争中的筹码与短板。优势代表企业参与竞争的筹码，而劣势代表企业容易被攻击的短板。

当两个企业处在同一市场或者说他们都有能力向同一顾客群体提供产品和服务时，如果其中一个企业有更高的盈利率或盈利潜力，那么，我们就认为这个企业比另外一个企业更具有竞争优势。

创业者必须认真甄别自己的竞争对手，并对竞争对手的产品、服务、销售主张、客户体验、客户评价等各个方面进行优、劣势分析。

每个企业都处于一个开放性的市场环境中，所以，在进行优、劣势分析时必须从整个价值链的每个环节上，将企业与竞争对手做详细的对比。而衡量一个企业是否具有竞争优势，还必须站在市场发展与潜在客户选择的角度上考虑。

通过多方面要素分析，如果企业在某方面或多方面拥有独特的优势，那么这些优势将成为企业成功的重要因素。

必须强调的是，优势与劣势是暂时的。企业的发展处于不断变化当中，一个企业拥有了局部优势，势必引起竞争对手的注意，并做出竞争反应。创业者必须锐意进取，在维持竞争优势的过程中，结合自身的资源和能力，采取适当的措施。

企业在竞争市场上有优势，也势必有劣势。在创业计划书中，创业者也必须正视自己的劣势。

很多人在分析自身劣势，尤其是竞争劣势的时候，总是假装劣势，例如，把行业中普遍的情况作为自己的劣势。所以，在撰写计划书的时候千万不要说一些无关痛痒的劣势，要多一些具体的劣势，追溯根源，介绍自己将来要如何去弥补这些劣势。

在优势和劣势分析中，创业者既要凸显竞争优势，也要为竞争劣势预备解决方案，通过资源合理配置与市场运作策略来弱化劣势的影响。

6.3.6　营销策略

营销策略是创业计划书最重要的组成部分，它向投资者展示创业企业将如何开拓市场，以及如何获得市场的回报。计划周全的营销策略与营销活动将帮助创业企业在目标市场中获得丰厚的回报。

投资者需要看到创业者将如何开拓市场、开拓市场的成本，以及具体的方法和措施。

在市场开拓过程中，“4P”营销理论是重要的工具。“4P”营销理论分别指产品（product）、价格（price）、渠道（place）、促销（promotion）。企业在制定营销策略时，可以围绕这四个方面展开。

下面我们对产品、价格、渠道、促销这四个方面进行简要的框架性介绍。

1. 产品

产品：产品具有哪些独特性？面向客户的哪一类需求？与同类产品相比有哪些优势？产品的定位是什么？

产品是企业提供给消费者的主体，也是满足消费者需求的关键部分。产品包括产品品类定位、产品定位、产品功能诉求、产品识别、产品商标品牌、产品价格及产品背后的相关服务等。

创业者需要检测产品是否满足客户的主流需求，同时根据市场需求的变化开发新的产品，制定相应的产品开发策略。一个好的产品可以为企业带来良好的利润。因此，产品的开发与设计必须以满足消费者需求为主旨。

2. 价格

价格：产品的价格体系是什么？产品是否具有价格优势？产品定价的原理是什么？根据不同的竞争形态，创业者需要为产品制定相应的价格。

产品的价格要结合市场规律与客户需求来制定。从本质上讲，产品的价格取决于产品能为客户创造多少价值。制定价格时，创业者既要考虑竞争环境的影响，也要考虑客户因素。

制定价格时，创业者可以通过与潜在的客户进行讨论或市场调研的方式对产品价格假设进行确认和修改。

产品的定价策略受企业开拓市场的目标影响。一些企业通过低价甚至免费的策略快速对市场进行渗透，先占领目标市场，再通过其他产品获得收益，而一些企业则通过新产品获得利润上的高收益。

3. 渠道

渠道：通过哪些渠道可以把产品便捷地流通到消费者手中？如何建立销售产品的渠道？如何管理产品的经销渠道？

渠道是产品流通到客户手中的桥梁，企业的产品必须通过各种各样的渠道流通到客户手中。渠道的建立也为客户购买提供了便利性。

随着互联网商务的大力发展，企业在分销渠道的选择上更加多样化。一般来说，渠道分为两种：直销与多级渠道分销。直销是指企业通过销售人员直接面对终端客户，分销则是指企业通过经销商向终端客户销售产品。

4. 促销

促销：创业者通过哪些方式促进消费者购买？运用哪些策略促进销售额增长？如何让消费者更倾向于选择该产品而不选择竞争对手的产品？

创业者必须通过促销与宣传手段吸引目标客户的注意力，激发客户对产品的兴趣，并引导客户深入了解产品信息，进而购买产品。

创业者需要向潜在客户展示产品的独特性与优势，并说明产品为他们带来的价值与好处，从而使客户相信你的产品，并选择购买你的产品。和客户打交道，重点要注意和吸引那些具有购买意向和消费决策能力的人。

6.3.7 管理团队

风险投资者在考察企业时，“人”是非常重要的因素。从某种意义上讲，风险创业者的创业能否成功，最终取决于企业是否拥有一个强有力的管理团队，这一点特别重要。

对于投资者来说，他们需要看到可以承载这个项目发展的精英团队。虽然有时候项目很好，但是团队能力与经验不足以支撑项目发展，投资者也会放弃投资。

在创业计划书中，要全面介绍管理团队的主要情况，包括管理机构、主要股东、董事组成、关键雇员、工资情况、股票期权、雇佣合同、管理制度、部门构成等。

1. 团队架构图

团队架构图的目的是说明企业中所涉及的关键人员，并展示他们的责任领域。组织结构要包括对每一个岗位的职能描述，以及与其他职位的联系。

无论如何，明确每个人的责任领域是很重要的。因为公司的成长会给组织带来更多的结构。未明确的责任领域及决策可能会成为争论的源头，尤其是在合作企业中。所以，创业者要列出团队架构图，并明确团队中各个成员的分工，做到责权清晰、到位。

2. 团队成员简介

在介绍团队成员时，首先要介绍团队成员的教育背景、行业经验、技术能力、管理能力、财务能力、所在岗位的职责，重点突出团队成员的能力与这个项目的匹配性，突出团队成员对这份事业发展的不可或缺性和促进性，如团队成员过去成功的经验、失败的教训等。

团队骨干成员介绍要包括所有将在风险项目中起重要作用的人，以及那些有能力为企业增强可信度的人，如董事会成员、关键咨询人员及将会加入的关键管理人员。要确保对所有关键领域的人员，如技术人员、营销人员、财务人员和经营人员等都进行介绍。

6.3.8　财务预测

创业计划书是项目获得风险投资的“敲门砖”，其中财务分析是对投资项目所做的经济上的可行性分析，在创业计划书中占据重要的地位。

财务分析至关重要，需要花时间、下功夫来完成。因为投资者主要是根据你的财务分析资料来判断你未来的经营情况和收益状况，并以此判断自己的投资回报。财务分析必须包含企业的财务状况、资产负债情况、资金来源和使用情况、利润和亏损状况、现金流量的分析与预测等。一般来说，财务预测中的各种数字要先于实际数字，这样，预测才能在现实的基础上合理可行，具有指导意义。

做好财务计划，就要明确以下问题：每一段时间内的产品销售量是多少？扩张生产线的时间节点在哪里？产品的生产费用是多少？如何确定产品的销售定价？分销渠道如何使用？成本和利润的期望值是多少？雇佣员工的数量及其工资预算是多少？

下面三项内容构成了创业计划书中的财务分析：

1. 财务预测前提

创业者需要对自己的项目设定一个财务预测前提，基于这个前提来设计财务报表。当然，你的前提必须是合理并符合实际的。

财务预测前提包含整个市场容量分析、市场份额分析、发展增速设定、未来成本增加等。

财务预测须收集和测算的基本数据包括项目预测期内各年的经济活动情况及其全部财务收支和结果。具体内容包括投资估算、成本费用预测、价格预测、生产负荷、税金预测、其他财务参数预测等。

2. 资金来源与使用分析

创业计划书中要说明启动这个项目的资金来源，其中包括：注册资本、资本构成及无形资产（如技术）做入股的比例，是否有借入资金，是否已有风投资金等。同时明确列出这些资金的用途及其相应的比例。

3. 资产负债表、利润表、现金流量表的编制方法

1）资产负债表的编制方法

表首、正表两部分组成了完整的资产负债表。表首部分包括报表名称、报表编号、计量单位、编制单位、编制日期、货币名称等。正表包含企业财务状况的各个项目，是资产负债表的主体。

资产负债表的正表一般有两种格式：账户式和报告式。账户式资产负债表左边列的是资产，右边列的是负债和所有者的权益。报告式资产负债表的上半部分列的是资产，下半部分列的是负债和所有者权益。

资产负债表的具体排列形式也有两种：一种是按“资产＝负债＋所有者权益”的原理排列；另一种是按“资产－负债＝所有者权益”的原理排列。无论采用什么样的方式，资产各项目的合计等于负债和所有者权益各项目的合计这一关系是不会改变的。

2）利润表的编制方法

利润表根据“收入－费用＝利润”的会计平衡公式和收入与费用的配比原则编制。

在计算利润的过程中，创业者应该把收入作为起点，计算出当期的利润总额和净利润额。二者的计算步骤如下：

步骤一，主营业务利润是以主营业务收入依次减去主营业务成本、主营业务税金及附加而得到的，其目的是对企业主营业务的获利能力进行考核与分析，即

主营业务利润＝主营业务收入－主营业务成本－主营业务税金及附加

步骤二，企业的营业利润是从主营业务利润和其他业务利润中依次减去管理费用、营业费用和财务费用而得到的，其目的是对企业生产经营活动的获利能力进行考核与分析，即

营业利润＝主营业务利润＋其他业务利润－管理费用－营业费用－财务费用

步骤三，当期利润总额是在营业利润的基础上，加上投资净收益、补贴收入、营业外收支净额而得到的，其主要目的是对企业综合获利能力进行考核与分析，即

利润总额＝营业利润＋投资净收益＋营业外收支净额＋补贴收入

其中，

投资净收益＝投资收益－投资损失

营业外收支净额=营业外收入—营业外支出

步骤四，当期净利润额是在利润总额的基础上，减去所得税而得到的，其主要目的是对企业的最终获利能力进行考核与分析。

多步式利润表的优点表现在通过它能比较方便地对企业利润形成的渠道进行分析，它比较明确地给出了盈利的主要因素或者亏损的主要原因，使企业管理更加具有针对性、科学性和实效性。与此同时，它不仅有利于对不同企业进行比较研究，还可以对企业的未来盈利能力进行预测。

3）现金流量表的编制方法

现金流量表分为两个部分：主表和附表（即补充资料）。在主表中，各项目金额是每笔现金流入、流出的归属；在附表中，各项目金额实际上是相应会计账户的当期发生额或者期末与期初余额的差额。

现金流量表的公式如下：

本项目金额=营业收入+销项税额+（应收账款期初余额—应收账款期末余额）+（应收票据期初余额—应收票据期末余额）+（预收账款期末余额—预收账款期初余额）—坏账准备的调整金额—票据转让的调整金额—其他特殊项目的调整金额

6.3.9 融资计划

融资计划在整个创业计划书中处于核心地位。创业者需要向投资者说明需要多少资金、资金的用途、资金投入所占的股份比、资金的回报方式及资金的撤出方式。

1. 资金需求计划

为了实现公司的发展计划，创业者一般需要准确分析以下两点：项目需要投入的资金数额及投入资金的时间。同时还需要附上资金用途表，对资金的用途做细致的说明和分析。

2. 融资方案

融资方案是说明投资方与创业者之间的责权分配方式的方案。创业者需要说明双方各自的付出与回报。投资方可以通过公司利润分红的方式实现收回投资的目的。所以，在这部分中，创业者需要考虑给予投资方多少股权及股份的分红方式。

3. 投资撤出方式

创业者需要为投资者分析投资撤出方式，并做具体说明。一般情况下，有如下几种投资撤出方式：

（1）股票上市。按照创业计划书中的分析，对公司上市的可能性做出科学分析，对公司上市的各种条件和前提一一做出说明。

（2）股权转让。这是一种很好的投资收回方式。

（3）股权回购。按照创业计划书的分析研判，公司一定要向投资者详细说明和解释股权回购计划。

6.3.10 风险控制

在创业计划书中还要详细说明项目实施过程中可能遇到的风险，提出有效的风险控制和防范手段，包括技术风险、市场风险、管理风险、财务风险及其他不可预见的风险。高风险性是风险投资的首要特点，因此有必要在创业计划书中对企业自身的风险进行分析。

融资风险的产生、防范与控制有一定的规律可循。如果对风险的危害性给予足够的重视，并通过企业团队事先防范，经过一定时间的完善和调整，完全可以控制和化解融资风险。相反，如果风险防范意识不强，重视不够，就会给企业带来系统的风险。

融资风险的防范和控制一般有以下方式：

1. 内部风险分析

企业缺少融资制度与工作流程是产生融资风险的根源，通过制度和流程设计，可以起到非常好的效果。

常见的内部风险有：

（1）营销策略的不确定性造成市场选择上的模糊与困难。

（2）不同时期、不同的竞争对手对市场和经营造成的冲击。

（3）价格在一定程度上影响着市场的营销策略。

（4）团队精英人才缺失、骨干人才流失有可能造成项目延期或停滞。

2. 外部风险分析

外部风险主要来自于行业大环境、国家政策、竞争态势等带来的风险。常见的外部风险有：

（1）国家政策大方向管控或改变所带来的影响。

（2）行业发展环境、发展趋势、经营波动带来的风险。

（3）合伙人的变更、合作渠道的变化带来的不确定风险。

（4）现有竞争对手与潜在竞争对手也会带来一定的经营风险。

3. 风险管控

针对上述内部风险与外部风险，指定相应的管控方案及风险预警方案。

6.3.11　附录

为了补充创业计划书的内容，需要进一步说明的有关问题可以放在附录中，例如，公司或公司主要管理人员和关键人员过去、现在是否卷入法律诉讼及仲裁事件中，以及对公司有何影响等。产品彩页、公司宣传介绍册、证书等作为附件也要放在附录中。清单如下：

营业执照，公司章程，验资审计报告，资信证明，法人代码证书，税务登记证，财务报表（上年度、本年度、本月），专利证书、鉴定报告，高新技术企业、高新技术项目证书，其他表明企业资质的资料。

公司的法律文件可以使用复印件，但需要提供原件以备核实。

第7章

项目路演

7.1 路演的引述

在创业过程中，我们需要心中有明确的目标，即公司成立的初衷是什么，为什么要成立这个公司，以后要往哪个方向发展。而这些要落到实处，就得一点一点细抠，小到公司每个部门的个人岗位问题，大到公司的整体运营资金、企业项目发展方向，这些都需要有一个承载体，能以一种具体的形式让人需要时可以随时翻阅。因此，在创业初期创业者就会把自己心目中想建立的公司项目蓝图用文字描述出来，这就是一份创业计划书。

创业计划书可以说是企业项目规划、项目执行、项目发展、融资计划与投资回报等一切公司运营的重要指南，但公司成立后期各处都需要资金运转，犹如“巧妇难为无米之炊”，再好的创业计划，终究是落于纸笔之间的静物，再好的理论也需要有资金来源并且让公司运转起来才能得到收益。

诚然一份优秀的创业计划书能将创业者的诸多创意跃然纸上，让人能见字知意，但是也需要投资人愿意花费很多时间和精力翻开一本厚重的创业计划书来寻找能够打动自己的新创意。在这个快节奏生活的时代，多数投资人不会花费大量时间去看这些繁杂的创业计划书，更别说会对该项目进行投资了。那怎么样才能有效地让双方在短时间同时完成自己的目标，形成双赢局面呢？众多的文字让人看一眼就头皮发麻，但是一场精彩的演讲却可以鼓舞士气，同样，投资者在现场体验创业者视、听、说相结合的交流会让投资者觉得创业者的计划更有感染力，又因为当面交流的即时性，可以随时提出自己的疑问点，这一点是落于纸笔之间的文字远远比不上的。此时，进行一场创业计划书推介的演讲就很有必要了，用一个专业术语来讲，就是大家经常听到的——路演。

7.1.1 路演的起源

路演（roadshow）最初是国际上广泛采用的证券发行推广方式，是证券发行商通过投资银行家或者支付承诺商的帮助，发行证券前针对机构投资者进行的推介活动，是投资、融资双方在充分交流的条件下促进股票成功发行的重要推介、宣传手段。它促进了投资者与股票发行人之间的沟通和交流，以保证股票的顺利发行，并有助于提高股票的潜在价值。早期华尔街股票经纪人兜售手中的债券时，为了说服别人，总是站在街头声嘶力竭地叫卖，希望通过自己的叫喊吸引路上的有心人来购买债券，从而达到售卖债券赚取中间差价的目的。随着这一行为成为一种趋势，不乏其他人也从中借鉴，引入自己的行业中，在时间的推移下，这种行为也逐渐形成一种规范，也有了它的专属名称：路演。

而网上路演，是指证券发行人和网民通过互联网进行互动交流的活动。通过实时、开放、交互的网上交流，一方面可以使证券发行人进一步展示所发行证券的价值，加深投资者的认知程度，并从中了解投资人的投资意向，对投资者进行答疑解惑，另一方面使各类投资者了解企业的内在价值和市场定位，了解企业高管人员的素质，从而更加准确地判断公司的投资价值。

7.1.2　路演的含义

路演，字面意思为在人来人往的路上进行表演，引申出来即为在公共场所进行演说、演示产品、介绍核心理念，以及向他人推介自己的公司、团体、产品、想法的一种方式。

路演是一种信批方式。从展现形式来看，路演包括文字、图片、视频、PPT 演讲、互动回答。从展现内容来看，路演包括项目市场分析、竞争分析、产品和技术介绍、商业模式、团队成员、财务指标、融资计划等。这是一种多种媒体相结合的信息披露方式。

路演有两种功能：一种是宣传，让更多的人知道自己需要介绍的产品或者服务；另一种是可以现场销售，以增加目标人群的使用机会。而以招商为目的的路演即为路演招商，也就是说，在路演的基础上，不仅要宣传，要现场销售（主要是面对消费者的），同时，还增加了一个新的目的，就是要引起目标商家的注意（目标经销商），通过对自己产品和销售方法的展示，促使他们感兴趣，并最终认可。因为此时的路演不仅是为了宣传和销售，更是要达到招商的目的。

7.1.3　路演的目的

路演的主要目的是可以同时让多位投资者认真倾听创业者的讲解和说明，化繁杂的文字为简洁的讲述，让投资人脱身于创业计划书上千篇一律的市场份额、盈利水平等硬性指标浏览，通过创业者极短的讲述和产品展示，充分了解该产品的创新点。

任何交易都建立在信用和信任的基础上，更遑论资本市场上的交易。然而纸张上干巴巴的文字解说，会给人一种强烈的距离感，绝佳的文字介绍也比不上一场会面来得干脆。路演能让投融双方面对面、零距离接触，有时候创业者给投资者的第一感觉让他觉得很亲切，这在中国形容为合眼缘，或者被创业者身上自信的气质所折服，或者给投资者一股如沐春风的感觉，这在一定程度上就增加了创业者和投资者之间的信任感，提高了企业融资成功的概率。

同时路演过程中能让创业者即时和投资人交流，投资者能马上就自己的疑惑进行提问，因为是即时沟通，没有经过深思熟虑的斟酌，创业者的回答往往更能反映项目真实的情况，这又会增加双方的信任度。演讲者偶尔一些比较幽默有趣的发言，会减少彼此之间的距离感，也有效避免了因沟通不及时造成的不好结果，最后达到让创业企业融资的目的。

一次成功的路演，可以为公司项目带来意想不到的投资，但是一次失败的路演也会给投资者带来不好的印象，甚至让自己的项目失去价值，无人问津。所以，路演可以让投资者真正读懂企业的项目，从而做出更为准确的判断。

7.1.4 路演的主要形式

路演的主要形式是举行推介会。在推介会上，创业者可以事先准备 PPT、剪辑的视频等作为辅助材料，向投资者就企业的产品、发展方向、盈利模式等做详细介绍，充分利用现场感，及时和投资人就投资人感兴趣的方面进行阐述，在一问一答间，拉近彼此的距离，增加投资人的信任度和投资欲望。在一定情况下，可以借助一些网络平台进行网上路演，用互联网的力量来推广，效果更佳!

7.2 路演的五大关键点

7.2.1 良好的企业愿景

暂时抛开功利的经济学而从管理学的视角来看待企业，我们会发现人的存在哲学与企业的存在哲学是如此之统一协同。人生哲学无非围绕人存在的价值、存在的目标及如何活着更有意义展开，企业同样如此。高瞻远瞩的企业无不需要时常审视自身存在是为了什么、存在的价值是什么及如何存在。而愿景就是告诉人们“企业是什么”，告诉人们企业将做成什么样子，是对企业未来发展的一种期望和描述，是战略与文化的交集，既是战略的指引，也是文化的导航。因此只有清晰地描述企业的愿景，员工、社会、投资者和合作伙伴才能对企业有更为清晰的认识。一个美好的愿景能够激发人们发自内心的感召力量，激发人们强大的凝聚力和向心力。

梦想，可能实现得了也可能实现不了，但在未来的某一刻是可以实现的。人类因梦想而伟大，回溯几百年前的中国人，飞翔在天是一种看似不可实现的梦想，但当杨利伟坐着

“神舟五号”环绕地球的时候，你却不得不感叹如果没有梦想，今日世界将会怎样？愿景就是这样的一个企业梦想。这种梦想通常会使人感到不可思议，但又会不由自主地被它的力量所感染。因此，愿景的力量可以让它处于可实现而又不可实现的模糊状态，既是宏伟的又是激动人心的。而这，正是一位投资者是否投资的首要关注点。

所以，对投资者来说，一个具有前瞻性的愿景是十分有诱惑力的。而愿景的哲学意义是建立在“你想成为什么，所以你能成为什么”之上的，并不是“你能成为什么，所以你想成为什么”。所以创业者在以自己的企业愿景为切入点时，要适当地表现出自己的野心，不要表现得中规中矩，商场如战场，没有野心就意味着软弱，意味着退却，也就意味着失去了对投资者的吸引力。

因此，企业的愿景应该从“该企业是什么、该企业未来将是什么、该企业的目标是什么”，三个问题入手，然后从是否能够让社会受惠受益、是否能够让客户心满意足、员工是否能够敬业乐业、企业是否能够繁荣昌盛上表述，根据客户、员工、企业、人类社会四个方面进行分析，告诉投资人企业未来的发展方向，并尽可能合理放大，增加投资人的兴趣。

7.2.2　投资金的使用

由于企业不仅是企业领导者的企业，也是员工、合作伙伴和社会的企业，随着企业走向发展和壮大，企业必须经历迈向社会的过程。自古月有阴晴圆缺，企业运营也会有盈有损。当亏损过大时，之前的资金就打水漂了，任何人的钱都不是大风刮来的，所以往往一个投资者有兴趣投资时，他们会十分关心自己的投资金将会被如何使用。为了避免被突然询问时磕磕巴巴的回答给投资人留下不好的印象，必须要对这笔资金获取后有一个详细的规划。

在创业计划书里会有关于企业融资方面的需求介绍，相信大部分公司会写得十分详细，因此就会有很多人把创业计划书上面的融资计划照本宣科地搬过来进行演讲，但是一来计划书上写得十分全面，要全部念完需要一定的时间；二来路演本就是一场为了缩短投资人看冗长计划书的时间，直接使用就和路演本身的意义背道而驰了，因此演讲人可以提前了解公司中不同部门的资金使用情况，以及每一个创业项目的资金使用情况，挑其中情况较好的结合资金的未来使用进行解说。

然后创业者还可以提前做好投资金会如何使用的预算，最好做一个详细的财务规划，在时间上至少应涵盖未来 3 年，其中不仅应该包含企业的运营成本，还应包含企业的收入增长率、利润等。

当潜在投资者评估创业企业时，如果企业已经制定了一个较为精确的财务预测表，那么潜在投资者可能会认为这份财务预测表能帮助企业规避一些风险。企业规避掉的风险越多，获得风险投资的机会也就越大。

7.2.3 企业竞争力

路演相较于商业计划书来说能让创业者快速吸引投资者的目光，并形成一种规范，那么要想从投资者参与的众多路演中脱颖而出就需要有亮点，使自己的产品或服务让投资者产生记忆点，这个亮点就是企业具有的竞争力。

传统观念的企业竞争力是由产品或服务的生产能力、销售能力、资本的调配和运营能力等一些与企业利润相关的要素决定的。但随着企业活动领域的巨大变化，各大企业开始重新审视竞争力的来源，组织知识和应变能力在企业中受到广泛关注。

对于作为企业竞争力要素的组织知识、应变能力等“知识竞争力”，创业者在路演期间就可以或多或少地从这些方面展示自己企业目前已经具有的竞争力。比如企业的决策力，包括把握全局、审时度势的判断力，大胆突破、敢于竞争的创新力，博采众长、开拓进取的文化力，保证质量、诚实守信的亲和力，能使企业在竞争环境中长时间取得主动的核心能力。演讲人在讲述公司的一些优势的时候，就可以着重从此出发。

值得一提的是，无论创业项目的产品或服务是否已经产生收入，创业者都需要在路演时向投资者展示出该产品或服务已经拥有的竞争力。如果项目已经产生了收入，且发展速度很快，那么一定要在路演时展示出来。这能从一定角度上体现出这个项目的发展前景广阔。如果暂时还做不到这一点，创业者可以在所有的业务指标里面找一个最具发展潜力的指标来进行展示，如用户总量、访问总量等。

7.2.4 团队力量

团队是由两个或者两个以上的相互作用、相互依赖的个体，为了特定目标而按照一定规则结合在一起的组织。“众人拾柴火焰高”，在企业发展过程中，如果说员工是企业发展的动力，那么一个优秀的员工团队就是企业发展的实力保证。

一个优秀的员工团队必然会具备强大的团队凝聚力。团队凝聚力是无形的精神力量，是将一个团队的成员紧密地联系在一起的看不见的纽带。而团队的凝聚力来自团队成员自觉的内心动力，来自共识的价值观，是团队精神的最高体现。

因此，一个团队合理利用每一个成员的知识和技能协同工作，能够高效地解决问题。一个强大的团队通常能推出较好的产品和品牌，并最终赢得市场。所以创业者在路演期间，应对创始人的团队有一个简单的介绍，根据创始人的工作履历和具体内容，从与众不同之处出发，同时也不要刻意回避团队中的缺点。

7.2.5 解决痛点的能力

一个产品的火爆大部分原因是这个产品解决了绝大部分人一直迫切需要但市面上却不存在该方面弥补的问题。如果一个产品正好能解决客户十分恐惧、担忧的问题或者能够大幅度提升做事效率减少冗余重复的相关环节，那么可以说该产品解决了一个行业痛点。

问题是客观存在的，谁能最先发现它并解决它，谁就能在市场上获得先机。路演恰好可以从一个行业的痛点出发，先描述当前某个行业的痛点是什么，再以此为切入点讲述自己的产品是如何解决这个痛点的。

讲述时一定要条理清晰，不能思维混乱。

7.3 路演准备

很多时候，许多人会因为亲身参与了项目，便想当然地以为自己对项目已是了如指掌，觉得胸有成竹，不做充分的准备便草率上台，导致在路演期间项目表述不流畅、面对投资人的问题手足无措、不能合理分配时间、讲述的内容详略不当等状况发生。所以，路演前期的准备工作必不可少。

7.3.1 路演资料准备

1. 路演台本

一场精彩的演说常常需要深厚的文字功底，那本身没有那么强的临场发挥能力怎么办？此时就需要有一本以备不时之需的台本，帮助创业者提前把需要讲述的内容进行梳理并记录，必要时还可以应对临场忘词等状况。

台本的内容主要分为项目介绍和项目展示两个部分。在项目介绍阶段，可以用 3 句话说明项目要做什么、市场有多大、增长潜力有多大；项目展示部分围绕项目解决了哪些行业痛点、竞争优势等展开，趁机介绍团队成员，并提出融资需求。讲述期间尽量做到简洁明了，切忌废话连篇，表述不清。

针对投资人的提问环节，也要提前做到心中有数。路演前做角色互换，假设自己是一个投资人，那么自己最关心的是什么，最喜欢提的问题是什么。也可以借助互联网查找投资人关心的问题，并同时把相应问题的答案准备好。做好一手准备才能得心应手地回答投资者的问题，这样既避免了被问到知识盲区时的尴尬，也能给投资者留下一个从容不迫的印象。

2. 路演 PPT

一篇图文并茂、文字精练的PPT，就是要把原来看不见、摸不着、晦涩难懂的抽象文字转化为图表、图片、动画及声音构成的生动场景，以求通俗易懂，栩栩如生，可以在瞬间抓住投资人的眼球，动态地展示调研数据，让投资者更直观地看到项目的优点。

整个路演期间，给投资者最大的视觉冲击就是PPT了，所以PPT上的数据尽可能要全面真实，不要犯低级错误。PPT可让投资者迅速了解创业者讲述的重点，也可以在路演期间给演讲人提供演说思路，使得演讲人的讲述更加有逻辑性。

路演PPT的篇幅大致在15页，其版式设计、色彩风格要做到统一，尽量把文字描述直接转换为图片展示，以免大量文字让投资人感觉索然无味；PPT的内容要做到精简，以台本准备期间投资人关心的问题作为PPT要素，可以分为项目名称页、痛点（需求）与时机页、解决方案页、市场规模页、产品或服务展示页、竞争优势页、商业模式页、团队页、融资计划页等，并在结尾处再次强调项目的亮点，如项目愿景或企业的联系方式等。

投资者是一名商人，在商人眼中，利益是最重要的，我们把算好的利润向投资者展示，无疑能够让投资者对我们“念念不忘”，为后面项目的顺利进行做好铺垫。

PPT最后是团队介绍，好的项目不是一个人的力量，而是团队的，这时可以展示良好的团队精神和团队意识，让在场的所有人看到团队的力量，也是充分展示自信的好机会，全场热浪也会被推到高潮。

7.3.2 路演上台准备

收集好资料，接下来就是要为演讲当天的穿着和演说做准备。要知道“以貌取人”从来不是空穴来风，因此在穿着打扮上面也要有所讲究。但这并不代表只要穿着得体就好，一个人仪态优雅、谈吐不凡从来不会是减分项，所以创业者也需要花费少部分时间去做一些上台的准备。

1. 注意形象

在推广项目时，我们要有良好的精气神，充分展示出我们的热情和活力，这样才能感染到投资者的内心。所以在路演前要保证充足的休息。

对于男士而言，可以搭配合适的西装、领带来提升自己的形象，女士则可以通过适当的化妆来提升镜头前的精神状态，将内心对产品或者项目的自信传递给投资者。有一点小建议：年轻的创业者可以提升自己的稳重度，年长一点的创业者可以提升自己的可信度和真诚度。

2. 语速练习

正常人的语速为每分钟 200 字，在练习过程中，可以对着时间反复练习，准备话术和 PPT，但是要注意的是，不要跟着 PPT 跑，PPT 只起一个辅助作用，帮我们展示一些无法口述的抽象数据等，在演讲内容上面，重要的东西提前讲，不要太在意次序。

3. 备选方案

要知道，计划总是赶不上变化，为了不让事故发生时，太过于尴尬，我们要制定一套备选方案，以防万一，如果真出了意外，应沉着冷静，正面应对，启动备选方案。这也会让投资者看到我们考虑完备、成熟可靠的一面！

7.3.3　路演技巧

作为一份商业项目，要想吸引更多的投资者，最重要的就是让投资者看到该项目的挖掘点和价值点。那么在路演期间，我们大可层层递进地讲述，一点点抓住投资人的投资心理，而这就需要掌握一些技巧了。

在讲述技巧前，我们首先需要了解路演的步骤，对路演的整体流程做到心中有数，才能把握大局，在路演期间做到遇事不慌。

路演通常分为五步：提出问题、扩大问题、解决方案、消费者见证和塑造价值。

（1）提出问题是指创业者首先应该提出一些具有社会共性的问题，这样不仅可以引起投资者的兴趣，还可以为后面将要推介的项目或产品做铺垫。例如，推介新型汽车轮胎产品，作为创业者，首先不要讲述产品有多么好，而应采用提问的方式来说明汽车轮胎的重要性，让投资者意识到即将推介的产品是与人们的生活息息相关的。

（2）扩大问题即挖掘消费者的痛点，例如，由汽车轮胎引发的交通事故，受影响的不仅是一个人，而是整个家庭，由此把问题扩大，加深投资者对项目或产品的印象。

（3）解决方案就是创业者在这次路演中要推介的项目，假设要推介的产品是汽车轮胎，此时创业者就可以对产品的技术、特点、安全性等方面进行详细解说。

（4）消费者见证就是人们喜欢听自己所认识和了解的事物。如果创业者没有讲解任何的案例，投资者就会感受到这个产品或者服务不太真实。

（5）塑造价值最重要的是让消费者产生物超所值的感觉，创业者应着重讲述产品的品质价值、概念价值、附加价值等。

从大方向上了解完路演的步骤，接下来就需要抓细节了，通过使用一些小技巧，可以在一定程度上给要上台的演讲者带来自信，让演讲更加精彩。

1. 演讲能力

形象在路演中起到了重要作用，而口才更是在路演中起到了决定性的作用。一名好的演讲者可以灵活与观众互动，融入场景，将听众带入他所营造的情境中，但这就牵扯到了眼界，只有见得多、知道得多，才可以随时引经据典，冷场的时候，也可以随时抛出一个合适的段子，化解尴尬，缓和气氛。

这里有一点需要注意，不要因为过度紧张，将重要的部分疏漏掉，也不要一直“念”，这样是很难打动听众的。说话的语气要抑扬顿挫，当然，如果实在背不出来，可以适当做一点小的笔记在手中。

2. 演讲内容

有很多项目过于书面化，让人难以理解，这个时候我们最好少用形容词，尽量口语化，以讲故事的方式来叙述，将复杂的问题简单化，千万不要把问题说得太抽象，最好用翔实的数据、具体的事例和故事来进行讲述，清晰利落地讲出重点。

3. 逻辑性

在路演之前，可以多实操几遍，做到逻辑清晰，尽量全面完整地把项目讲清楚，在这之前，一定要完全弄明白演讲的结构、思路和脉络，多演练几次，心里有了底气，便可以克服忘词的恐惧。

4. 竞争优势

要知道投资者为了拿到更好的项目，其间一定参加过很多展示演讲，正因为如此，想要脱颖而出，首先得让投资人记住你。在演讲过程中，可以将一句足够吸引人的话反复提及，让投资人牢记，给他们留下了印象你就成功了一半。

总而言之，PPT 突出产品竞争优势的学问是很深的，这里只是其中的一个例子，有必要的话，可以多去看一点其他好的路演 PPT 是怎么制作的，分析并结合各个 PPT 的优点，在自己的 PPT 上展示出来，从而达到提升创业者竞争优势的目的。

5. 提问环节

这个环节的设定主要是倾听投资者对项目提出的改进意见，千万不要因为投资者的一些想法你并不认可而打断别人说话，也不要提出过于明显的反对，这不是一场辩论赛，对方给出的建议可行则接受，不认可也不要进行正面辩论。

台上一分钟，台下十年功。要想在路演期间给投资人留下一个好的印象，提高创业者融资成功的概率，那么准备工夫就一定要做好做足，就需要创业者花费大量的时间和精力。

【课后拓展】

很多人害怕分享自己的想法，因为他们害怕公开表达、害怕自己的想法受到别人严苛的评判。传播学家发现，这种恐惧其实是人类的本能，是经过上千年进化之后一种自然的根深蒂固的表现。因为人类为了生存，需要得到社会群体的接受。我们那些不在乎别人看法的祖先早已被驱逐出部落或村庄。所以想要被人们喜欢是完全可以接受和理解的自然反应。害怕公开表达想法的人经常会对自己说一些很消极的话：

“我根本不擅长演讲。”

“我以前很紧张，把一切都搞砸了。我真是个糟糕的演讲者。”

“没人愿意听我说，我太无趣了。”

成功的讲述者不是天生擅于消除这种恐惧，而是他们会学着管理自己的恐惧，会在演讲的时候用讲故事的方式循循善诱。现在，越来越多的人意识到讲好商业故事的重要性。故事能启发、感染观众，让你的项目深入人心。但是对于很多创业者来说，“讲什么故事”和“怎么讲故事”是让他们最头疼的事情。如果把项目路演比作建房子，那么它的结构并不复杂，难的是里面的装修，特别是精装修。故事，是一种高级的“精装修”。而在此之前要先重塑讲给自己的“故事”，把消极的心理暗示转变为积极的心理暗示，让你身体的每一部分都相信自己能做到某件事。

故事一：

2019年11月15日下午，“2019湘女秀·创业季”长沙赛区初赛在长沙市中小企业服务中心举办。比赛形式是按照“路演8分钟＋3分钟专家点评”的方式举办。

其中有一名带着御香卤项目前来参赛的创业者陈燕艳。她从事卤味制作多年，一直想把小作坊式的摊位变成规模化经营的大企业。在说起自己一路的创业坎坷时，她不禁潸然泪下，但尽管如此，她一直在坚守着自己的创业初心。这一点捕获了很多投资者的心。用真情实感打动人心，直击人的灵魂深处，是最好的拉近彼此距离的方式。

除此以外，还有来自凯崎湘绣的杨凯崎，她是一名残疾人创业者，尽管肢体残疾，但坚强的她，却埋首用一针一线，勾勒自己的创业梦，潜心研究湘绣技艺的传承与推广，并希望打造以刺绣为主的百城店的生态链。赛场上，她满怀激情地讲述自己的创业成长之路。当天还有另外10名湘女创业者在长沙赛区初赛现场亮相，演绎她们在“大众创业、万众创新”浪潮中的感人创业故事。

其实路演不需要多么华丽的词语，更加不需要胡编乱造，平凡朴素的真情实感也可以打动投资者。以情动人，把你实现梦想的迫切强烈的心愿表现出来，用你的热情感化投资者，也是一种非常好的方式。

故事二：

小J的创业项目是做银行自助终端的外观形象设计，我们详细了解后，发现小J有丰富的从业经历：大学毕业入职银行—从柜员做起干到网点主任—去国外读研究生—逐步发现商机。

按小J的想法，展示PPT、用一堆图表和数据来说明“市场多么好、前景多么广阔”，也不是不可以，但存在几个问题：

（1）小J的出场时间是下午后半段，接近尾声，怕听众们听得疲劳，不忍心再让他们看图表。

（2）小J的路演时间还算宽裕，讲故事有一定的时间保障。

（3）小J的专业优势无法体现。如果他这么讲：“我有丰富的从业经历，曾经在××银行工作过×年……”对不起，听众根本没法记住。

想解决这些问题，就得讲故事。故事不是白讲的，自有其目的。

后来，我们把小J的经历设计成这样的故事：

大家好，我是来自××公司的小J。创业前，我曾在××银行从一线柜员做到了网点主任。我也考虑过：很可能就当一辈子网点主任了，再往上，比如副行长之类的，咱基本上没戏。在一眼看到头的情况下，我去了美国读研究生。因为我一直在银行工作，在美国的那几年，我就对银行很感兴趣，走在大街小巷上，总是要不自觉地进去看看。所以说，我的这个创业项目就是当初在看的过程中发现的。我发现，国外银行的自助设备都穿着非常漂亮的衣服，比如我在西雅图（举例略）……。但前些年的中国，那时候很多自助设备是裸着的，或者衣服穿得非常土，只有简单的标识。后来我就琢磨，这是个挺有意思的项目。因为咱们人多、设备多，动动脚趾想都知道，自助终端的数量一定非常大。我来搞这么一个帮自助设备穿衣服的事儿，从我熟悉的银行行业切入，再拓展到其他行业，这是一个巨大的细分市场。

讲完后，由于小J和别人工作报告性质的讲述很不一样，只要听过的人基本上不会忘记，在这场轻松愉悦的讲述中成功引起了大家的兴趣，纷纷提问。

故事三：

小M从小很聪明，毕业于天津医科大学，主修预防医学、法学双学位。在旁人眼里医学和法学属于专业性较强的专业，她本应该循规蹈矩地从事专业领域内的相关工作，毕竟这两个领域的多数人社会地位高且收入不菲。但她在大学二年级的时候开了一家淘宝店铺，大学四年级的时候成立了第一家公司。说起来小M做淘宝是机缘巧合，因为她爱淘宝购物，喜欢钻研。她说她家里条件也凑合，没有太大的经济压力，创业的目的是想在电商服务行业折腾出来一摊子事儿，因为她喜欢淘宝，喜欢在上面折腾。没承想这一股脑折腾倒是捣鼓出来一些名堂。然而终究是太过年轻稚嫩，很多商业手段尚未摸清，让公司遭遇了经济困难，为了自己的心血不白费，小M决定融资。

在上台跟众人展示自己的公司运营战略的时候，有人觉得小M年纪轻轻，没有什么社会经验，便问了一句："你的策略听起来是如此完美，那为什么最近有听说你的公司陷入极大的经济危机，这貌似给人一种自相矛盾的感觉。"

小M有些慌乱，她也知道自己在台上会面临这一问题，但是演讲时太匆忙，很多东西还没来得及准备，其中就包括这个问题。但是时间紧迫已经无法思考了，小M决定直面这个问题，通过这个去引述接下来自己在策略上面的不足，于是小M首先讲了一则寓言故事：

有个猎人，在深山里挖了一个陷阱，安放了一个捕兽工具，野兽的脚只要碰到它，就会被牢牢地钳住。有一次，一只倒霉的老虎出来觅食，一不小心踩到了这个捕兽工具，老虎怎么也挣不脱。老虎知道被猎人捉住就会身首异处，怎么办？难道为了这几寸的小小的足掌让这长达七尺的身躯受难？不行，还是逃命要紧。老虎发起怒来，拼命地蹦跳腾跃，挣断了钳住的足掌，终于逃跑了。

接着，小M说到，每个企业在市场中都可能落入市场陷阱，这些陷阱可能来自资金短缺、组织混乱、顾客背弃、经销商反叛等，但我在认识到这是陷阱，并且已经深陷危机时，愿意像这只老虎一样宁肯牺牲局部也要保全整体，然后知耻而后勇，在接下来的日子会更加小心、谨慎，直到自己足够强大。所以，接下来我要讲述的就是关于我刚才讲的营销策略上的不足，并在这上面提出的改进方案。

在小M的讲述中，下面很多投资人惊叹于小M的临场反应能力，从被问时的慌乱到后来的镇定自若，不仅直面问题，还能顺水推舟把自己接下来要讲述的东西引述出来。纷纷觉得小M身上潜力巨大，在接下来的听讲过程中更加认真。

第8章

创办企业

8.1 SIYB 课程培训

8.1.1 SIYB 简介

SIYB，全称为“Start & Improve Your Business”，包括“产生你的企业想法”（generate your business idea，GYB）、“创办你的企业”（start your business，SYB）、“改善你的企业”（improve your business，IYB）和“扩大你的企业”（expand your business，EYB）四种培训课程。SIYB 课程由联合国国际劳工组织开发，是国际劳工组织针对培养小微企业经营者而开发的培训项目。

目前，SIYB 已成为国际劳工组织的创业培训品牌，在全球 80 多个国家使用并取得了很好的效果，受到各国的普遍欢迎。经国家人力资源和社会保障部 20 世纪 90 年代末引入我国后，在部分省市进行试点运行，取得了良好的效果。经过多年实施，SIYB 创业培训不仅使学员的就业观念发生了转变，还激发了他们的创业意识，提升了他们的创业技能，增强了小微企业的抗风险能力。

如今，SIYB 课程培训已在全国各地的高校陆续开展，旨在培养大学生的创新意识与创业精神，激发创新思维，提升大学生创业者的素质与能力，深入推进“大众创业、万众创新”。为全面实施创新驱动发展战略、培育壮大经济发展新动能、推动经济高质量发展提供了强劲的支撑。

8.1.2 SIYB 课程培训大纲

SIYB 课程培训应涵盖创业意识培训与创业计划培训两大核心基本内容。通过创业意识课程的教学与训练，使学员了解什么是企业、企业的类型及特点，掌握企业构思方法，了解创办企业的基本条件，并学会运用 SWOT 分析方法验证企业构思，为今后创办企业打下良好的基础。通过创业计划的教学与训练，使学员熟悉并掌握企业创办与经营的有关基础知识、专业理论及法律法规，成为具有良好职业道德，能根据有关政策、结合市场经济形势创办企业，并推动企业持续发展的创业专门人才。

1. 培训目的

实施 SIYB 创业培训是为了帮助有创业意愿的人员制订一个可行的创业计划并帮助他

们创办一个新企业；通过SIYB创业培训，让参加培训的人掌握创办企业的步骤，以及开办企业的各项可行性调查研究的方法，帮助他们创建有生存能力的小微企业，并有能力推动小微企业不断发展。

2. 培训原则与方法

SIYB创业培训采用高度创新的参与性互动培训方法，让学员在培训中完全模拟创业的实际过程，在不断丰富和完善自己的创业计划书的同时演绎自己的创业计划。通过后续支持服务，让学员真正掌握创办企业所需的生产、经营和管理知识，提高沟通、分析、判断、计划、组织、实施、协调能力，使创业者具备创办企业的素质和能力。

3. 培训重点

从培训内容来说，SIYB创业培训紧密联系学员的创业项目需求，以模拟实战课程为主，并提供必需的后续支持服务。从培训对象来说，以大学生为主，随着乡村振兴的发展，返乡农民工也被纳入其中，成为重点培训对象。

4. 培训教材

创业培训以国际劳工组织与人力资源和社会保障部共同开发的“创办与改善你的企业”（start and improve your business，SIYB）培训技术为蓝本，并结合培训的目标群体及创业需要，开发部分辅助课程融入其中，使之对学员创业更具有实用性和促进性。

5. 课程内容

（1）创新意识培训的核心内容包括

① 什么是企业。了解什么叫企业，掌握企业在经营活动中形成的两股流，即商品流和现金流，并掌握创办企业的目的。

② 创办你的企业面临的挑战。了解创办企业面临的各种挑战与风险，并正确认识、认真对待、积极应战，为构思好的企业奠定良好的思想基础。

③ 从企业创办者的角度分析自己。了解创办企业、自己当老板所必须具备的基本条件和要求，并从自己当老板的角度能正确进行分析，条件暂时不具备，可通过进一步学习或调查，尽可能使自己达到创办企业的条件与要求。

④ 增强创业能力。了解初办企业的人开始并不具备创业必需的素质与技能，懂得素质可以培养，技术可以学习，条件可以改善，将自己的弱点转变为优势。

⑤ 评价个人的财务状况。了解办企业除了经营能力，还需要足够的资金。熟悉掌握

如何制定一份个人财务状况表。

⑥ 企业类型及其特点。了解企业的四种类型，并掌握其特点，为自己适合选择办哪种类型的企业做好初步的打算与准备。

⑦ 小微企业成功的要素。了解并掌握小微企业成功的要素，掌握小微企业创办的总原则，即“志向要大，计算要精，规模要小”。

⑧ 挖掘出好的企业构思。了解构思企业的两条基本途径，并熟练运用这两条基本途径结合市场情况寻找机会，懂得人们遇到的问题和未满足的需要将为商机提供重要的线索。

⑨ 验证你的企业构思。了解并熟悉验证方法——SWOT分析法，并对自己构思的企业进行分析，能正确评估你的企业构思。

⑩ 企业构思变成创业计划。了解创业计划书是一份书面文件，它详细描述了企业的方方面面。通过这份计划书，还可以调整你的构思、完善你的企业想法。要完成这份创业计划书，还需要学习、了解更多的知识和专业理论，如学习《创办你的企业（SYB）》以后，对完善创业计划是有帮助的。

（2）创业计划（《创办你的企业》）培训的核心内容包括

① 企业的创业与要求。了解、熟悉企业创办的基本条件、步骤与方法，掌握创办企业的预测与决策、筹资方法与策略、企业成功与发展的基本要素等。

② 企业登记注册与行政管理。了解、熟悉企业登记注册的法律规范、管辖与注册条件，掌握工商登记注册与办理的相关手续及国家职能部门对企业的监督管理等。

③ 企业经营中的基本经济法律制度。了解、熟悉并掌握税法、公司法、合同法、劳动法等基本法的现实意义、基本概念、主要内容、具体政策，以及操作执行的方法、步骤、过程，了解、熟悉私营企业的有关法律制度等。

④ 企业经营管理。了解企业经营管理的基本概念与基本内容，熟悉并掌握企业经营管理中的计划、组织、领导、控制等构成中的含义、作用、主要内容及操作执行的主要方法、步骤等，以确保企业经营管理的顺利进行。

⑤ 企业财务管理。了解企业财务管理的主要原则、内容与任务，熟悉企业日常的理财管理；熟悉并掌握企业的盈亏平衡核算过程及分析方法；熟悉财务报表中的主要内容，并能准确进行分析与评论。

⑥ 企业人力资源管理与开发。了解、熟悉人力资源管理与开发的现实意义、基本概念、主要内容。正确分析企业各层次经营管理者的素质水平；掌握企业各类人员的招聘与选拔方法、步骤，并了解、熟悉激励企业各类人员积极性的手段、方法与政策，以及各类人员培训的主要内容与要求。

⑦ 市场管理。了解、熟悉市场营销的基本概念、市场环境、市场条件与目标市场，并对市场进行正确分析，掌握市场营销的战略，确定企业产品的发展方向，掌握产品价格策略、促销策略、推销策略，并能有效地控制市场的产品销售占有率。

⑧ 制订利润计划。了解、熟悉创办企业所需要的启动资金预测、成本构成、价格制定、销售预测、销售与成本计划的制订、现金流量计划的制订，并能正确分析、控制资金流量、企业成本及企业利润。

⑨ 商务活动。熟悉商务活动中的信函、礼仪文书、现代企业文书、合同等的主要类型、格式、内容及书写方法，掌握商务谈判的基本知识、基本内容、基本过程、基本策略及参加谈判人员的素质要求，掌握商务活动中的基本礼仪常识。

⑩ 企业发展战略与高新技术创业管理。了解企业的发展历史、过程及战略，了解企业创新的途径与方法，熟悉创业与创业管理、高新技术的引进等新知识、新内容。

⑪ 创业计划与开办企业。了解创业计划的主要组成部分，并能利用前面所学的知识正确制订创业计划，并为企业的开办制订具体的各项行动计划。

⑫ 典型创业报告与参观典型创业企业。

（3）学员参加培训后的收获

① 经过培训帮助创业者正确认识自我，创业意识得到增强。

② 使创业者形成一个相对完善的、实际的企业构想。

③ 使创业者对企业即将面临的市场环境有理性的认识，且能够正确对市场进行评估。

④ 使创业者学会对企业员工科学的管理方法。

⑤ 掌握开办企业所需启动资金的计算方法，以及一些科学、实用的纳税技巧。

⑥ 学会如何有效地制订企业的利润计划。

⑦ 学会撰写创业计划书。

⑧ 塑造创业者的成功心态，培养决策思维模式，帮助其建立高效的管理体系、战略经营方案，提高自身创业的综合素质和领导力。

8.1.3　创新意识与创新创业精神

1. 创新意识的内涵

创新意识是指人们根据社会和个体生活发展的需要，引起创造新事物的观念和动机，并在创造活动中表现出的意向、愿望和设想。它是人类意识活动中的一种积极的、富有成果的表现形式，是人们进行创造活动的出发点和内在动力，是创造性思维和创造力的前提。

创新意识包括创造动机、创造兴趣、创造情感和创造意志。创造动机是创造活动的动力因素，它能推动和激励人们发动和维持创造性活动。创造兴趣能促进创造活动的成功，是促使人们积极探求新奇事物的心理倾向。创造情感是引起、推进乃至完成创造的心理因素，只有具有正确的创造情感才能使创造成功。创造意志是在创造中克服困难，冲破阻碍的心理因素，具有目的性、顽强性和自制性。

创新意识与创造性思维不同，创新意识是引起创造性思维的前提和条件，创造性思维是创新意识的必然结果，二者之间有着密不可分的联系。创新意识是创造性人才必须具备的。创新意识的培养和开发是培养创造性人才的起点；只有从小注意创新意识的培养，才能为成长为创造型人才并打下良好的基础，一个具有创新意识的民族才有希望建设知识经济时代的科技强国。

2. 创新意识的作用

（1）创新意识是决定一个国家、民族创新能力最直接的精神力量。创新意识推动社会生产力的发展。科学的本质就是创新。科学技术的每一次进步都是通过创新实现的。科学技术的迅猛发展对人类社会各方面产生了深刻而广泛的影响。

创新更新了人们的生产工具和生产技术，提高了劳动者的素质，开辟出更广阔的劳动对象，推动了社会生产力的发展。在今天，创新能力实际就是国家、民族发展能力的代名词，是一个国家与民族解决自身生存、发展问题能力大小的最客观和最重要的标志。

（2）创新意识促成社会多种因素的变化，推动社会的全面进步。创新意识来源于对社会生产方式不满足，它的形成和发展必然推动社会生产方式的进步，从而带动经济的飞速发展，促进上层建筑进步。创新意识进一步推动人的思想解放，有利于人们形成开拓意识、领先意识等先进观念；创新意识还会促进社会政治向更加民主、宽容的方向发展，这是创新发展需要的基本社会条件。这些条件反过来又促进创新意识的扩展，更有利于创新活动的进行。

（3）创新意识能促成人才素质结构的变化，提升人的本质力量。创新实际上确定了一种新的人才标准，它代表着人才素质变化的性质和方向，输出着一种重要的信息：社会需要充满生机和活力的人、有开拓精神的人、有新思想道德素质和现代科学文化素质的人。它客观上引导人们朝这个目标提高自己的素质，使人的本质力量在更高层次上得以确证。它激发人的主体性、能动性、创造性进一步发挥，从而使人自身的内涵获得极大的丰富和扩展。

3. 创业精神的培育

当代管理大师德鲁克认为：“任何敢于面对决策的人，都可能通过学习成为一名创业者并具有创业精神。创业是一种行为，而不是个人的性格特征。”因此，创业精神可以培育。

创业精神的培育常常从培育创业人格、培养创新能力和强化创业实践等方面进行。

（1）培育创业人格。个性特征对创业者个体来说非常重要，尤其是独立性、坚持性、敢为性等。所以，人格塑造与创业精神培养相辅相成。大学生要树立心理健康意识，优化心理素质，增强心理调适能力和对社会生活的适应能力，自觉培养坚韧不拔的意志品质和艰苦奋斗的精神，提高承受和应对挫折的能力；此外，还可以根据创业案例解剖创业者的人格特征，进行心理训练等，掌握形成心理素质与优良人格特征的途径和方法。

（2）培养创新能力。创新是创业精神的核心。大学生要通过保持个性发展和好奇心、求知欲，勇于突破自己、突破书本、突破老师。通过学习创新创造类课程、参加主题技能竞赛，感受、理解知识产生和发展的过程，培养科学精神和创新思维，提高自身的创新能力。凡事多问“为什么不能”，不畏权威，多问问题，积极思考，从而保持自己的个性发展，培养自己的创新能力。

（3）强化创业实践。“纸上得来终觉浅，绝知此事要躬行。”大学生应该利用课余时间参加一定的创业模拟和社会实践活动，增强对企业的了解和对社会的适应能力。比如，在校内外开展创业竞赛活动、与社会企业联合开展学生实习等，在实践中磨炼自己，形成正确的创业认知，培育创业精神，提升解决问题的能力。

8.1.4　创业者的素质与能力

1. 良好的心理素质

良好的心理素质是创业成功的关键。由于创业曲折、艰辛、风险大，因此具备经受各种困难和挫折的心理素质是十分重要的。要做到“胜不骄，败不馁”，跌倒了，再爬起来，要有屡败屡战的精神。“不要为打翻的牛奶而哭泣。”这是美国著名成人教育家卡耐基的老师乔治对其的教诲。这句话时常如醍醐灌顶，激励着卡耐基在创业之路上奋力前行。“牛奶被打翻了，漏光了，怎么办？是看着被打翻的牛奶哭泣，还是去做点别的？请记住，牛奶被打翻已成事实，不可能重新装回瓶中，我们唯一能做的就是找出教训，然后忘掉这些不愉快。”卡耐基时常用这句话来启迪他的部下，同时也用它来不断鞭策自己。

1）充分的自信心

信心是动力的源泉，是成功的基石。在创业过程中，每一次投资都要冒失败的风险，每一笔生意都可能会遇到麻烦，创业充满了大大小小的困难。这种在市场经济大潮中的沉浮，对创业者是一个严峻的考验。一个没有充分自信心的人是难以创业成功的。

世界酒店大王希尔顿，用 200 美元创业起家，有人问他成功的秘诀，他说：“信心。”

有志于创业的大学生，一定要注意自信的培养。自信来源于对自己真实的肯定，来源于成功的经验。卡耐基认为，发展自信心的方法就是做你害怕做的事，从而得到一个成功经验的记录。

2）胆识与魄力

创业要有远见和勇气。前怕狼后怕虎将一事无成。“无限风光在险峰”，只有敢于与狂风恶浪搏斗、敢于潜入深海的人，才能觅得瑰丽的珍珠。

3）坚韧不拔的意志，坚定不移的恒心

“古之成大事者，不唯有超世之才，亦必有坚忍不拔之志。”作为一名创业者不能遇到困难就打退堂鼓，遇到挫折就回头，否则，将功亏一篑、一事无成。北大方正公司总裁、著名企业家王选说：“大学生创业要有坚强的意志和坚定的恒心。成功意味着长年累月的艰苦劳动。”要敢于正视困难和挫折，并善于总结经验教训。跌倒了，马上爬起来，继续前进。

4）善于调控情绪，保持乐观的心态

面对挫折和困难，保持乐观的心态，泰然自若，举重若轻，学会调控情绪是创业成功的一个重要条件。

2. 必备的文化素质

一个人的文化素质主要体现在创办企业必备的相关知识和思维方式等方面。

1）专业知识

专业知识对于创业者来说是十分重要的。大学生利用专业知识创业，有利于形成自己企业的核心竞争力，有利于在竞争中处于主动地位。那么，一般大学生创业需要具备哪些专业知识呢？

不同经营范围的企业，需要具备不同的专业知识，如计算机开发与销售必须具备计算机的相关知识，医药企业必须具备医药专业知识等。专业知识的具备能使你少走弯路，工作起来“如鱼得水”。纵观近几年在高科技领域取得成功的创业者，无一不具有深厚的专业知识。

2）管理知识

管理出效益。管理是企业生产与发展的重要动力。

历史的教训告诉我们：国内外皆有众多企业由于管理不善而负债累累，甚至破产。因此，作为一名创业者，掌握一定的企业管理知识是十分必要的。管理知识主要包括企业行政管理知识与经营管理知识等。

创业过程中用人非常重要。历史上楚汉相争中完全处于劣势的刘邦能够打败强大的项羽，其中一个重要原因就是刘邦任用了三个能干的人：张良、韩信、萧何。

3）**财务知识**

创业所需的财务知识涉及资金筹集，流动资产、固定资产、无形资产、递延资产成本的核算，对营业收入、利润的分配及财务评价等方面。

创办企业要懂得一些基本的财会知识，例如，如何准确计算企业盈亏？如何筹集资金，提高资金的使用效率？如何降低产品成本，增加企业利润？如何实现财务监督？如何建立健全企业内部财务管理？如何计算和缴纳税款？如何合理分配收入和使用自用资金？

在创业之初，赚钱较难，应尽量减少现金的流出，做到精打细算。如有些成功者在创业之初十分节俭：租用较为便宜的房子、出门乘坐公交车、出差住廉价酒店等。

有些企业在创业之初，为壮大声势，讲究排场与虚荣，聘请大量员工，购置高档轿车，租用豪华办公室。仅员工工资、房租、水电费等开支就不小，结果背上了沉重的负担，企业业务尚未打开局面就负债累累，举步维艰。

4）**税务知识**

创办企业需要了解一些基本的税务知识：

（1）对流转额的征税，即根据商品或劳务买卖的流转额所征收的税，包括增值税、消费税、营业税和关税 4 种。

（2）对收益额的征税，以纳税人的纯收益为征税对象的税收，包括企业所得税、个人所得税、对高新投资企业和外国企业的所得税、农（牧）业税 4 种。

（3）对行为的征税，即对某些特定行为的征税，包括固定资产投资方向调节税、印花税、城市维护建设税 3 种。

（4）对财产的征税，即对拥有应纳税财产的人征收的税，包括房产税、契税、车船使用税、土地增值税 4 种。

（5）对资源的征税，即对开发、使用我国资源的单位和个人，就各地的资源结构和开发、销售条件差别所形成的级差收入征收的税，包括资源税、耕地占用税、城镇土地使用税 3 种。

5）**法律知识**

对于企业法、合同法、经济法、涉外经济合同法、反不正当竞争法等都要有一定程度的了解。特别是我国近年来不断扩大对外开放，对外贸易日益增多，对这方面的一些法律法规都要熟悉，否则在对外贸易中就会吃亏。

6）**商业知识**

如何利用资本市场通过股票、债券来融资，对租赁融资、银行贷款、补偿贸易、来料加工等知识都要有一定的了解。

3. 必备的相关能力

1）良好的领导与管理才能

美国钢铁大王卡耐基去世后，人们在这位杰出企业家的墓碑上雕刻了几行字："这里安葬着一个人，他最擅长的能力是把那些强过自己的人，组织到他服务的管理机构之中。"卡耐基对钢铁知之甚少，但他有一个强有力的智囊团，有一大批追随、拥护他的人。他爱才惜才，知人善用。在他的公司里，智者为之尽其才，贤者为之尽其忠，愚者亦为之陈其力。卡耐基十分信赖他一手组织起来的智囊团的"集体智慧"，所以常常能在关键时刻，做出大胆而正确的决策。

日本在战后能够迅速崛起而成为世界经济强国，与其良好的企业管理是密不可分的，特别是其人性化的管理（情感式管理），如对员工无微不至的关怀（一些日本企业老板在每个员工的生日都要赠送一份礼品，表达慰问关怀之情等），使每名员工都有强烈的主人翁意识和责任感，对企业有较高的忠诚度。日本企业不随便炒员工的"鱿鱼"，很多员工在企业里一干就是一辈子。这种人性化管理和激励机制使员工爆发出巨大的工作热情和创造力，成为促使企业蓬勃发展的巨大动力。

一名创业者的领导管理能力主要体现在以下几个方面：① 建立严格的人事管理制度和激励机制；② 知人善任；③ 现代化的生产管理能力。要使每名员工各尽所能，各尽其才，充分发挥自己的光和热，真正成为企业的主人，而不是企业的奴隶。如何用人，如何调动员工的积极性、创造性，直接影响到企业的向心力、创造力，直接关系到企业的兴衰。

2）较强的公关活动能力和处理社会关系的能力

一个企业是社会的一个细胞，与社会的方方面面有着千丝万缕的联系，企业的发展离不开社会各界的支持与帮助。如企业需要与工商、税务、银行、公安、环保等部门打交道，其发展必须得到相关部门的支持，这就需要企业管理者有较强的公关活动能力和处理社会关系的能力。

3）科学的经营头脑和敏锐捕捉商机的能力

创业者须具备敏锐的商业意识和良好的经济意识，包括对经济运行趋势的分析判断能力、对商机的捕捉能力、对经济利益的权衡能力、对经济活动中投入与产出的核算能力等。

4）较强的观察力与敏锐捕捉信息的能力

当今社会，信息就是财富，谁掌握了信息，谁就掌握了市场的主动权。创业者首先要了解国家政策，经常关注政府行为，根据政府的有关产业政策、发展战略来确定投资方向。如西部大开发战略、中部崛起战略、乡村振兴战略、农业产业化战略、发展高新技术、发展电子商务、发展环保产业和教育产业、兴办民办学校、保护与促进非公有制企业发展、计划生育政策调整等政策的实施，必将给创业者带来众多机遇。

5）开拓创新能力

创新是企业的灵魂。只有不断创新，企业才能拥有强大的生命力。在当今科学技术日新月异、突飞猛进的时代，更是如此。综观中外知名企业，特别是那些高新技术企业，无一不是在创新中求生存，在创新中求发展，如微软公司、英特尔公司、华为公司、海尔集团等，每隔一个时期就要推出一些新产品。产品的新陈代谢、更新换代是不可抗拒的市场规律，创业者必须高度重视。

8.2　企业办理流程

8.2.1　创办企业预前知识准备

在公司注册之前，创业者必须了解一些基本的法律知识和相关规章制度，这样才能更好地解决创业过程中涉及的一些法律问题。

首先设立企业从事经营活动必须到工商行政管理部门办理登记手续，领取营业执照，如果从事特定行业的经营活动，还应事先取得相关主管部门的批准文件。我国企业立法已经不再延续按企业所有制立法的旧模式，而是按企业组织形式分别立法。根据《中华人民共和国民法通则》《中华人民共和国公司法》《中华人民共和国合伙企业法》《中华人民共和国个人独资企业法》等法律的规定，企业的组织形式可以是股份有限公司、有限责任公司、合伙企业、个人独资企业，当然如果你的创业实力还不够，也可以注册个体工商户。在创业者注册的公司形式中以有限责任公司最为常见。

设立企业之前还需要了解《中华人民共和国企业法人登记管理条例》《中华人民共和国公司登记管理条例》等工商管理法规、规章。设立特定行业的企业，则有必要了解与开发区、高科技园区、软件园区（基地）相关的法规、规章，这样有助于你选择创业地点，以享受税收及其他方面的优惠政策。

我国实行法定注册资本制，如果你不是以货币资金出资，而是以实物、知识产权等无形资产或股权、债权等出资，还需要了解有关出资、资产评估等方面的法规。

企业设立后需要进行税务登记，需要会计人员处理财务，这其中涉及《中华人民共和国税收征收管理法》和财务制度，要了解企业需要缴纳哪些税，如营业税、增值税、企业所得税等，同时还要了解哪些支出可以算作成本，哪些支出只能算作费用，以及开办费、管理费如何分摊等。如果需要聘用员工就会涉及《中华人民共和国劳动法》和社会保险问题，要了解劳动合同、试用期、服务期、商业秘密、工伤、养老金、住房公积金、医疗保险、失业保险等诸多规定。此外，还需要处理知识产权问题，既不能侵犯别人的知识产权，又要建立自己的知识产权保护体系，甚至需要了解著作权、商标、域名、商号、专利、技术秘密等各自的保护方法，以及《中华人民共和国票据法》等基本民商事法律及行业管理的法律法规等。

8.2.2 新创企业组织形式的确定

1. 企业法律形式的类别

在创建新企业前，创业者应该事先确定企业的法律组织形式。自 1999 年 8 月 30 日我国第九届全国人民代表大会常务委员会第十一次会议通过了《中华人民共和国个人独资企业法》之后，2013 年 12 月 28 日第十二届全国人民代表大会常务委员会第六次会议通过了新的《中华人民共和国公司法》（第三次修订，2014 年 3 月 1 日起实施）和《中华人民共和国合伙企业法》，2018 年 10 月 26 日根据第十三届全国人民代表大会常务委员会第六次会议《关于修改〈中华人民共和国公司法〉的决定》第四次修正。至此，我国企业法律形式基本上与国际接轨。按中外企业有关法律条款的规定，目前我国企业主要有三种基本的组织形式：个人独资企业、合伙企业、公司制企业（主要包括有限责任公司和股份有限公司）。

1）个人独资企业

个人独资企业是最古老也是最常见的企业法律组织形式。个人独资企业又称个人业主制企业，是指依法设立，由一个自然人投资并承担无限连带责任，财产为投资者个人所有的经营实体。当个人独资企业财产不足以清偿债务时，选择这种企业形式的创业者必须依法以其他财产予以清偿。在各类企业当中，个人独资企业的创设条件最简单。根据《中华人民共和国个人独资企业法》，只要满足以下五个条件，就可以申请设立个人独资企业：

（1）投资人为一个自然人。

（2）有合法的企业名称。

（3）有投资人申报的出资，国家对其注册资金实行申报制，没有最低限额。

（4）有固定的生产经营场所和必要的生产经营条件。

（5）有必要的从业人员。

个人独资企业成功与否依赖于所有者个人技能和能力的高低。当然，所有者也可以雇佣其他具有技能和能力的员工。

2）合伙企业

如果两个或两个以上的人共同创业，那么可以选择合伙制作为新企业的法律组织形式。根据《中华人民共和国合伙企业法》，合伙企业是指依法在中国境内设立的由各合伙人订立合伙协议，共同出资、合伙经营、共享收益、共担风险，并对合伙企业债务承担无限连带责任的营利性组织。合伙企业包括普通合伙企业和有限合伙企业两种形式。两者最大的区别在于有限合伙企业有两种不同的所有者：普通合伙人和有限合伙人。其中，普通合伙人对合伙企业的债务和义务负责，而有限合伙人仅以投资额为限承担有限责任，但后者一般不享有对组织的控制权。另外，普通合伙企业的合伙人可以用货币、实物、知识产权、土地所有权或者其他财产权利出资，也可以用劳务出资，但有限合伙企业合伙人不得以劳务出资。下面主要介绍普通合伙企业。

除了要有合伙企业的名称、经营场所及从事合伙经营的必要条件外，设立合伙企业还应当具备以下几个条件：

（1）合伙企业必须有两个以上的合伙人，合伙人应当具备完全民事行为能力，且能够依法承担无限责任。

（2）合伙人应当遵循自愿、平等、公平、诚实、守信的原则订立合伙协议，合伙协议应载明合伙企业的名称、地点、经营范围、合伙人出资额和权责情况等基本事项。

（3）合伙人应当按照合伙协议约定的出资方式、数额和缴付出资的期限，履行出资义务。合伙人可以用货币、实物、土地使用权、知识产权或者其他财产权利等形式出资。上述出资应当是合伙人的合法财产及财产权利。合伙人也可以用劳务出资，其评估办法由全体合伙人协商确定。

3）公司制企业

公司是现代社会中最主要的企业形式。它是以盈利为目的，由股东出资形成，拥有独立的财产，享有法人财产权，独立从事生产经营活动，依法享有民事权利，承担民事责任，并以其全部财产对公司的债务承担责任的企业法人。所有权与经营权分离，是公司制的重要产权基础。与传统“两权合一”的业主制、合伙制相比，创业者选择公司制作为企业组织形式的最大特点就是，仅以其所持股份或出资额为限对公司承担有限责任，其特点是存在双重纳税问题，即公司盈利上缴公司所得税，创业者作为股东还要上缴企业投资所得税或个人所得税。根据《中华人民共和国公司法》，我国的公司分为有限责任公司（包括一人有限责任公司）和股份有限公司两种类型。

有限责任公司的股东以其认缴的出资额为限对公司承担责任，公司以其全部资产对公司债务承担责任。创业者设立有限责任公司，除了要有固定的生产经营场所和必要的生产经营条件外，还应具备下列条件：

（1）股东符合法定人数。根据《中华人民共和国公司法》第二十四条的规定：有限责任公司由五十个以下股东共同出资设立，一个自然人或者一个法人也可以单独设立有限责任公司。

（2）有符合公司章程规定的全体股东认缴的出资额。有限责任公司的注册资本为在公司登记机关登记的全体股东认缴的出资额，而没有硬性的数额规定。法律、行政法规及国务院决定对有限责任公司注册资本实缴、注册资本最低限额另有规定的，从其规定。

（3）股东共同制定公司章程。法律对有限责任公司章程有明确的要求，要求应当载明的事项包括：公司名称和住所，公司的经营范围，公司的注册资本，股东的姓名或者名称，股东的出资方式、出资额和出资时间，公司的机构及其产生办法、职权、议事规则，公司法定代表人，股东大会认为需要规定的其他事项。

（4）有公司名称。建立符合有限责任公司要求的组织机构。

（5）有公司住所。

股份有限公司的全部资本分为等额股份，股东以其所认购股份对公司承担有限责任，公司以其全部资产对公司债务承担责任。设立股份有限公司要有公司名称，要建立符合股份有限公司要求的组织机构、固定的生产经营场所及必要的生产经营条件，股份发行、筹办事项要符合法律规定。除此之外，根据《中华人民共和国公司法》规定还应当具备下列条件：

（1）发起人符合法定人数。设立股份有限公司应当有 2 人以上 200 人以下发起人，其中须有半数以上发起人在中国境内有住所。

（2）有符合公司章程规定的全体发起人认购的股本总额或者募集的实收股本总额。

4）一人公司

一人有限责任公司，简称“一人公司”，其实是有限责任公司的一种，是在 2005 年 10 月 27 日第十届全国人民代表大会常务委员会第十八次会议修订的《中华人民共和国公司法》中新加入的。

根据新修订的《中华人民共和国公司法》规定，一人有限责任公司是指只有一个自然人股东或者一个法人股东的有限责任公司。其基本特征是：一个投资者是公司唯一的股东，是特殊的有限责任公司，公司对债务承担有限责任；投资者是企业法人，而不是自然人；公司财产与个人财产严格分开，投资者只以投资额为限对公司承担责任。

一人公司的合法化给创业者带来了很多便利，成为创建新企业的重要形式，在很大程度上激励了创业企业的形成。首先，一人公司允许和鼓励个人创业，从一定程度上降低了公司创立的门槛，开辟了就业领域，拓宽了就业门路。其次，创业者创业存在很大的风险，与个人独资企业不同，一人公司承担有限责任，降低了投资者的风险。一人公司作为有限责任公司与业主制和合伙制不同，业主制的主体是自然人，而一人公司的主体是公司，只承担有限责任，这样就可以化解投资者的风险，使投资者与债权人共担风险。再次，一人公司结构简单，经营机制灵活，从而增加了企业的柔性。一人公司既不存在股东大会和董事会，所有者和经营者合一，也不存在代理成本，从而有利于企业决策迅速灵活，更好地应对复杂多变的市场需求和外部环境变化。最后，一人公司有利于人力资本价值的实现，激励创新。一人公司的知识产权可以作为投资人入股的规定，主要是鼓励有科学技术和管理经验的知识分子创业，在很大程度上为技术型创业提供了土壤。当然一人公司也存在筹资功能不足、缺乏科学的决策机制等缺点，因此创业者选择时也不能太过盲目，尤其是对于首次创业，缺乏一定的公司管理经验和资金实力时，更应谨慎选择一人公司。

2. 创业企业法律组织形式的比较和选择

一个新创企业可以选择不同的组织形式，或者由个体独立创办单一业主制企业和一人有限责任公司，或者成立法人公司制企业，不同类型企业组织形式的优、劣势见表 8-1。各种法律组织形式各有利弊，关键要看是否适合自身，因为不同的组织形式对企业权、责、利的安排不同，并直接影响企业经营决策等重大问题。选择适当的组织形式有助于企业配置并利用好企业资源，实现企业的最佳经营目标。

表 8–1　不同企业组织形式对于创业者的优、劣势比较

企业组织形式	优势	劣势
个人独资企业	① 企业设立手续非常简单，费用低； ② 所有者拥有企业控制权； ③ 可以迅速对市场变化做出反应； ④ 只需缴纳个人所得税，无须双重课税； ⑤ 在技术和经营方面易于保密	① 创业者承担无限责任； ② 企业成功过多地依赖创业者个人的能力； ③ 筹资困难； ④ 企业随着创业者的退出而消亡，寿命有限； ⑤ 创业者投资的流动性低
合伙企业	① 创办比较简单、费用低； ② 经营上比较灵活； ③ 企业拥有更多人的技能和能力； ④ 资金来源较广，信用度较高	① 合伙创业人承担无限责任； ② 企业绩效依赖合伙人的能力，企业规模受限； ③ 企业往往因关键合伙人的死亡或退出而解散； ④ 合伙人的投资流动性低，产权转让困难
有限责任公司	① 创业股东只承担有限责任，风险小； ② 公司具有独立寿命，易于存续； ③ 可以吸纳多个投资人，促进资本集中； ④ 多元化产权结构有利于决策科学化	① 创立的程序相对复杂； ② 存在双重纳税问题，税收负担较重； ③ 不能公开发行股票，筹集资金的规模受限； ④ 产权不能充分流动，资产运作受限

续表

企业组织形式	优势	劣势
一人公司	① 设立比较便捷，管理成本比较低； ② 鼓励个人创业及技术型创业； ③ 风险承担责任小、经营机制灵活	缺乏信用体系，筹资能力受限，财务审计条件严格，运营较难
股份有限公司	① 创业股东只承担有限责任，风险小； ② 筹资能力强； ③ 公司具有独立寿命，易于存续； ④ 由职业经理人进行管理，管理水平较高； ⑤ 产权可以股票的形式充分流动	① 创立的程序复杂； ② 存在双重纳税问题，税收负担较重； ③ 股份有限公司要定期报告公司的财务状况、公开自己的财务数据，不便严格保密； ④ 政府限制较多，法规的要求比较严格

一般来说，创业者选择企业组织形式需要考虑以下几个方面：

1）投资者的资本和规模

创业资金的多少对企业形式的选择具有重要影响。一般来讲，企业资金较充裕时，可以考虑注册有限责任公司（包括一人公司）。如果资金比较紧张的话，注册个人独资企业或者合伙制企业可能更为理想。投资者的规模对于企业组织形式的选择也有重要影响，三种主要的企业法律组织形式都有法定人数要求。因此，如果仅是一个创业者想创办企业，则可以考虑个人独资企业或一人有限公司。如果是多人投资成立企业，则应优先考虑合伙制企业、一人公司外的有限责任公司。当然，如果投资人数达到股份有限公司的要求，也可以考虑注册股份有限公司。

2）创业者的企业运作经验

投资者经营企业经验的多寡，往往对企业未来的经营影响较大，在选择企业形式时应重点考虑。如果创业者经营企业的经验丰富，则可以选择个人独资企业或者一人有限公司等独立性较强的企业组织形式，否则最好选择合伙制企业或者非一人公司的有限责任公司，以发挥众人智慧，防止企业经营出现问题。

3）企业税收负担

在欧美发达国家，企业创办人选择企业类型时，税收是首先考虑的因素。对于我国企业，税收负担也是企业投资者应该重点考虑的问题。根据税法规定，我国不同的企业组织形式虽然在增值税、营业税等流转税上的税负待遇并无二致，但在所得税上差异很大。根据我国税法规定，独资企业和合伙企业不是法律上的法人实体，对于企业收益仅对投资人征收个人所得税，不缴纳企业所得税。而有限责任公司（包括一人公司）和股份有限公司对于公司经营收益要缴纳企业所得税，股东还要对从公司获得的股利和红利等依据股权取得的收益，按 20% 的税率缴纳个人所得税，这使得公司制企业的股东实际负担的所得税税率远大于独资企业和合伙企业股东所承担的税率。

4）行业特点

如果企业所属行业适宜较大规模经营，如制造型企业、贸易加工型企业及研发技术型企业，一般选择合伙制和有限责任公司的形式较为适宜。如果企业属于一般性服务行业，通常规模较小，则可以优先选择注册个人独资企业或者个人有限责任公司类型。

5）企业的设立条件与程序

企业的设立条件与程序是企业取得主体资格必须具备的法定条件与法定程序，它反映了企业的权利义务和风险利益关系。企业的设立条件与程序一般受企业投资者的责任制约。通常情况下，如投资者承担较重的责任，则企业设立条件较为宽松，设立程序较为简单；如投资者承担较轻的责任，则企业设立条件较为严格，设立程序较为复杂。总之，创业者在选择新企业注册类型时，要充分考虑投资者的资本和规模、创业者的企业运作经验、行业特点、投资者的权利和义务、企业的设立条件与程序、企业税收负担等因素的影响，做出理性抉择。一般来说，如果企业资本实力比较强、有一定的规模，同时非常注重企业的风险承担，可以优先考虑公司制企业；如果企业经营规模不大、资本比较紧张，还得考虑税收负担和节约管理成本，个人独资企业可能是最佳的选择。

8.2.3 新创企业的地址选择

1. 影响选址的主要因素

新创企业选址是个较复杂的决策过程，涉及的因素比较多。归纳起来，影响选址的因素主要有五个方面，即经济因素、技术因素、政治因素、社会文化因素和自然因素。

1）经济因素

在关联企业和关联机构相对集中地区的新企业容易成功。波特在研究了全球产业竞争力的“钻石模型”后指出，某一领域内相互关联的企业和机构在选址上进行集中后可以形成“团簇”，这是地区经济竞争力的标志。若一家企业有幸建在一个好的企业聚集区，区内的各家企业间就会产生一种竞争与合作关系。一方面，竞争对手之间展开激烈的竞争以求在竞争中胜出并保住市场；另一方面，相关行业的企业及地方机构间还存在着广泛的合作关系，一群具有竞争力的企业和一系列高效运转的机构共同促进该地区的繁荣。因此，新创企业在选址时应将自己建在一个好的产业“团簇”中。具体说来，选址接近原料供应或能源动力供应充足地区的新企业具有相对的成本优势，选址接近产品消费市场地区的新企业具有客户优势，选址在劳动力充足且费用低、劳动生产率高的地区的新企业具有人力优势。

2）技术因素

科学技术的迅猛发展导致技术市场复杂多变，不确定性加剧，为了能够及时了解和把握技术变化的趋势，许多企业在创业选址时，常常考虑将企业建在技术研发中心附近，或建在新技术信息传递比较迅速、频繁的地区。美国的硅谷、日本的筑波科学城、北京的中关村和清华科技园等都是典型的例子。

具有较强社会资本的产业团簇内的企业要比没有资本的孤立的竞争者更加了解市场。因为这些企业与其他关联实体间不断发展的、建立在信任基础上的并且是面对面的客户关系更能够帮助企业尽早了解技术进步、市场上的零部件及其他资源的供求状况，融洽的关系能够使新创企业通过不断的学习和创新及时改善产品服务和营销观念，以进一步增强企业的存活力，当然，以技术为依托的社会资本积累过程往往是一个渐进的过程。

3）政治因素

政治因素对于在国外投资更加关键。首先要考虑政治局面是否稳定、法制是否健全、税负是否公平、有无歧视政策等。政府对市场的规制也是值得创业者重视的一个方面，政府是否鼓励该产业的发展，是否具备产业规划、财税政策、人才培养等多种途径来保障该产业的发展，能否提供高效优质的服务等。创业者要评价现在已经存在及将来有可能出现的影响到产品或服务、分销渠道、价格及促销策略等的法律和法规问题，将企业建在政府支持该产业的地区。

4）社会文化因素

企业选址要考虑新企业所在地的社区文化和商业文化，包括当地居民的生活习惯、文化教育水平、宗教信仰和生活水平、文化品位和消费心理。不同国家和地区、不同民族的生活习惯、文化教育、宗教信仰和消费水平是不同的，这些必然影响到创业企业产品或服务的市场需求。特别是当创业者准备生产的产品与健康或环境质量等有密切关系时更是如此，此时应优先考虑将企业建在其企业文化与所生产产品得到较大认同的地区。

5）自然因素

选址显然应当考虑地质、气候和水资源等自然因素状况。地质、气候条件是企业在选址时必须考虑的重要因素，它将直接影响工作效率、成本和职工的健康。水资源状况对企业的选址也有很大的影响，尤其是耗水量巨大的企业，必须选择在水资源丰富的区域，同时还要考虑当地环保政策的规定。

以上各种因素对不同的行业企业来说有不同的考虑侧重点，如制造业的选址和服务业的选址侧重点就不同。制造业侧重考虑生产成本因素，如原料与劳动力；而服务业侧重考虑市场因素，如顾客消费水平、产品与目标市场的匹配关系、市场竞争状况等。

总之，无论影响企业选址的因素有多少，无论不同企业给予不同因素的权重有怎样的变化，一般企业的地址都要在都市、郊区、乡间、工业区四者中进行选择，这四者中除了郊区是都市与乡间的折中状况无须比较外，其余之优、缺点见表 8-2。创业者可以先根据表中的固有优势和劣势做出初步比较，再考虑那些对其企业类型有重要影响的细分因素之后进行决策。

表 8–2 企业所在地的优、缺点差异比较

企业所在地	都市	乡间	工业区
优点	① 接近市场，产销联系紧密； ② 劳动力来源充足； ③ 交通运输系统健全； ④ 各类用品购置容易； ⑤ 公共设施良好； ⑥ 消防保安服务到位； ⑦ 与银行保持良好的关系； ⑧ 容易寻找卫星工厂及提供劳务机构； ⑨ 高级人才及顾问易聘任	① 地价低廉，土地容易取得； ② 劳动力成本较低； ③ 厂房易于扩充； ④ 建筑成本较低； ⑤ 噪声污染管制较少； ⑥ 人员流动率低； ⑦ 交通不致拥堵	① 公共设施完备； ② 建地开发完整，建筑成本低； ③ 工业区内的厂商易于合作； ④ 员工的教育、娱乐、住宿、交通、医疗等设备可由社区供应； ⑤ 容易寻找卫星工厂及提供劳务机构
缺点	① 劳动力成本高； ② 人员流动率大； ③ 场地不容易获得； ④ 厂房扩充受很大的限制； ⑤ 建筑成本高； ⑥ 交通拥堵，噪声、污染管制严格	① 交通不便； ② 员工教育、娱乐、住宿、交通、医疗等设备须由企业自行供应； ③ 保安消防须由企业自行负责； ④ 高级人才顾问不易聘任； ⑤ 零星物品不易就近购买； ⑥ 不易就近寻觅卫星工厂及劳务机构	① 人员流动率高； ② 雇员工资高； ③ 厂房不易扩充； ④ 交通拥挤； ⑤ 与消费者距离较远，不易建立知名度
适合产业	① 各种服务业； ② 加工销售业	① 大型企业； ② 制造或初级加工业； ③ 噪声污染不易控制的工业； ④ 占地较大的工厂	视工业区专业规划状况而定

2. 选址的步骤

科学而行之有效的选址对新企业的成长至关重要。一般来说，创业者可以采用以下策略合理选择经营地址。

1）在收集与研究市场信息的基础上选址

在企业创业的早期阶段，不只是选址阶段，信息对创业者来说都是非常重要的。有研

究表明市场信息的使用会影响企业的绩效，而市场信息与选址决策衔尾相随的关系更是显而易见。因此，根据已经列出的影响选址的五项因素，创业者自己或借助专业的中介机构搜集市场信息是出色地完成选址决策的第一步。

首先，创业者应考虑从二手资料中搜集信息，因为对创业者而言，最明显的信息来源就是已有数据或第二手资料。这些信息可以来自商贸杂志、图书馆、政府机构、大学或专门的咨询机构。在图书馆可以查到已经发表的关于行业、竞争者、顾客偏好的去向、产品创新等信息，甚至也可以获得有关竞争者在市场上所采取的战略方面的信息；互联网也可以提供有关竞争者和行业的深层信息，甚至可以通过直接接触潜在消费者而获得必要的客户信息。

其次，创业者还应亲自搜集新的信息，获取第一手资料。获得第一手资料的过程其实就是一个数据搜集的过程，可使用多种方法，包括观察、上网、访谈、焦点小组、试验及问卷调查等。其中，焦点小组是一种搜集深层信息的非正规化的方法。一个焦点小组由10~12名潜在顾客组成，他们被邀请来参加有关创业者研究目标的讨论。焦点小组的讨论以一种非正规的、公开的模式进行，这样可以保证创业者获得某些信息。

最后，就要对搜集到的各方面信息进行汇总、整理。一般地，单纯对问题的答案进行总结可以得到一些初步的印象，接着对这些数据进行交叉制表分析可以获得更加有意义的结果。

2）在考察与评估备选地址的基础上选址

创业者要对多个备选地址进行实地考察，并采用科学的定量分析方法对备选地址进行考察与评估。经过对备选地址的实地考察与定量分析，按照新企业“必需的”和“希望的”选址条件，对备选地址进行详细比较分析后，选择出最佳地址。

3）在咨询与听取多方建议的基础上选址

创业者经过咨询有经验的企业家或相关人士，把新企业选址的备选方案与最佳地址呈现出来，听取他们的意见与建议，以获得有益的帮助；并综合分析各种信息、意见与建议，制作详细的备选地址优势与劣势对比表，按照新企业所进入行业的产业特点与新企业的市场定位等特征，综合运用选址的评估方法，最终做出新企业的选址决策。

8.2.4 新创企业登记设立的流程

1. 工商登记

工商登记是公司注册登记流程的第一步。

1）名称预先登记

企业名称应当由行政区划、字号、行业、组织形式顺次组成，法律法规另有规定的除外。例如，北京安泰新世纪信息技术有限公司，其中“北京”为行政区划，“安泰新世纪”为字号，“信息技术”为行业，“有限公司”为组织形式。

2）名称预先登记应提交的文件与证件

（1）名称（变更）预先核准申请书（预取新公司名称 1~6 个）。

（2）股东身份证明复印件（自然人出具身份证复印件，法人股东出具营业执照复印件并加盖公章）。

3）企业设立登记应提交的文件与证件

特殊行业，如药品、烟草、教育培训等行业必须先通过相关行业主管部门（如食品药品监督管理局、烟草专卖局、教育局等）办理经营许可证，才能办理工商营业执照。

工商注册登记审批程序包括前后相连的五个阶段，即受理、审查、核准、发照、公告。

（1）受理。申请登记的单位应提交的文件、证件和填报的注册登记书齐备后，方可受理，否则不予受理。

（2）审查。审查提交的文件、证件和填报的注册登记书的真实性、合法性、有效性，并核实有关登记事项和开办条件。

（3）核准。经过审查和核实后，做出核准登记或不予核准登记的决定，并及时通知申请登记的单位。

（4）发照。对核准登记的申请单位，应分别颁发有关证照，及时通知法定代表人（负责人）领取证照，并办理法定代表人签字备案手续。

（5）公告。对核准登记注册的企业法人，由登记主管机关发布公告。

2. 刻章

企业应在取得工商部门核发营业执照后前往公安局指定的地点刻制公章。

刻章时，须携带相关的证件、文件。企业单位刻章须有上级主管部门的介绍信和工商营业执照。

凡无上级主管部门的股份制（含股份合作制）企业，社会集资、集体所有制企业，联合企业，私营企业，个体工商户，须有营业执照副本、法定代表人身份证复印件备案，并由法定代表人亲自办理。

3. 办理代码证书

企业应自领取营业执照或许可证照之日起 30 日内前往技术监督局办理企业代码证书。

4. 税务登记

根据《中华人民共和国税收征收管理法》的规定，企业应在取得工商部门核发的营业执照后 30 天内办理税务登记；无须办理营业执照的企业则应自有关部门批准之日起 30 日内办理税务登记。税务登记须在国家税务局和地方税务局办理。

国家税务局负责征收的税种有：① 增值税；② 消费税；③ 进口产品增值税、消费税、直接对台贸易调节税（海关代征）；④ 铁道、各银行总行、保险总公司集中缴纳的营业税、所得税、城市维护建设税；⑤ 中央企业所得税；⑥ 地方银行、外资银行、非银行金融企业所得税；⑦ 海洋石油企业所得税、资源税；⑧ 证券交易税；⑨ 境内外商投资企业和外国企业的增值税、消费税、所得税；⑩ 出口产品退税管理；⑪ 集贸市场和个体户的增值税、消费税；⑫ 中央税的滞补罚收入；⑬ 按中央税、中央地方共享税附征的教育费附加。

地方税务局负责征收的税种有：① 营业税；② 个人所得税；③ 土地增值税；④ 城市维护建设税；⑤ 车辆使用税；⑥ 房产税；⑦ 屠宰税；⑧ 资源税；⑨ 城镇土地使用税；⑩ 固定资产投资方向调节税；⑪ 地方企业所得税；⑫ 印花税；⑬ 筵席税；⑭ 地方税的滞补罚收入；⑮ 地方营业税附征的教育费附加。

如果设立的企业从事生产经营，则办理开业税务登记；如果设立的企业是从事生产经营但非独立核算的分支机构或非从事生产经营，负有纳税义务和代扣代缴义务的纳税人则办理注册税务登记。

8.2.5 开立银行账户

属地任一具有对公业务的银行网点均可办理对公账户。须提供的资料有：开户证明，企业营业执照，组织机构代码证，法定代表人身份证复印件，国、地税税务登记证，盖一套单位的印鉴卡（一式三份，由银行提供），开立单位银行结算账户申请书（一式三份，须加盖单位公章、法定代表人签名），法定代表人（或负责人）授权委托证明书一份，代理人身份证复印件，银行要求提供的其他资料。

8.3 创办企业案例分析

8.3.1 大学生创业者创业学习动态过程

借鉴陈彪等（2014）在研究创业学习方式时对企业发展阶段的划分，并结合所研究企业活动展开情况将企业发展划分为两个时期：一是创建期，包括成立新企业，组建团队并明确责任，以及基本确定发展目标。二是存活期，即从一开始获取市场订单到逐渐盈利。将存活期细分为两个阶段：存活期一阶段，第一次接触新建企业的各项活动；存活期二阶段，在第一阶段的基础上再次开展企业活动。显著的事件具有影响力，可以促进创业学习（Cope，2005），积极和消极的体验都有促进作用（Minniti & Bygrave，2001），接下来通过叙述创业过程中的相关典型事件，分别分析各阶段的创业学习方式和三种创业学习方式之间的关联。

1. 不同发展阶段的创业学习方式

1）创建期的学习方式

余子江是一名平面设计专业的大学生，此前没有自主创业的经验，自己在创业之前，曾在校内创业孵化基地一期基地里帮助学长做过电商。在接到学校通知可以申请创业项目后，余子江首先凭兴趣和好奇心选择了未曾接触过的咖啡文化领域，但该项目未通过学校审核。几个月后再次获得申报机会，他选择了与自己所学专业相关的广告设计项目，并成功入驻创业孵化基地，成立了曲直空间广告设计馆。

企业创建时，员工共 7 人，均为安徽财经大学的学生，涉及的专业有广告、秘书和会计。这些员工来自余子江以前认识的同专业的同学、社团朋友，还有经过室友介绍的相关专业的人才。为有效管理员工，保障工作有序开展，余子江对每个员工进行明确分工，包括分管不同领域的设计师和业务推广员，并且制定了多劳多得的奖励机制。为提高工作效率，降低成本，设计馆与印刷厂建立了长期合作关系。余子江还制定了从校内到校外、从蚌埠市到周边城市的发展路线和打造广告区域集团的最终目标。

余子江在新公司的筹建过程中以经验学习为主。经验学习是将创业前已经具有的经验转化为创业相关知识。每一个可能的创业者进入创业过程都具有储备的经验，包括个人积累到创业时的背景和历史（Rueber & Fischer，1999）。过去的经验中析出的知识直接影响创业者的策略选择（Politis，2005），帮助学长创业的经验及自己乐于尝试的心态让他有了创业的念头。在经历了第一次申请失败后，余子江认识到在自己熟悉的领域开展业务更容易起步，而且平时接触到该领域的人更多，有利于组建团队。在组建团队时，余子江调动了以往建立的人际关系，没有采用公开招聘的形式。余子江没有创业和管理经验，也没有进行专门学习，在员工管理及公司规划方面的决策更多来自隐性经验，是成长过程中耳濡目染所形成的直觉。虽然创业准备可以划分为隐性和显性过程，具有个人和交互的维度，但这种学习和发展贯穿在个人生活中而不是仅集中于创业准备阶段（Cope，2005）。经验积累可能发生在生活的各个阶段，而将经验转化为相关知识的创业学习发生在创业时。

2）存活期一阶段的学习方式

不用购买生产设备也不用采购存货，简单装修好店面后，广告设计馆就开始营业了。此时同时入驻创业孵化基地的店面还在装修，余子江便去每一家店面拜访，向店主介绍自己的广告设计馆，希望他们有业务与自己联系。余子江还与创业孵化基地的负责人联系，愿意承担基地内的装饰性墙绘工作，这是广告设计馆的第一笔业务，获得了不菲的收入。之后随着孵化基地内各家店铺正式开业，有了广告宣传的需求，逐渐与曲直空间广告设计馆建立了合作关系。同时，余子江利用自己在社团担任负责人的身份，与校内其他社团负责人取得联系，宣传自己的业务，并获得了合作关系。有了一些收入之后，喜欢尝试不同事物的余子江决定通过淘宝店在网上推广自己的业务。然而，淘宝上的广告设计公司多采取薄利多销的策略，而员工和资金不足的曲直空间广告设计馆打不起价格战，再加上运营淘宝店涉及方方面面的问题，这是余子江之前未想到的，创业团队里也没有人有相关经验，半个月的时间淘宝店就关闭了。员工例会每半个月召开一次，主要交流业务开展情况并安排之后的计划。虽然给每个员工明确了职责，但忙起来的时候所有人一起做，职位界限就模糊了。闲下来的时候只有一个人在忙，其他人都闲着。到了期末，员工忙着准备各门课的考核，对于设计馆的事就不太上心，学期结束3名员工选择退出。虽然每个月有净利润，但平分到每个员工没有多少，所以只给退出的员工结了工资。

通过以上事实可以总结出，存活期一阶段的学习方式是经验学习和实践学习：

（1）经验学习。余子江已经具备的专业设计知识有助于其直接参与公司的业务。帮助学长创业时，余子江负责美图和设计，这是其创建公司业务的一部分，也让他提前有了将知识和技能运用于实践的机会。再加上其他员工的帮助，公司在这一阶段出色地满足了每一位顾客的需求。而余子江说在学长那里的工作经历让他学到更多的是如何与别人交流，如何调用自己的人脉关系，这让他的新公司在成立之初在校内的业务迅速展开，如孵化基地内的墙绘和与校内其他店铺、社团等的合作机会。

（2）实践学习。在公司正式营业后，余子江首次接触了新企业运营管理方面的工作，一方面首次创业的余子江没有经验可以借鉴，另一方面由于不确定性和模糊性，新创企业在起步阶段不能确定业务模式的具体环节（刘井建，2011），只能在实践中检验决策的正确性，任何行动都将改变创业者的知识储备（Mimiti & Bygrave，2001）。实践学习是在具体的经营情境中学习，余子江在这一阶段面对的环境包括公司内部、孵化基地内部、校内部分社团及网络。在公司内部，余子江面对的是规章制度落实不到位和人员流失，他发现员工常常忙于自己的事情而忽略公司的利益，这个临时组建的团队并没有端正工作态度，也不具备坚定的创业精神。线上销售的失败让余子江认识到自己还不具备开拓线上销售渠道的能力，而校园内业务开展的成功让余子江坚定了对线下销售渠道的拓展。

3）存活期二阶段的学习方式

新学期开始，按照公司的发展计划，在校园内取得初步成功的余子江迫不及待地开始拓展校外业务，他带领员工发传单、上门拜访商户、发布社交媒介广告等，还与装潢公司签订合约，装潢公司给曲直空间广告设计馆介绍业务可以获得提成。然而付出与回报不成正比，这些做法只给曲直空间广告设计馆带来了寥寥几笔的业务。社会业务并没有像校内业务一样按部就班地展开。不仅如此，又有两名员工选择退出。在这种情况下，剩下的两名员工也失去了对创业的热情，余子江也放弃了在公司内部的规范化管理。余子江带着剩下的两名员工，靠校内业务维持着公司的运营，而实际上余子江承担了绝大部分工作，只有在忙不过来时才会把业务分给员工。在曲直空间广告设计馆快要失去创业团队时，余子江开始在孵化基地的展销会和社交媒介上发布招聘信息，然而最终未招到人。随着业务的多样化和人手的缺乏，余子江发现自己有很多软件不会用，设计出的作品缺乏美感，不能让自己满意。于是余子江通过书籍、网络和向朋友请教的方式学习技术，在完成客户业务的过程中不断打磨自己的作品，余子江的专业能力得到了极大的提升。经历了创业过程中的种种挫折，余子江向曾经一起工作的学长请教创业经验，尤其是管理方面的经验。临近学期末，校内创客实验室的老师来视察，了解情况后告诉余子江，作为校内的创业企业就要紧紧抓住校内及大学城的资源，市场就要从身边抓起，抓住每一个小市场，让别人看到你们的存在和能力。

存活期二阶段在一阶段的基础上展开，余子江已经具备了一定的运营新企业的经验，同时也要面临新的挑战，这一阶段的学习方式包括经验学习、实践学习和认知学习。

（1）经验学习。在第一阶段积累的经验可以用于第二阶段的决策。校内业务的成功拓展让余子江对市场和自己的能力抱有信心，获得的利润让余子江有了继续拓展业务的资本，余子江决定继续拓展校外业务。而在拓展的过程中，余子江由于缺乏社会经验，仍然沿用与学生谈生意的经验，因此遭遇了失败。在经历了人员流失后，余子江认识到通过朋友和朋友介绍等形式获得的员工可能并没有很强的凝聚力和创业精神，于是选择了公开招聘人才。

（2）实践学习。由于缺乏充分的前期市场调研，余子江在拓展社会业务受挫时才意识到周边市场已经被大大小小的成熟广告公司占领，自己的新创企业缺乏知名度和经验，并不被市场认可。余子江在创业时希望能够为客户提供全面的形象设计，然而市场的需求仅仅是简单的海报、传单等的设计，即使有更多需求也不会交给一个新生企业来完成。在与社会上的商家打交道的过程中，余子江感到自己缺乏社会经验，能力不足以说服社会上的生意人，他们比校内的学生更加精明和强势。在内部管理方面，余子江认识到自己缺乏管理技能，在说话和做决定时常常忽略员工的感受，也没有坚持合理的分工。在招聘人才失败后，余子江认识到在招聘过程中没有投入足够的精力，没有扩大曲直空间广告设计馆的知名度。在专业知识方面，余子江在满足不同客户需求的过程中，不断磨练自己的设计能力，将学习知识和运用知识相结合。

（3）认知学习。通过认知学习可以借鉴他人的行为、知识用于弥补自身的不足。当知识从一个主体转移到另一个主体时，新获得的知识会与学习主体自身所拥有的知识进行整合，将更为清楚的、明确的、大众化的知识转化为企业的内部知识。当公司的营运不断向前推进时，余子江自己的经验和知识已经不足以应对各种难题。如何持续拓展业务、如何管理人员、如何面对创业过程中的艰辛等，都是首次创业的余子江在创业前没有充分预料到的。余子江在这个阶段开始针对公司的问题向有经验的学长和创客实验室的老师请教，这是很有效的快速学习方式。同样作为大学生创业者的学长给了余子江一些在实践中获得的实用技巧和亲身感受，最让余子江受到鼓舞的是学长的创业信念，即创业艰苦是事实，但不能动摇，努力向最初的梦想靠近。而老师的建议让余子江决定暂时放弃社会市场，在大学城内拓展业务。结合自己在校内社团拓展业务的经验，余子江决定利用职务之便，在新学期各社团换届后与各社团的新负责人联系，争取建立长期合作关系。余子江对于公司下一阶段的发展充满希望，如果合作达成，大学城内众多的社团将带来一笔不菲的收入。

2. 三种创业学习方式的内在联系

通过以上对创业期间学习过程的叙述和分析，我们也发现了三种学习方式之间的内在关联，不仅在时间上有连续性，在内容上也相互起到决定性作用。

通过创建期经验学习做出的决策，直接影响企业在存活期一阶段和二阶段的行动。经验学习是实践学习的基础，然而，经验学习具有路径依赖性，曾经成功的经验在新的环境中可能并不适用，所以根据经验做出的决策需要实践检验，在实践学习中仍需要更新固有的知识储备。例如，由校内到校外的发展规划促使余子江拓展社会业务，而过程的艰难和不理想的结果让他认识到公司实力和个人能力的欠缺。存活期一阶段的业务扩展顺利，让余子江在存活期二阶段选择继续拓展业务且沿用了一阶段的方式，这说明一阶段的实践在二阶段成为了经验，在决策时对经验进行反思，实现了经验学习。所以，实践学习和经验学习互为基础、互相促进。

存活期二阶段市场开拓不顺，内部组织涣散，面对企业发展的困境，缺乏经验的余子江根据自己在实践中遇到的问题，虚心地向有经验的人士请教。根据他人传授的知识结合自己企业的发展情况，重新规划了企业的发展路线，在完成了认知学习的同时决定了接下来的行动。所以，认知学习和实践学习互为基础、互相促进。

8.3.2 大学生DIY创业行为影响因素分析

1. 案例简介

1）DIY的概念及发展

20世纪60年代，DIY开始在西方出现，意思就是自己动手去做。换言之，指“亲力亲为”。随着社会经济的发展和人民生活水平的提高，DIY日益出现一种新的解释，即“design it yourself”，是指自己动手设计。

随着生活越来越丰富多彩，很多没用的生活物品无法处理，我们不得不将很多可以加以利用的生活物品扔掉。学会自己动手DIY可以不用花一分钱，轻松改造旧物，节约资源。同时，在制作的时候可以把心意融入礼物、把情意融入祝福。

2）研究案例选择

创意自制产品行业作为新兴产业具有市场占有率低、竞争力小，但发展前景广阔及绿色环保的特点。时代在进步，人们的生活水平也随之提高，对物质生活的需求也越来越丰富。然而，产品生产的规模化和大众化让人们觉得毫无新意。如果每个人都按照自己的想法创造产品，就不用担心满大街都是相同的东西，这样既可以满足个人内心的需求，也可以提高个人的成就感。

本小节选择安徽财经大学L&Z.DIY生活馆作为案例。该生活馆于2015年入驻安徽财经大学创业孵化基地，主要提供物资租赁、礼品定制、创意设计、宣传支持四大服务项目。经营范围包括布艺、纸艺、刺绣、十字绣、旧物改造、编织、串珠、装饰等，通过提供材料，传授手工技艺，打造个性化的特色产品。其主要产品有创意自制T恤、创意自制个性水杯、创意自制鼠标垫、创意自制水晶吊坠、创意自制钥匙扣、创意自制化妆镜、创意自制个性胸章、创意自制寝室门牌号等。产品覆盖瓷质、布料、金属、纸质、玻璃等生活饰品，种类繁多，给予了消费者更多的选择空间。

L&Z.DIY生活馆通过与蚌埠市珠城玻璃工艺品有限公司、素人手工制品加工企业进行合作，建立了以微店定制平台“情投意合”及孵化基地二期“意合生活馆”为主线的线上线下联合运营的O2O模式。主要为当下高校内文体艺术活动的开展提供前期物资采购租赁、中期的现场布置、演艺活动准备和宣传工作及活动后期的纪念品定制。在以后的发展中，其主要方向是逐步向学生群体组织的户外拓展活动发展，以做到校内文体、校外拓展活动双管齐下，全面覆盖高校大学生的校园生活。

2. 案例分析

1）个性特质

创业者的个性特质对于创业活动的开展具有重要影响，本文所研究的个性特质主要从冒险性、主动性、成就动机三个方面进行分析。L&Z.DIY 生活馆创业团队的主要负责人李娜是安徽财经大学工商管理学院物流专业 2014 级大学生。她性格外向、活泼开朗，做事热情，在该项目中的主要工作是把握全局，负责实体店的经营及日常财务收支管理。李娜对待新鲜事物充满了好奇心和想象力，敢于承担风险，敢于创新，具备一定的冒险精神。同时，她还具有一定的创造力和动手能力，在日常生活中，经常会利用旧物改造、资源再利用等方式设计有新意的、自己喜欢的物品，虽然这会花费很多时间，但是这些小玩意儿总是让她的内心充满成就感。时间久了，李娜慢慢发现身边的许多同学、朋友经常会为选择礼物而感到头疼，而对创意自制产品很感兴趣。李娜觉得如果可以开展一个校园 DIY 的创业活动，一方面可以满足同学们的需求；另一方面也可以实现自己的创业梦想，获得实现自我价值的满足感。这种个性特征促使她决定开展 L&Z.DIY 生活馆的创业活动。

2）创业能力

本小节所述创业能力主要从资源能力、机会能力、运营能力三个方面进行分析。首先，企业所获得的各种资源是创业活动开展的基础，具备了必要的资源条件，创业活动才能有效地进行。其次，作为创业者必须具备一定的机会识别能力，而且能够充分利用和把握机会。最后，企业的运营能力对企业的生存和发展至关重要，它直接影响到创业活动的成功与否。DIY 创意自制产品的逐渐兴起，使越来越多的人尤其是大学生不再满足于大众化的商品，开始追求新颖和个性。李娜及时捕捉到这一市场机遇，萌发了创业的想法，这为 L&Z.DIY 生活馆的创立奠定了基础。

L&Z.DIY 生活馆创业团队能够准确识别和抓住学校提供的创业机会，利用创业孵化基地来开展他们的创业活动。该生活馆的主要经营范围是 DIY 手工艺品、布艺纸艺、旧物改造、串珠饰品等，支持大学生提供自己的废旧物品进店改造，由专门的技术人员负责教授、改造。将原来的废旧物品、即将扔掉的物品“变废为宝”，使其更加具有纪念意义并能满足部分大学生的怀旧心理，而且其对资源的节约、合理利用等都有一定的益处，还有利于当代大学生养成节约资源的习惯。同时，该生活馆与蚌埠市珠城玻璃工艺品有限公司、素人手工制品加工企业进行合作，通过网络与全国同类手工制品商家建立联系，确定货源，充实手工制品的种类，具备良好的资源利用和整合能力。

目前，该店主要采取了线上、线下两种销售和运营渠道。在线下，重视实体店的经营，与学校各个社团、各班级进行合作，开展经营活动。在线上，通过完成微店及淘宝店的注册，进行营销活动，最终形成了线上、线下全程互动，不断扩大销量，提高营业额，具有良好的运营能力。

3）创业环境

自国家提出“大众创业、万众创新”的倡议以来，各级地方政府部门出台了一系列政策，不断优化创业环境，创业实践活动迅速增多。各大高校作为培养人才的主力军，也为大学生自主创业活动提供了富有针对性的支持。安徽财经大学大学生创业孵化基地自2013年5月成立以来，先后遴选并入驻30个项目组，近200名大学生在这里开始了自主创业活动。基地目前已经发展成为融大学生创业培训、创业实践、创业孵化、创业服务于一体，在该地区具有示范引领作用的省级创业孵化基地园区。入驻项目孵化期限为一年，为了鼓励大学生创业，在孵化期内，对创业团队免收房租、水电等相关费用。创业团队还可以享受免费创业培训等优惠政策，并可以申请一定的资金扶持。国家和学校从各方面支持创业活动，为大学生创业活动的顺利开展提供了良好的创业环境。同时，随着人们生活水平的提高，越来越多的人讲究个性和创意，DIY这个词被广泛应用于各行各业，饰品店、服装店甚至小吃店都采用“自己动手制作”的理念，以此来吸引更多的消费者。在这种环境下，L&Z.DIY生活馆创业团队成员将专业知识和创业实践结合起来，充分利用国家和学校提供的良好创业平台和各类丰富的资源，大胆进行创业的尝试，不断完善和提高自己的创业能力，实现了自己的创业梦想。

3. 启示

L&Z.DIY生活馆是一家大学生创业较为成功的案例，它的创业过程为研究大学生创业问题提供了不少有益的经验。“创业难”“难创业”是当前社会创业中的普遍问题，创业活动的顺利开展不仅依靠创业者的个人能力，更需要外部条件的支持。为了提高大学生的创业能力，保证大学生创业活动的顺利开展，政府、学校、企业和社会需要共同努力。其中，政府的创业政策对于大学生创业至关重要，政府应该加大对大学生创业的扶持力度，完善相关的法律法规，为大学生创业提供更加有利的政策支持和资金支持。学校应该从理论和实践上为创业活动提供必要的支持，积极开设创业指导课程及创业知识讲座等活动，加大对创业活动的指导，帮助大学生营造有利于创业的氛围，提供丰富多样的创业机会。大学生自身要清楚地认识到自己是新时代经济发展的主力军，面对社会环境的不断变化，不能故步自封、止步不前，要加强锻炼与学习，勇于创新，敢于承担风险，不断提高自身在机会识别、资源整合、应对风险等方面的能力。

8.3.3 创业过程中的连续创业机会开发分析

1. 案例简介

以安徽财经大学创业孵化基地中的绿意创意园为研究对象，分析其初创项目的成功开发及其对后续项目创业机会开发的影响。绿艺创意园是一家以出售多肉盆栽植物为主的企业。2015 年 11 月，绿艺创意园通过共青团安徽财经大学委员会的批准，成功入驻安徽财经大学大学生创业孵化基地二期，并于当年取得企业法人营业执照。其主要创始成员有国际经济贸易学院的聂纯和会计学院的张杰、陈漪漪、田永伦，其中聂纯与陈漪漪主要负责节日花卉供应、包装、轧花手机壳等手工艺品的制作；张杰与田永伦主要负责盆栽的种植、购买及联系学院、社团等。经过近半年的发展，绿艺创意园已经从原先仅有的多肉盆栽项目发展到定制手机壳、自制书签、鲜花速递等多个项目同时运营的企业。

创业初期（2015 年 5—10 月）：团队成员做了市场调查并进行了盆栽前景的分析。他们发现平均每间女生寝室有四盆盆栽，平均每间男生寝室有两盆盆栽，在宿舍或者办公室放一盆盆栽已经成为很多大学生和老师追捧的潮流，盆栽在大学校园中有广泛的市场需求。可是在学校周围售卖盆栽的都是流动摊贩，缺乏管理，价格的随意性也很大，盆栽的供应不足。此外，团队成员中有比较熟悉多肉盆栽培养技术的人员，因此，他们选择多肉盆栽项目进行创业，并向学校申请入驻创业孵化基地。经过团委的筛选及项目答辩，绿艺创意园成功入驻创业孵化基地。

创业初始项目的运营（2015 年 10 月至 2016 年 3 月）：多肉盆栽项目的运营采用 O2O 模式，即线上 - 线下结合的营销策略，线上通过微博、贴吧、淘宝和微信公众号销售，线下采用实体店销售。另外，产品均从盆栽基地采购，省去了中间的流通环节，降低了盆栽的成本，提高了盆栽的市场竞争优势。这一方面有利于吸引消费者，另一方面有利于培养长期稳定的客户群，从而可以为绿意创意园吸引到更多的客户，带来稳定并持续增长的经济效益。通过优惠的价格，以及免费为购买者提供盆栽培养技术、盆栽寄养、盆栽回收等业务吸引了许多校园盆栽养殖爱好者前来购买与交流。

继续创业项目的运营（2016 年 3 月至今）：在盆栽项目成功运营之后，企业拥有了固定的消费群体与供销渠道，绿艺创意园开始进行新业务领域的拓展。通过网上搜集资料和线下调查，他们发现轧花手机壳技术现在已经成熟，但是供应此类手机壳的商家比较少，而学生购买手机后都会再购买手机壳，平均每个学生拥有 3 个或 4 个手机壳。因此他们进行了自制轧花手机壳的实验，经过反复实验，最终掌握了轧花手机壳的制作方法，在店内以及线上推出，深受学生的欢迎。受到轧花手机壳的启发，他们又进行了书签的开发制作，也推向了市场，并且销售良好。5 月 20—21 日，绿艺创意园又推出了鲜花速递服务并提供策划表白等一系列为大学生服务的鲜花业务，吸引了许多客户提前订购和私人定制表白服务。

从绿艺创意园先后开发的项目来看，每一次推出的项目都是新的市场和消费群体的拓展，在每一次项目拓展中，不仅业务领域发生了变化，企业的运营方式也发生了重要的转变。因此，我们将利用上述研究分析框架，对绿艺创意园初次创业项目的成功对之后连续创业机会的影响进行分析。

2. 案例分析

1）初次创业项目的成功对连续创业机会识别的影响

在盆栽项目成功运营之后，企业拥有了固定的消费群体与供销渠道，此时创业者意识到适时打开新市场、开展新业务对其持续发展的重要性。因此，他们通过网上搜集资料和线下调查发现轧花手机壳的市场前景广阔，并且成本较低，适合他们再次进行创业项目的开发。由于他们已经拥有盆栽项目成功开发的经历，对于手机壳项目的开发也比较有信心，并且他们对植物方面的知识也有了一些积累，因此，对于轧花手机壳技术的开发和学习也有了一定的基础。随后他们又推出了自制书签项目，这主要是基于有了轧花手机壳项目的顾客群体，使他们了解到有一些植物爱好者喜欢将植物收集起来装饰自己的学习生活用品，因而开发了轧花书签。在特殊的节日，顾客不是买不到鲜花，就是售卖鲜花的店铺较远，很不方便，所以绿艺创意园一方面为了方便原有顾客，另一方面为了扩大经营业务而开展鲜花速递服务。这也是基于他们原有的供销网络和本身对于植物的了解才成功开展此项业务的。

经过分析发现，初次创业项目成功后，创业者在认知发展上对连续创业机会的识别有了更加理性的认识，对于创业机会识别的警觉性也有所提高。这表现为他们在初次创业项目机会识别时用了将近 5 个月的时间进行市场调查，而轧花手机壳业务的机会识别和开发仅用了 1~2 个月的时间，自制书签项目和鲜花速递项目的时间更短。从资源积累的角度来看，由于初次创业项目积累了固定的消费群和供销渠道，使创业者的创业网络从个人网络向社会网络转化，同时对植物方面的知识积累也有所提高，因此不论是对之后连续创业机会识别的市场调查还是销售，都较初次创业项目要迅速且销量好。从情感感知的角度来看，初次创业项目的成功使创业者对于之后连续创业机会的识别更加有信心，这在一定程度上增加了他们连续创业机会开发成功的概率。

2）初次创业项目的成功对连续创业机会评价的影响

初次创业项目成功后，绿艺创业团队已经搭建成功，每个人各司其职、各有所长，配合默契，这为他们对于后续项目的创业机会评价提供了更加客观、理性的氛围。此外，绿艺创业团队拥有了一些创业经验，并且有了一定的生存基础，这在一定程度上缓解了他们因创业而产生的情绪上的压力，也为之后连续创业项目的创业机会评价提供了良好的状态。

从初次创业项目开始他们便不断深入了解技术和市场知识，虽然未达到本行业很高的水平，但是也足以评估本行业创业机会的可行性，对创业机会的认知能力有所提高。在初次创业后，绿艺创业团队目标更加坚定，对企业发展战略的认知更加清晰，这使他们在评价时更加能把握方向，挑选出符合他们战略目标的创业机会。通过初次项目的积累，绿艺创意园有了一定的市场资源，创业者对于顾客的需求也更加了解，这为之后连续创业项目的市场评价奠定了坚实的基础。从绿艺创意园先后开发的项目来看，每一次推出的项目都是新的市场和消费群体的拓展，在不断拓展项目的同时，不仅业务领域发生了变化，企业的运营方式也发生了重要转变，因此对之后连续创业项目机会的评估也具有较高的战略意义。

经过分析发现，从认知发展和情感感知的角度来看，初次创业项目的成功经验主要影响创业者个人对于之后连续创业机会的评价。这主要表现为初次创业成功后，创业者配合更加默契，创业压力也有所减缓，主动学习能力有所提高，并且创业目标更加清晰，因此，为之后连续创业机会的评价打下了更加客观、准确的基础。从资源积累的角度来看，在初次创业成功后，顾客资源和资本的积累为之后连续创业机会的评价提供了更加方便、公正的环境。

3）初次创业项目的成功对连续创业机会利用的影响

盆栽项目的成功开发不仅为绿艺创意园的创业者带来了创业资源，也使他们的创业能力有所提升。在访谈中我们发现，在盆栽项目开发成功并且业务量趋于稳定之后，他们在之后连续创业项目的利用中承担风险的意愿增强，也更加乐观。这可能是由于初次创业项目的成功经历使他们的自我效能感增强，在认知上更加偏于好的结果。此外，在对之后连续创业项目利用的控制力上，创业者们也有所提高。在创业资源的积累上，在经过初次创业项目的成功后，核心创业团队初步形成、市场声誉有所提高、社会网络资源有所扩展及对于植物的培养与加工技术有了一定的经验，这都为之后连续创业机会的利用提供了无形资产。另外，初次创业项目的成功还积累了一些物质资源，为之后连续创业机会的利用提供了有形资产。

3. 小结

通过对案例的研究我们发现：

（1）随着校园创业企业的逐渐发展，需要进行新产品、技术或服务的开发，进行新市场的开拓，从而形成新的竞争来维持其长久的运营。

（2）先前创业成功的经历不但影响创业者个人的认知和情绪对于后续创业机会的开

发，而且从创业资源上制约着之后连续创业机会的开发。

（3）绿艺创意园只是众多在校大学生创业项目中的一个，他们的创业经历揭示了大学生在初次创业成功后面对连续创业机会的开发所受到的影响和制约。

8.3.4　新媒体下大学生创业商业模式创新分析

1. 案例简介

安徽省禹茂信息科技公司成立于 2015 年 10 月，主要从事新媒体工作，通过搭建全方位的新媒体平台帮助客户进行推广宣传，利用媒介有效汇聚优秀品牌，高效运行，实现资源互通，利用新媒体传播技术来提高企业的品牌文化，达到科技手段与艺术思维的完美结合。公司现有成员 12 名，都是在校大学生。其中多数学生有较高的专业水平，主要负责播音、微信运营、绘画、设计等。公司是集咨询、策划、创意、执行、代理、传播为一体的新媒体推广公司，是以新媒体为工具给企业做营销服务的媒介性合资公司，目前公司推出的主要产品有公众号和社群两大类。

虽然公司刚刚成立不久，资金、技术、经验及人脉缺乏，但是他们拥有新颖的创业想法。公司的产品具有创新性，如公司推出的微信公众号“闽南头条”“山国茶缘”“人生语录”“逗比宝贝”等，利用各类人群的碎片化时间，推出各类信息服务，并且此类服务性价比高，门槛低，传播方便、迅速、有效、渗透力强。以“闽南头条”为例，2016 年 11—12 月，“闽南头条”公众号的会话人数为 30296 人，好友转发人数 24602 人，转发次数 31790 次，总阅读人数 106928 人，总阅读次数 169693 次，从月度数据可以看出，闽南头条的粉丝量比较庞大，它可以有效地帮助中小企业建立起围绕业务和生意机会的信息圈，最终产生裂变效应。

企业后来不断扩大规模做起了网络整合营销，在线上、线下提供优质的服务。企业的优势主要有：① 相对于那些综合性的广告公司而言，该公司专攻新媒体的推广，这样就能保证其全部精力用在新媒体推广上，也保证了质量；② 目标客户是中小型企业与个体户，这是现有知名广告公司发掘得比较少的市场，这样选择避免了与其正面争锋；③ 工作大多是在网络上完成的，不需要太大的资金投入，适合想创业却又没有足够资金的在校大学生或刚毕业的大学生。

当代新媒体的最主要特征就是面向移动互联网。禹茂信息科技公司目前专注于微信公众号的推广，公司的产品和服务包括以下几类：① 企业新媒体推广的顾问，有问必能答；② 帮助客户选择或建立新媒体渠道，为客户选择最佳的新媒体营销方式，并提供建立企业微博、微信等业务的服务；③ 制定新媒体宣传策划，客户由于不了解新媒体的特性，不知道具体应该怎么应用新媒体媒介，而该公司则能利用手头资源为客户提供根据企业特点制定的新媒体宣传推广计划；④ 维护运营企业的新媒体平台，维护运营企业的官方微博、微信等新媒体平台，及时捕捉热点，将公司产品通过新媒体推广出去，并形成和受众的深入互动，达到高效传播的效果，帮助企业了解目标受众的意见、建议、要求等。

2. 案例分析

针对从事新媒体工作的禹茂信息科技公司，公司的市场定位是利用新媒体为企业做宣传推广，最终整合资源，做网络整合营销，将网上资源进行优化组合。在研究该公司商业模式时，主要从价值模式、运营模式、营销模式、盈利模式四个视角去把握，试图分析在新媒体下大学生创业的商业模式创新。

1）价值模式

公司推出的微信公众号及社群，具有传播方便、迅速、有效、性价比高、门槛低等特点。在某种程度上承载着企业的核心资产，其虚拟的产品服务适合任何企业，对中小型企业来说更是不错的选择。这是因为所建立的信息圈有助于进行客户关系的维护，可以帮助中小企业建立起围绕业务和生意机会的信息圈，对专属人群具有一定的渗透力，最终产生裂变效应。该公司通过移动营销平台，引导销售，及时把产品或服务信息推送给订阅用户以促成交易，订阅用户不仅可以接收品牌信息，还可以更加方便地参与企业发起的互动活动，而且订阅用户只需记住企业昵称并搜索微信公众号就可以获得企业介绍、产品服务、联系方式等信息。与此同时，公众号还可以作为用户的调研平台，包括服务体验、品牌体验、物流体验等环节，帮助客户在本平台上发放问卷进行自主调研，以降低用户的调研费用，节约时间。同时该公司的微信公众平台可以成为企业移动电商的重要渠道之一，实现选择下单和支付交易，甚至物流查询、客服等服务。

2）运营模式

大学生创业初期，经验和理论不足，但是大学生具有创业热情和创意想法。前期公司运作主要是通过模仿、关注并了解一些运营得比较出色的微信公众号及竞争对手们的微信公众号，不局限在自己的小圈子里，了解一些好的微信公众号，参考别人的运营方式。大学生创业，想法独到，推出的公众号内容新颖独特。例如，“闽南头条”致力于打造闽南地区最好的信息服务平台，每日发布闽南地区的突发新闻事件、生活信息、奇闻趣事等头条资讯；“逗比宝贝”专注儿童睡前故事、每晚八点半陪孩子讲故事等。作为在校大学生，该公司的成员来自不同的专业，具有自身的专业技能和个性特征，能够和广大的粉丝群体进行良好的互动，推送优质的内容，更加吸引人的眼球。

3）营销模式

禹茂信息科技公司目前专注于网络整合营销模式，主要通过网络方法来实现营销的设计与操作。公司将现有资源打包整合，通过网络途径进行发布，营销技术灵活、创新、形象、易传播，能够抓住市场需求点，以最好的方案进行推广，营造需求氛围，并进行针对特定群体的推广，如“逗比宝贝”针对家中有儿童的人群。公司推出的公众号内容人性化、生动化和社会化，符合人们的精神需求，具有自身的特色及原创性。公司也会通过直销的方式推出自己的产品，如公司提供用户 VIP 服务及电商业务。

4）盈利模式

公司的盈利模式主要有两种：一是向用户收费，二是向广告主收费。对于用户，公司提供用户 VIP 服务，通过提供高质量差异化服务，对 VIP 用户进行收费。比如专业知识的推送或问答等。对于广告主，主要通过以下途径收费：① 通过植入广告的方式，在推送的富媒体内容上，植入广告内容，如在文章、图片中提到某些品牌的名字、广告词等；② 品牌广告，在文章的最后面附上一张图和一条链接；③ 间接投放，不直接在微信官方编辑后台投放广告，而是把用户带到第三方的页面上，在这个页面上投放广告；④ 软文，如科技类的微信，就可以为一些创业公司、APP 做很好的宣传。

3. 小结

新媒体背景下的创业创新，重要的是把握当下社会热点，吸引用户的眼球。新媒体领域大学生创业的商业模式具有自身的特点：

第一，从价值模式角度看，新媒体领域更加具有投资价值。价值链延伸面广、可塑性强，用户覆盖面广，在未来的发展潜力上不可估量，通过微信公众号在承载企业的资产、客户关系的维护、营销推广、资源变现的过程中体现其价值潜力。

第二，从运营模式角度看，其商业模式独特新颖，且具有可借鉴性。引用吸收再创新能力强，并且灵活多变，更能体现自身特色，主要通过模仿创新、提供优质内容、良性互动、塑造品牌形象等来提高运营质量。

第三，从营销模式角度看，结合线上、线下交易活动。新媒体主要通过网络营销，并能够结合公司所处的环境，推出符合人们喜好和乐于接受的具有本公司特色的产品和服务。

第四，从盈利模式角度看，新媒体行业既可以采用传统的线下交易模式，也可以进行线上交易。盈利空间巨大，成本支出少，且能够充分利用资源，在产品销售上作为中间的桥梁，通过公众号直接面向用户推出产品，削减了产品加工与制造的环节，节约了人力、物力和时间成本，且传播具有时效性、便捷性。

价值模式、运营模式、营销模式、盈利模式分别体现着价值创造、价值管理、价值推广和价值获取四个过程，层层递进，相比较传统的商业模式，如商品零售、餐饮、服装、图书、食品批发等实体营销，通过互联网、微信、微博等网络进行线上、线下营销更加具有竞争力。这种营销方式发挥了大学生的创业才能和创新意识，也发挥了大学生善于把握和利用新媒体的优势，因此能够提高大学生创业成功的概率，激发大学生的创业热情。

参考文献

[1] 曹扬 . 转变经济发展方式背景下高校创新创业教育问题研究 [D]. 长春：东北师范大学 , 2014.

[2] 刘洞波 , 李永坚 , 陶连洲 , 等 . 大学生创新创业基础教程 [M]. 上海：上海交通大学出版社 , 2017.

[3] 何宏 , 刘洞波 , 李永坚 . 大学生创新创业基础教程 [M]. 修订版 . 上海：上海交通大学出版社 , 2018.

[4] 段倩倩 , 侯光明 . 国内外创新方法研究综述 [J]. 科技进步与对策 , 2012(13)：158-160.

[5] 孙伟 , 李长智 . 创新创业教程 [M]. 北京：清华大学出版社 , 2017.

[6] 康晓玲 . 创新思维与创新能力 [M]. 北京：电子工业出版社 , 2015.

[7] 何静 . 大学生创新能力开发与应用 [M]. 上海：同济大学出版社 , 2011.

[8] 何静 , 李海燕 . 创新能力开发与应用 [M]. 广州：暨南大学出版社 , 2012

[9] 郭强 . 创新能力培训全案 [M]. 北京：人民邮电出版社 , 2012.

[10] 侯文华 . 大学生创新创业教育教程 [M]. 北京：科学出版社 , 2012.

[11] 彭怀祖 , 侯文华 , 张莉莉 . 大学生创新创业教育教程 [M]. 北京：科学出版社 , 2012.

[12] 李家华 , 张玉利 , 雷家骕 , 等 . 创业基础 [M]. 2 版 . 北京：清华大学出版社 , 2015.

[13] 杨小丽 . 大众创业当老板：创业思路与团队组建 [M]. 北京：中国铁道出版社 , 2016.

[14] 邓建成 , 许律 . 大学生创新与创业 [M]. 湘潭：湘潭大学出版社 , 2008.

[15] 邱文伟 , 王晓刚 , 王鹏程 . 大学生创新创业理论基础 [M]. 西安：西安交通大学出版社 , 2016.

[16] 高文兵 . 创业基础教程 [M]. 北京：高等教育出版社 , 2015.

[17] 陈永奎 . 大学生创新创业基础教程 [M]. 北京：经济管理出版社 , 2015.

[18] 邓文达 , 邓朝晖 , 李一 . 大学生创新创业 [M]. 北京：人民邮电出版社 , 2016.

[19] 陈标新 , 费昕 , 徐炜 . 创赢未来大学生创新创业教育 [M]. 西安：西安交通大学出版社 , 2016.

[20] 谭贞 . 创新创意基础教程 [M]. 北京：机械工业出版社 , 2013.

[21] 陈叶梅 , 贾志永 , 王彦 . 大学生创新创业基础 [M]. 成都：西南交通大学出版社 , 2016.
[22] 吴兴华 . 创新思维方法与训练 [M]. 广州：中山大学出版社 , 2019.
[23] 陈卓国 . 创新思维与方法 [M]. 武汉：华中科技大学出版社 , 2019.
[24] 王玉 . “丑陋”招财的故事 [J]. 企业管理 , 2015(12)：38.
[25] 马金林 . 记者的三大发明 [J]. 军事记者 , 2012(1)：64.
[26] 爱德华·德·波诺 . 横向思维 [M]. 北京：新华出版社 , 2002.
[27] 周苏 , 张效铭 . 创新思维与创新方法 [M]. 北京：中国铁道出版社 , 2019.
[28] 李伟 , 等 . 创新创业教程 [M]. 北京：清华大学出版社 , 2015.
[29] 王亚东 , 赵亮 , 于海勇 . 创造性思维与创新方法 [M]. 北京：清华大学出版社 , 2018.
[30] 周苏 . 创新思维与 TRIZ 创新方法 [M]. 2 版 . 北京：清华大学出版社 , 2018.
[31] 聂运生 . 我的第一本化学故事书 [M]. 上海：上海科学普及出版社 , 2017.
[32] 田涛 . 华为的理念创新与制度创新 [J]. 企业管理 , 2016(3)：6-11.
[33] 梁良良 . 倒立看世界创新思维训练 [M]. 长春：吉林文史出版社 , 2013.
[34] 周延波 , 王正洪 . 创新思维方法与实践 [M]. 武汉：武汉大学出版社 , 2021.
[35] 徐德锋 , 陈群 , 江一山 . 大学生创新创业实践与案例 [M]. 武汉：华中科技大学出版社 , 2021.
[36] 梁福军 . 科技论文规范写作与编辑 [M]. 北京：清华大学出版社 , 2021.
[37] 邓富民，梁学栋 . 文献检索与论文写作 [M]. 北京：经济管理出版社 , 2018.
[38] 任治刚 . 科技论文写作与发表教程 [M]. 北京：电子工业出版社 , 2018.
[39] 张孙玮 , 吕伯升 , 张迅 . 科技论文写作 [M]. 北京：化学工业出版社 , 2011.
[40] 康海燕 . “互联网 +”大学生创新创业实践教程 [M]. 北京：北京邮电大学出版社 , 2019.
[41] 李成钢 . 大学生创新创业经营模拟实践教程 [M]. 北京：中国纺织出版社 , 2018.
[42] 科学技术部人才中心 . 科技成果转移转化管理实务 [M]. 北京：科学技术文献出版社 , 2020.
[43] 良信电器 .1U 断路器助力 5G 成功覆盖珠峰 [EB/OL].(2020-05-07)[2022-08-15]. https://baijiahao.baidu.com/s?id=1665997841722591194&wfr=spider&for=pc.
[44] 欧内斯特·冈德林 . 创新沃土：美国 3M 公司创新机制 [M]. 陈雪龙，等译 . 北京：华夏出版社 , 2001.
[45] 谢佩洪 . 解密 3M 的创新机制 [EB/OL].(2019-05-22)[2022-08-15]. https://www.globrand.com/2019/604660.shtml.

[46] 沃恩·埃文斯 . 商业计划书撰写指南（第 2 版）[M]. 刘怡，译 . 北京：清华大学出版社，2021.

[47] 宋京双 . 大学生创新创业教育“金课”教程 [M]. 北京：清华大学出版社，2021.

[48] 杨京智 . 大学生创新创业基础：大赛案例版 [M]. 北京：人民邮电出版社，2020.

[49] MBA 智库 · 百科 . 路演 [EB/OL].(2016-07-25)[2022-08-15]. https://wiki.mbalib.com/wiki/ 路演 .

[50] 知乎 . 提高企业员工的团队凝聚力的好处有哪些 [EB/OL].(2018-08-15)[2022-08-15]. https://zhuanlan.zhihu.com/p/42124182.

[51] 36 氪 . 会讲故事才是好演讲 [EB/OL].(2018-02-23)[2022-08-15]. https://www.36kr.com/p/1722293305345.

[52] 周佳 . 路演感人故事激发创业 活力 2019 湘女秀 · 创业季长沙赛区初赛启动 [N]. 湖南日报社，2019-11-17.

[53] 知乎 . 项目路演怎样讲好故事？ [EB/OL].(2020-12-25)[2022-08-15]. https://zhuanlan.zhihu.com/p/339477142.

[54] 日志 520. 这些趣味的小故事，告诉你营销的大道理 (2)[EB/OL].(2011-08-16)[2022-08-15]. https://www.rz520.com/baidu/jingdianrizhi/6129_2.html.

[55] 张玉利，薛红志，陈寒松，等 . 创业管理 [M]. 5 版 . 北京：机械工业出版社，2020.

[56] 斯晓夫，吴晓波，陈凌，等 . 创业管理理论与实践 [M]. 2 版 . 杭州：浙江大学出版社，2020.

[57] 李华晶 . 创业管理 [M]. 北京：机械工业出版社，2021.

[58] 布鲁斯 · 巴林杰 . 创业管理：成功创办新企业（第 5 版 · 全球版）[M]. 北京：清华大学出版社，2018.

[59] 张帏，姜彦福 . 创业管理学 [M]. 2 版 . 北京：清华大学出版社，2018.

[60] 陈敬良，魏敬赋，李琴 . 创新与创业教育 [M]. 上海：复旦大学出版社，2012.

[61] 黄德胜 . 创新与创业教育 [M]. 北京：中国铁道出版社，2013.

[62] 徐小舟，叶映华 . 中国高校创业教育 [M]. 杭州：浙江教育出版社，2010.